고객경험을 통한

서비스 실무사례

김진수 저

CUSTOMER EXPERIENCE SERVICE

기문사
www.kimoonsa.co.kr

머리말

서비스 산업에서는 성공의 열쇠를 서비스 마인드에 대한 열정으로 볼 수 있다. 열정이 있는 사람과 열정이 없는 사람의 차이는 엄청나다. 성공이란 열정이 있는 사람들이 그려놓 듯 삶 속에 가장 멋진 그림 중에 하나다. 서비스에 대한 열정이 있는 사람들은 세상을 바라보는 눈과 행동하는 모습이 다르다. 언제나 최선을 다하고 모든 일에 열심이다.

우리는 열정적인 삶을 살아야 한다. 분명한 목적을 가지고 도전하여 성공을 만들어야 한다.

살아있는 것은 움직인다. 서비스는 살아서 움직이는 것이다. 우리 주변에서 항상 우리와 함께하고 있다.

우리에게는 누구나 에너지가 있다. 이 에너지가 움직일 때 열정이 발생한다. 생동하는 서비스에 대한 열정을 흔들어 깨어 행동하게 만들어야 한다. "나는 프로다!"라고 외치며 열정을 쏟아야 한다. 우리는 할 수 있다. 우리에게 있는 열정을 다 쏟아낸다면 아무런 두려움 없이 성공을 만들어 낼 수 있다.

우리에게 가장 멋진 승리의 순간은 반드시 서비스에 대한 열정이 만들어 놓는다. 능력이 없다 생각하지 말라. 우리 안에는 무한한 잠재력이 있다.

환경이나 조건, 여건을 탓하지 말고 자신의 삶은 자신의 열정으로 새롭게 만들어야 한다. 과거를 다 던져 버리고 지금 이 순간부터 진정한 프로서비스맨이 되어야 한다.

본 교재를 통하여 서비스에 대한 실무를 몸에 익혀 진정한 프로 서비스맨이 되기를 바란다. 우리의 삶은 우리의 꿈과 비전을 펼쳐 나가는 무대다.

사랑스런 이준이와 시현이가 밝고 건강하게 지켜주어 너무 감사하고, 꿈을 키우고 사랑을 실천하는 사람이 되었으면 좋겠다.

희망과 소망을 가지고 열심히 노력하는 사람에게 반드시 성공의 축복이 주어질 것을 믿는다. 서비스는 모든 사람을 행복하게 만드는 놀라운 기술이다. 행복을 만드는 기술을 이용하여 성공의 길에 들어서기를 바란다.

본 교재가 여러분에게 그러한 행복을 만드는 기술을 알려줄 것이라 믿는다.

2017년 2월

저자 씀

차 례

제1부

서비스 전략 시나리오

제1장

서비스의 기본을 찾아가라

Quiz

문제 1 CS는 무엇의 약자인가?

① Customer Service

② Customer Satisfaction

(정답 2) CS는 Customer Satisfaction, 즉 고객 만족의 약자이다. 많이 오해하고 있는 것 중 하나가 CS는 고객 서비스라고 생각하고 있다.

문제 2 고객에 대해 이야기한 것 중 어색한 것은?

① 고객은 왕이다. ② 고객은 황제이다.

③ 고객은 외국인이다. ④ 고객은 봉이다.

(정답 4) 많은 학자와 경영인들은 우리가 만나는 고객을 여러 가지로 표현했다. 피터 드러커는 고객은 왕이라고, IBM 회장이었던 존 에이커는 황제로, 토마스 피터스는 외국인이라고 말함으로써 고객의 중요성을 다각도로 이야기하고 있다.

학습목표

1. 서비스와 고객에 대한 정확한 정의를 이해할 수 있다.
2. 서비스맨으로서 필요한 서비스에 대한 정립을 할 수 있다.
3. 서비스맨으로서 갖추어야 하는 서비스 마인드의 필수항목을 알 수 있다.

나의 체크리스트

1. 서비스맨으로서 고객에게 최상의 서비스를 제공해야 한다고 생각한다.
2. 출근 전, 고객에게 오늘 하루도 즐겁게 대해야지 하는 마음가짐을 가진다.
3. 간혹 나의 행동을 가지고 고객들이 오해를 할 경우가 있다.

1 서비스맨

변화의 속도가 빨라지는 가운데 사람들이 미래를 준비한다는 것은 매우 바람직하다고 본다. 이러한 변화의 바람에 맞추어볼 때, 서비스를 하나의 의미로 정확하게 이야기하기가 쉽지 않다. 고객의 입장에서 보면 서비스란 무형적이어서 눈에 보이지 않고, 만질 수도, 잴 수도 없다. 특히, **우리나라에서만 사용되는 서비스는 공짜, 덤, 리필 등 돈 없이 그냥 주는 것이라는 개념이 더 컸던 것이 사실이다.** 그리고 서비스는 이성적이기보다는 감성적이다. 즉, 서비스는 하나의 표준화된 단어로 이야기할 수 없다.

서비스에 대한 모든 정의는 서비스를 제공받는 고객에게 달려있다는 것이다. 즉, 서비스를 제공하는 서비스맨의 입장에서 보면 서운할 수도 있지만 고객의 주관적인 평가를 받을 수밖에 없다는 것이다.

고객이 평가할 수 있는 서비스는 크게 인적 서비스와 물적 서비스로 나눌 수 있다.

물적 서비스란 눈에 보이는 일련의 가격, 양, 시간 등으로 구성되어 있다. 대부분의 기업들은 서비스 정책에 있어서 물적인 면을 강조한다. 서비스 개선을 위한 회사의 비용 지출이 물적인 면의 변화에 있어서 많이 투자되고 있는 것이 사실이다.

최근 서비스가 강요되다 보니 여기에 대한 부작용도 만만치 않게 나오고 있다. **내 마음은 불편한데 서비스를 회사로부터 강요받다 보니 '감정노동'이라는 이야기도 생기게 되었다.** 감정노동으로 힘들어 하는 서비스 직원을 보면 의외로 직장에서 아주 친절하다고 평가받는 직원들이 더욱 힘들어하는 경우를 보게 된다.

또한, 형식적인 인사나 서비스를 제공하다 보니 서비스를 형식적인 행위만 하는 직원들도 꽤나 되는 듯하다. 그런데, 인사를 하는 사람의 마음속에 고객을 배려하는 마음이 담겨있지 않다면 그건 서비스를 받는 고객의 입장에서도 썩 유쾌한 일은 아닐 것이라 본다.

따라서 고객을 응대하는 서비스맨으로서 가장 기본적이면서도 중요한 것은 바로 '고객' 을 귀하게 생각하는 마음가짐에서 시작해야 할 것이다. 마음가짐이 갖추어졌다면, 그 다음에는 어떤 것부터 집중적으로 서비스를 해야 할 것인가를 진단해야 할 것이며, 필요한 것들을 갖추어야 할 것이다.

2 서비스맨으로서 갖추어야 할 기본적인 3가지 역할

첫째는 고객과 특별한 관계를 형성해야 한다.

서비스맨은 짧은 시간에서부터 때로는 아주 많은 시간을 갖고 고객이 원하는 서비스를 일정하게 형성해서 제공하여야 하며, 그 태도와 행동 여하에 따라 고객의 만족도가 결정된다. 고객이 느끼는 서비스의 만족도가 서비스맨에게 달려있다고 해도 과언이 아니다.

특히, 서비스 형성에 있어서 일선 접점 직원과 고객 사이에는 심리적으로 밀착 관계에 있다. 따라서 서비스를 제공받는 수많은 고객들은 서비스맨의 의지나 마음에 관여하지 않고 고객이 생각하는 것과 차이를 느끼게 되는데, 가급적이면 이 차이를 고객과의 강력한 유대 관계로 좁혀 나가는 것이 좋다.

둘째는 고객에게 편익을 제공한다.

고객편익은 고객들이 제품이나 서비스를 구입해서 얻고자 하는 궁극적인 것이다. 마케팅 믹스에서 제품은 기업 관점에서 본 것이고, 이를 고객 관점에서 보면 편익이 된다. 예를 들어, 화장품을 사는 사람은 아름다움을 제공받는 것이고, 대형 TV를 사는 사람들은 영화관에서 느끼는 즐거움을 사는 것이다. 따라서 기업은 단순히 화장품, TV 같은 제품을 팔기보다는 아름다움, 즐거움, 신뢰 같은 편익을 고객에게 제공해야 한다.

즉, 앞서가는 서비스맨은 고객에게 상품이 아닌 서비스를 팔아야 하는 것이다. 평범한 서비스나 상품만이 전달되는 서비스는 더 이상 고객의 발을 붙들지 못하기 때문이다. 만일 내가 고객이라면 무엇을, 어떻게 원할 것인지를 생각해 보라. 그 다음에 고객서비스를 제공하는 것을 잊지 말자.

셋째는 인적 서비스의 가치를 발휘해야 한다.

서비스를 인적 서비스와 물적 서비스 두 가지로 나눌 수 있다. 인적 서비스는 서비스맨의 언행, 인사, 응답, 미소, 신속성 등을 나타내고, 물적 서비스는 상품, 근무 규정이나 방법, 제공하는 음식, 정보, 기술 등 눈에 보이는 일련의 가격, 양, 질, 시간 등으로 구성하고 있다.

과거 대부분 기업들은 서비스 정책에 있어서 물적인 면을 강조하며 근무규정이나 방법, 정해진 규칙 등을 중요시하는 경향이었지만, 최근에는 서비스맨의 마인드, 태도 등 인적 서비스의 중요성을 강조하고 있는 경향을 보인다.

많은 기업들의 고객의견서, 칭찬 레터 등을 보면 불만과 칭찬의 대부분이 서비스맨의 인적 서비스와 관련되어 있음을 알 수 있다. 고객들은 불만을 표현하기 위해 물적 서비스의 결점을 찾게 되지만, 대체로 인적 서비스가 충분히 좋다면 고객들은 불평하지 않는다. 즉, 진정한 서비스는 인적 서비스가 제 가치를 발휘할 때에 그 진가가 나타나는 것이다.

서비스 기업에서 인용되는 말이 있다. "서비스 조직에서는 직접 고객을 접대하고 있지 않더라도 어떤 누군가에게 서비스를 제공하고 있다"는 것이다. 접점 직원과 이들을 뒤에서 지원하는 직원 모두 서비스 조직의 성공에 결정적으로 중요하다. 서비스 기업의 직원은 물론이거니와 고객과 현장에 있는 다른 고객까지도 서비스의 제공 활동에 참여하게 된다.

3 서비스 접점에서 서비스맨의 중요성

1) 서비스맨은 바로 서비스 그 자체이다

서비스 제공에 있어 접점 종업원이 곧 서비스 자체가 될 수 있다.

고객과의 접점 직원이 단독으로 전체 서비스를 제공하므로 서비스 제공자인 서비스맨이 바로 상품이 된다. 그러므로 서비스를 향상시키기 위해 서비스맨에게 투자하는 것은 기업으로서는 당연한 것이다.

제품을 만드는 것은 기업이지만 그 제품을 사는 것은 고객이다. 고객은 제품 구매 시 본인과 주변 사람들에게 자신들이 구매하였을 당시 사용했던 경험, 기업과 제품의 이미지 등을 고려하여 제품을 결정하게 된다.

서비스맨이 업무 중에 만나는 모든 사람들은 회사의 고객이거나 고객에게 영향을 미치는 사람들이다. 따라서 서비스맨 한 사람 한 사람의 언어, 행동, 예의범절은 향후 고객이 제품을 구매할 때 회사의 총체적 이미지가 되어 중요한 결정 요인으로 반영된다.

2) 고객의 눈에는 서비스맨이 서비스 기업 그 자체로 보인다

많은 서비스맨이 중요하게 생각하지 못하고 있는 것 중의 하나는 고객을 대할 때 회사의 대표 역할을 하지 못하고 자신과 회사를 분리하는 경우가 많다. 특히, 회사의 규정상 "해 드리지 못한다."라고 하는 경우가 많은데, 이것은 고객에게는 변명으로 밖에 들리지 않는다. 무엇인가 잘못되었다면 자신의 행동이나 말에 책임을 지고 즉각 문제를 해결하는 것이 바람직하다. "제 실수로 불편하게 해 드려 죄송합니다." 라고 이야기하면 고객에게 편의를 제공할 수 있는 방향으로 관심을 보여 주며 응대하는 것이 된다. 대부분의 고객들은 회사 내부 시스템이나 과정에는 관심이 없다. 그저 자신의 요구가 충족되길 바랄 뿐이다.

3) 서비스맨은 마케터의 의미이기도 하다

서비스맨은 그 조직을 대표하고 고객의 만족에 직접적으로 영향을 미칠 수 있기 때문에 본인은 모르지만 스스로가 마케터의 역할을 수행하고 있음을 명심해야 한다. 서비스맨은 걸어다니는 광고이며, 또 어떤 직원은 직접 판매를 하기도 한다.

가장 대표적인 예로는 텔레마케터를 들 수 있는데, 고객서비스 요원들이 컴퓨터와 전화를 통해 고객의 구매를 촉진시키고 서비스 마케팅과 판매활동을 지원한다.

고객은 회사의 입장에서 볼 때 오랜 세월을 통해 이익을 내는 가장 중요한 요인이 된다. 그리고 서비스 제공자로서 서비스맨은 직접 고객을 대하기 때문에 회사의 결정적인 성공에 영향을 미치는 중요한 집단의 구성원이라고 할 수 있다.

4) 서비스맨은 기업의 경쟁력이다

우리 주변에는 직원들의 헌신적인 친절 서비스 덕분에 어려운 상황에서 회생한 사례가 많이 있다. 친절 하나로 매출의 상승은 물론 전 종사원의 자부심까지 높이고 있다.

최근 한 기업의 광고를 보면 '아름다운 기업' 이라는 문구를 사용하고 있다. 여러분들은 그 광고를 보면 어떤 생각이 드는가?

대부분은 한 번도 그 기업을 경험해 보거나 그 기업에서 제공하는 서비스를 제공받지 못했음에도 불구하고, 그 기업에서 일하고 있는 직원들은 아름다울 것이라는 생각이 들 수도 있을 것이다.

사례 신라호텔

호텔신라의 인력관리에 있어서는 전문인력의 양성 못지않게 중요한 것이 최고를 지향한다는 기업문화이다. 호텔신라의 구성원들은 '우리는 최고의 서비스를 제공한다.' 라는 최고의 정신을 삼성정신이라고 얘기하며 삼성그룹의 기업문화가 호텔신라의 성공에도 직접적인 영향을 주었다고 서슴없이 지적한다.

최고의 서비스를 제공할 수 있는 전문인력의 확보, 그러한 전문인력이 최고의 서비스를 제공하게끔 하는 최고지향의 강한 기업문화가 호텔신라의 특출한 인력관리의 두 축이라 할 수 있다.

사례 (MOT의 사례) 스칸디나비아 항공

1982년 9월 20일 아침.

그날은 스웨덴 사회민주당이 6년 만에 재집권한 다음날이었다.

코펜하겐 행 비행기에서 안내방송을 위해 마이크를 잡은 기장의 첫 멘트.

'안녕하십니까? 동무들!"

순간 기내는 '까르르' 소내 내어 웃는 승객들의 웃음소리로 가득했고 덕분에 기분 좋은 이륙과 함께 비행이 시작된다.

항공사 안내방송 규정에 사회민주당이 집권하면 이렇게 안내방송을 하라는 것은 없다. 매일 똑같은 형식적인 원고를 읽는 틀에 박힌 안내방송 대신 그날, 그날의 기내 컨디션에 맞는 대화체로 방송하라는 책임과 재량권을 부여 받았으므로 기장의 위트 있는 정치풍자 멘트가 가능했다는 것이다. 승객들이 사회민주당만 생각하면 피식 웃으며 떠올릴 진실의 순간, 즉 스칸디나비아 항공사만의 고객 MOT를 만들어 낼 수 있었던 것이다.

적자기업의 취임사장들이 취하는 비용 삭감 정책을 펴기보다는 5천만 달러라는 거액을 고객서비스 개선에 투자한 결과 코펜하겐의 교통거점 정비, 정시출발 운동, 전 사원의 고객서비스 훈련, 마티니에 올리브를 추가하는 기내서비스의 부활 등은 취임 첫해 목표수익의 3배 초과달성과 함께 83년 에어 트랜스포트 월드 지 선정 '올해의 최우수 항공사' 를 수상하는 영애를 갖게 되었다.

얀 칼슨은 확신을 가지고 있다. 고객들에게 스칸디나비항공사에 대해 물어봤을 때 항공기 수나 정비시설, 영업 업무시스템에 대한 대답 대신 항공사 직원들이 고객 자신들에게 어떻게 잘 대해 주었는 가에 대해 이야기할 것이라는...

많은 사람들이 일상생활에서 고객의 입장이 되어 수많은 서비스맨들을 접하며 살아가게 된다. 여러분이 고객의 입장이 되어 서비스맨을 만나 보자. 그리고 고객들과 보다 좋은 인간 관계를 만들기 위해 노력하는 서비스맨들의 모습을 살펴보자. 그들은 지금 아름다운 사회를 만들어가고 있다.

서비스맨들이 보여 주는 환하고 밝은 미소와 친절한 자세, 호감 가는 말씨, 단정한 용모와 복장, 언제 어느 곳에서 보아도 정감 있는 인사는 이 사회를 아름답게 수놓고 있는 것이다.

여러분의 이런 작은 행동이 모든 사람에게 전이되어 이 사회를 아름답게 만들고 있는 것이다. 서비스맨이 전하는 작은 미소가 고객들에게 전이되어 밝은 사회를 만드는 것이다.

Exercise

1. 서비스의 세 가지 중요한 요소가 아닌 것은?

① 고객　② 미소
③ 신속　④ 성의

2. 서비스가 지니고 있는 특징을 바르게 설명한 것은 무엇일까요?

① 서비스는 유형성이다.　② 서비스는 무형성이다.
③ 서비스는 한 개 더 주는 덤이다.　④ 서비스는 항상 똑같아야 한다.

3. 서비스맨으로서 가져야 하는 서비스 태도가 아닌 것은?

① 호감을 주는 인상을 지녀야 한다.　② 예의 바른 인사를 하여야 한다.
③ 친절한 대화를 해야 한다.　④ 꼭 지켜야 하는 서비스만 한다.

4. 고객만족의 세 가지 요소가 아닌 것은?

① 스마일　② 서비스
③ 스피드　④ 고객의 욕구

정답 1. ① 2. ② 3. ④ 4. ④

Review

1. 서비스는 보이지 않는 무형의 것이고, 감성적인 특성을 가지고 있다.
2. 서비스의 3요소는 미소, 신속, 친절이다.
3. 서비스맨으로서 지녀야 할 마음은 고객과 특별한 관계를 유지해야 하고, 서비스 자체가 되어야 한다.
4. 서비스맨으로서 프로다운 모습을 보이기 위해서는 인적 서비스(즉, 표정 인사, 대화, 용모와 복장)와 물적 서비스(즉, 상품, 서비스의 프로세스 등)가 조화롭게 이루어져야 할 것이다.

제2장

고객의 기대보다 한 발 더 나아가라

Quiz

문제 1 고객감동은 언제 이루어질까?

① 고객이 기대했던 것보다 실제 체험이 만족스러웠을 때

② 고객이 기대했던 것과 실제 체험이 동일했을 때

③ 고객의 기대가 실제 체험보다 불만족스러웠을 때

(정답 1) 고객감동은 고객이 기대했던 것보다 실제 체험이 만족스러웠을 때, 이것이 감동으로 이어졌을 때 이루어진다.

문제 2 다음 중 고객이 서비스 요원에게 기대하는 것이 아닌 것은?

① 친절성 ② 신뢰성

③ 꼼꼼함 ④ 신속성

(정답 3) 고객은 서비스를 제공하는 서비스 요원에게 여러 가지를 기대하게 되는데, 다음과 같다. 친절성, 신뢰성, 응답성, 신속성, 편리성 등 다섯 가지이다.

학습목표

1. 회사를 방문하는 고객의 기대와 실제 체험과의 관계를 바로 정립할 수 있다.
2. 회사의 최종 상품은 고객 만족임을 깨닫는다.
3. 고객만족경영을 이룬 기업의 사례를 통해 서비스 철학을 벤치마킹할 수 있다.

나의 체크리스트

1. 나는 어제보다 나은 서비스를 제공하기 위해 매일매일 노력한다.
2. 고객의 관심사가 무엇인지 끊임없이 체크하고, 관심 사항에 대해 공부한다.
3. 서비스 관련 서적 혹은 나의 업무와 관련된 전문 서적을 매달 한 두 권씩은 구독하고 있다.

1 고객만족경영의 개념

서비스 질의 진정한 테스트는 회사의 슬로건이나 브랜드에 있는 것이 아니라 고객의 실제 경험에 있다고 할 수 있다. 즉, 기업이 어떤 슬로건을 쓰고 있는가와 상관없이 서비스는 고객이 실제 경험하고 느낀 것에 따라 어떻게 생각하고 있는지에 의해 결정된다고 할 수 있다.

따라서, 고객은 기업이 제공하고 있는 여러 가지 요소들을 경험하고 그 곳에서 받았던 서비스의 경험이 자신이 기대했던 것보다 더 좋은 결과를 주었을 때 비로소 만족을 느끼게 된다고 할 수 있다.

다음은 고객만족개념을 정리한 것이다.

사전기대 ≪ 얻는 가치 ➡ 매우 만족(감동)

사전기대 < 얻는 가치 ➡ 만족

사전기대 = 얻는 가치 ➡ 보통

사전기대 > 얻는 가치 ➡ 불만족

⬇

고객의 사전 기대를 파악하여 기대 이상의 가치를 제공, 경쟁자보다 더 만족시키는 것

2 소비자의 고객경제시대

1) 고객경제시대의 정의

공급자가 주도해온 경제에서 소비자가 지배하는 경제 시대를 바로 '고객경제시대'라고 한다. 고객경제시대에는 다음과 같은 3가지 원칙이 지배하고 있다.

2) 고객경제시대 3가지 원칙

(1) 모든 것은 고객에게 달려있다

- 고객들의 영향력은 인터넷과 웹으로 증대
- 고객의 선호도에 따라 기업의 가치가 결정
- 고객을 중시하지 않는 기업, 용납 않음

(2) 고객가치가 중요하다

- 가장 획득하기 어려운 자원은 바로 충성고객이다.

(3) 고객경험이 중요하다

- 브랜드의 본질은 고객 경험
- 고객이 기업과 접촉하면서 받는 느낌이 충성도를 결정한다.

3) 고객경험의 중요성

이처럼 고객경제시대에서 가장 중요한 부분 중 하나는 바로 고객의 경험에서 우러나오는 충성도라 할 것이다. 그렇다면, 어떻게 고객에게 최고의 경험을 줄 수 있을 것인가가 가장 큰 관건이라고 하겠다.

사실 우리가 서비스를 제공하기는 하지만, 받아들이는 고객에 따라 너무 각양각색으로 차이가 있을 수 있다는 것이다. 최근과 같이 서비스 불감증에 살고 있는 우리 고객들에게는 고객만족을 시키기가 더욱 어려운 일이라 하겠다.

그럼, 어떻게 우리 고객들을 만족시킬 것인가?

단거리 육상에서 1등과 2등의 격차는 '간발의 차이'이다. 아마 0.001초도 나지 않을 정도이다. 이 눈에 보이지 않는 차이로 어떤 이는 금메달을, 어떤 이는 은메달을 받게 된다. 간발의 차이로 인해 꼭 거머쥐고 싶었던 금메달을 목에 걸지 못한 선수의 억울함은 말로 다 형용하지 못할 것이다. 다들 최선을 다하지만, 이 간발의 차이로 인해 큰 차이가 나는 것이다.

역사에 남을 만한 건물과 평범해 보이는 건물과의 차이점도 무엇인가에 대해 질문을 받고는 독일 출신의 건축가인 미스 반 데어 로에는 다음과 같이 간단히 대답하였다.

"숭배할 만한 것은 섬세함에 달려있다"

섬세한 서비스, 고객이 기대하지 못했던 부분까지 세심하게 배려해 주는 서비스가 바로 고객이 감동받는 서비스이다.

4) 고객만족과 충성도

실제 이처럼 고객이 만족을 하게 되면 기업에는 어떠한 영향과 효과가 발생하게 되는 것일까? 다음은 고객만족이 발생되고 난 후의 고객충성도에 대한 그래프이다.

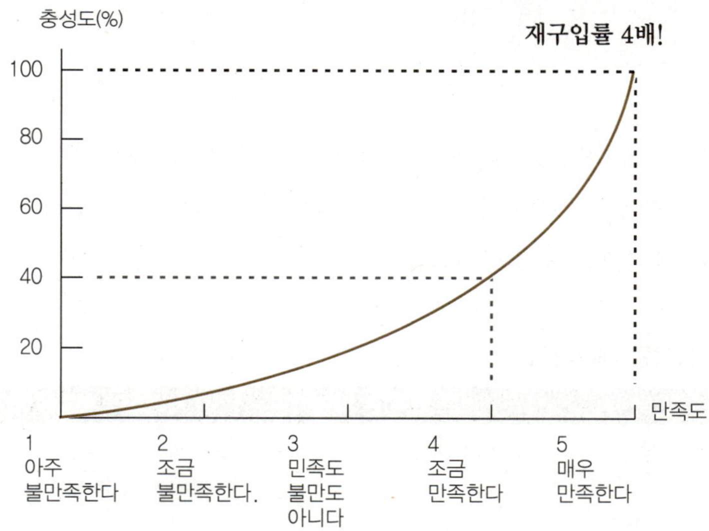

3 고객만족서비스 법칙

1) 제1법칙 : Before & After 서비스

고객의 기대보다 한 발 더 나아가 고객만족을 이루기 위한 서비스 제1법칙으로

사전사후 서비스를 권하고 싶다. 즉, 서비스는 고객을 만나기 전부터 이미 서비스가 시작되어야 한다는 의미이다. 물론 서비스는 고객과 헤어진 후에도 계속되어야 한다. 여기에는 서비스의 깊이에 대해 생각을 해 보아야 한다. 즉, 고객에게는 두 가지 욕구가 존재하는데, 하나는 실제적 욕구이고, 다른 하나는 심리적 욕구라고 할 수 있다.

사례 (주)놀부

(주)놀부의 창업자 오진권 회장은 After 서비스보다 Before 서비스가 더욱 중요하다고 강조하고 있다. After 서비스는 당연한 것이고 누구나 할 수 있지만 고객의 욕구를 미리 파악하고 준비하여 서비스해 준다면 고객은 더욱 감동을 받을 것이다. 이것이 Before 서비스의 강점이라는 것이다.

고객에게 만족서비스를 제공하기 위해서는 고객의 보이는 욕구뿐만 아니라 보이지 않는 욕구까지 포괄해야 한다. 여기에 고객이 미처 느끼지 못하는 잠재적 욕구까지 알아봐 준다면 더더욱 금상첨화일 것이다.

■서비스의 확장된 패러다임

항 목	서비스의 기존 패러다임	서비스의 확장된 패러다임
대상	눈앞의 고객	논앞의 고객, 잠재적 고객
서비스 범위	가시적 요구사항	•가시적 요구사항 •비가시적 요구사항 •잠재적 요구사항
서비스 제공 시간	현재	사전, 현재, 사후
핵심 요소	친절	친절, 신속, 정확 등 다양한 요소 포함

제1법칙 : Before & After 서비스

- 고객을 만나기 전부터 준비할 것
- 고객이 보이지 않는 마음까지 읽을 것
- 현재의 고객뿐 아니라 미래의 잠재 고객에게도 최선을 다할 것

2) 제2법칙 : 고객의 감성을 자극하라

고객감동을 주기 위한 제2법칙으로 고객의 감성을 자극하는 서비스를 제공할 것을 권한다. 미국의 미래학자 존 나이스비트는 21세기는 3F의 시대라고 이야기하고 있다. 3F란 Female, Fantasy, Feeling을 이야기하는 것으로 21세기는 바야흐로 여성, 상상, 감성을 자극하지 않으면 안 되는 시대라고 강조하고 있다.

그렇다면 감성은 무엇을 의미하는 것일까?

■감성의 정의

이성과 대립되는 말로 대상으로부터 감각되고 지적되어 표상을 형성하게 되는 인간의 형식 능력

고객에게 감성을 자극하기 위한 요소에는 다음 세 가지가 있다. 여기에는 BMW(Body , Mood, Word)를 맞추어주는 것이 좋다.

Body 자세, 복장, 몸놀림, 손놀림

Mood 분위기, 어조

Word 대화의 내용

♣ **Body : 상대가 취하는 행동을 비슷하게 따라하는 것**

상대방 : • 머리를 다듬는다. 나 : • 안경을 고쳐 쓴다.
• 손을 비빈다. • 팔을 만진다.
• 코를 만진다. • 턱 밑을 만진다.

핵 심 : • 상대가 움직일 때 나도 움직인다.
• 고객이 흐트러지면 나도 흐트러져야 한다.

♣ **Mood : 상대방의 억양, 어조, 속도, 호흡을 맞추어주는 것**

• ~아, 네,
• ~네, 그렇군요, ~네, 맞습니다.

♣ **Word : 고객에게 진심어린 칭찬을 해주는 것**

• ~어머, 회원님. 헤어스타일이 바뀌셨네요. 잘 어울리세요.
• 아이가 엄마를 닮아 너무 잘 생겼어요.
• 피부가 어쩜 이리 좋으세요. 관리를 잘 하셨나봐요.

제2법칙 : 고객의 감성을 자극하라

• 고객을 머리로 이해하지 말고, 가슴으로 이해할 것
• 고객의 BMW를 맞추어줄 것

3) 제3법칙 : 서비스의 기준은 고객이 정하도록 한다

우리가 고객에게 만족한 서비스를 제공하는데 큰 걸림돌이 되는 것 중 하나가 바로 서비스의 기준을 우리가 정한다는 데에 있다.

최근에는 서비스에 대한 생각도 기준도 많이 변화되는 것을 느낀다. 불과 몇 년 전만 하더라도 '고객'이라는 단어가 어색했는데, 지금은 어느 곳을 가든 고객이라는 단어가 어색하게 느껴지지 않는다.

감동적인 서비스에는 특별한 대우를 받는 듯한 느낌이 꼭 들어가야 한다. 오직 한 사람을 위한 서비스라는 느낌이 들도록 해야 한다.

미국의 굿맨(J,A,Goodman) 박사는 고객만족경영이란 '고객의 기대와 요구에 부응하여 그 결과로서 상품과 서비스의 재구입이 이루어지고 그 기업에 대한 고객의 신뢰감이 연속이 되는 상태' 라고 정의했다. 그만큼 고객의 만족을 높이고 이익을 창출할 수 있는 중요한 과제는 고객의 기대를 충분히 이해하고 그 이상의 서비스를 제공하는 것이다.

그러나 여기서 우리가 유념해야 하는 것도 있다. 그것은 바로 고객의 기대는 정체되어 있지 않고 끊임없이 진화하며 계속 높아진다는 것이다.

고객만족의 개념에서 보면, 기업은 고객의 불편함이 무엇인지 그리고 어떤 것을 요구하는지를 정확하게 알아야 개선을 할 수 있으며, 그 결과 고객의 사랑 또한 받을 수 있다. 고객이 느끼는 실제 만족도는 고객이 가진 기대보다 높아야 한다. 즉, 기업의 이익을 생각하기 전에 고객의 요구를 넘어서는 상품과 서비스를 제공하여 고객을 만족시키려는 경영 차원의 노력이 필요하다고 본다. 기업의 최종 상품이야말로 고객인 것이다.

여기서 우리가 간과해서는 안 될 중요한 것이 있다. 그건 바로 고객의 기대를 한 발 더 나아가는 서비스를 한 번 하고 마는 것이 아니라, 지속적으로 개발하여야 한다는 것이다. 서비스는 지속적으로 발전되어야 할 수밖에 없다. 그 이유는 바로 인간의 기본적인 욕구이기도 하다.

사례 **에버랜드**

사례 1 간이화장실에서 반지를 빠뜨렸는데, 직원이 고객의 사정을 듣고, 고무장갑에 장화를 신고 반지를 찾아준 사연

사례 2 에버랜드에서 일을 하고 있는 분들을 '캐스트'라고 하는데, 다음의 사례는 한 캐스트의 사례를 옮겨 본 것이다.

여름 날, 노인 단체관광을 하러 오신 한 어르신께서 건강 상태가 좋지 않으셨다고 한다. 때마침, 놀이 기구를 타고 내려오시다가 쓰러지시는 일이 발생되었다. 그런데, 이 어르신께서는 안타깝게도 바지에 오물을 다 쏟으신 채 쓰러지게 되었다. 이곳을 지나치던 아르바이트생이었던 캐스트는 이 모습을 발견하고 할아버지를 직접 업어다 신체를 닦아 드리고 또 정성껏 보살펴 댁으로 보내드렸다.

경황이 없었던 어르신께서는 이 캐스트의 이름도 묻지 못한 채 댁으로 가시게 되었고, 댁에 돌아가신 어른신은 큰 아들에게 이 사실을 알렸고 대신 아들이 이 캐스트를 찾는 바람에 이 일화도 알려지게 되었다고 한다.

이 캐스트가 다른 직원들에게 이야기하지 않아 이 분을 찾는 데에도 시간이 꽤 걸렸다고 한다. 후에 다른 사람들에게 왜 이야기나 도움을 요청하지 않았냐고 묻자 "저도 시골에 할머니 한 분이 계시는데요. 혼자 사시다 보니 손자인 저도 걱정이 많이 되었다고 한다. 항상 생각하고 있는 것은 혹시 할머니에게 무슨 일이 일어나게 되면 가족처럼 할머니를 대해 주었으면 하는 생각을 하고 있었는데, 그 일이 공교롭게도 저에게 일어나서 한 것뿐입니다. 저는 제가 그렇게 대단한 일을 했다고 생각하지 않습니다."라고 아주 겸손하게 말을 했다고 한다.

인간은 내가 경험했던 것에서 거꾸로 가는 것보다는 자꾸만 새롭고 더 나은 환경을 접하고자 하는 욕구가 있다고 한다. 그래서 맨 처음에는 "와!" 했던 것도 그 다음에는 "아직도야?" 혹은 "다른 곳은 다 하는데 왜 여기는 하지 않지?"라고 자꾸 비교하는 심리가 발생되기 때문이다.

이렇게 고객의 기대는 끊임없이 발전하고 있기 때문에, 우리의 서비스도 여기에서 머무르지 말고, 지속적인 발전과 성장이 있어야 할 것이다. 이런 끊임없는 고객에 대한 관심이 고객입장에서 특별한 대우를 받는 오직 본인 한 사람을 위한 서비스라는 느낌이 들도록 해야 한다.

제3법칙 : 서비스의 기준은 고객이 정한다

- 고객은 누구나 스스로 특별하다고 느낀다.
- 서비스의 기준을 본인이 정하지 말아야 한다.
- 좋은 서비스와 나쁜 서비스의 기준은 고객이 정한다.

Exercise

1. 고객만족에 대해 설명한 것 중 올바르지 않은 것은?

① 고객만족은 치열한 생존 경쟁 시대에서 살아남기 위한 필사적인 전략이다.
② 고객만족에 대한 교육은 소모가 아닌 생산을 위한 투자라는 인식을 한다.
③ 고객의 이익도 중요하지만, 기업의 이익이 더 중요하다.
④ 고객만족도 조사를 통하여 고객만족의 변화를 관찰하고 측정한다.

2. 고객만족에서 만족이란 말은 라틴어에서 유래된 것이다. 이를 잘 해석한 것이 아닌 것은?

① satis(충분)+facere(만들다)라는 라틴어의 유래이다.
② 많이 채워 넣어서 더 이상 채울 것이 없다는 뜻이다.
③ 성취하거나 무엇을 채우다라는 뜻이다.
④ 고객의 마음을 만족감으로 풍족하게 채우라는 뜻이다.

3. 고객감동을 위해 실천해야 할 것은?

① 서비스는 한 번만 잘하면 된다는 생각을 갖고 임한다.
② 매일 반복적인 일이므로 문제만 없으면 된다.
③ 매일 새로운 서비스만 제공하기 위해 노력한다.
④ 고객이 원하는 것이 무엇인지 끊임없이 공부하고 개발한다.

4. 고객감동을 위해 해야 하는 고객 지향적 서비스가 아닌 것은?

① 고객의 입장에서 생각하고 판단하기
② 고객 개개인에게 정성을 다하기
③ 고객의 마음을 읽기
④ 고객이 관심이 있는 사항이 무엇인지 관심 없어 하는 태도

5. 고객의 입장에서 받고 싶은 서비스는 무엇일까?

① 매일 방문했는데도 고객의 이름을 모르는 경우
② 고객이 기다리는 동안 사적인 일로 통화를 길게 하는 경우
③ 고객의 입장에서 예의 바르고 친절하게 응대하는 경우
④ 의미 없는 기계적인 미소만 짓는 경우

정답 1. ③ 2. ② 3. ④ 4. ④ 5. ③

Review

1. 고객서비스는 고객에게 선택받지 못하면 사려져 버리는 서바이벌 게임과 같다.

2. 고객만족 경영의 최고 이론가인 칼 알브레히트는 '고객의 기대는 진화하고 있다'고 하였다. 즉, 고객이 바라는 기대치는 계속 높아진다는 것이다.

3. 고객들은 자신이 알고 있는 서비스 이상의 고품질의 서비스를 요구하기 때문에 끊임없이 최고의 서비스를 요구한다.

4. 최고 고객감동가로서 우리는 고객이 기대하는 것보다 항상 새로운 것을 제공하기 위해 노력하고, 서비스 품질 관리에도 힘을 써 고객이 떠나지 않도록 해야 한다.

제3장

나만의 서비스 경쟁력을 갖자

Quiz

문제 1 모든 직업인에게는 직업윤리가 있다. 고객을 응대하는 서비스맨의 직업윤리로 적절하지 않은 것은 무엇일까?

① 형식적이고 사무적인 응대　② 상대방의 입장을 존중한다.
③ 친절의 생활화를 실시한다.　④ 공사가 구분이 되어야 한다.

(정답 1) 이 세 가지 이외에도 약속을 지키고, 능률을 생각하고, 투철한 사명감으로 정직하게 해야 하는 것을 잊어서는 안 된다.

문제 2 서비스 리더로서 필요한 리더십의 조건에 해당되지 않는 것은?

① 감성적인 서비스 리더가 되어야 한다.
② 헌신적인 봉사의 서번트 리더십이 필요하다.
③ 일에 대한 자신감과 열정만 있으면 된다.
④ 커뮤니케이션 능력이 필요하다.

(정답 3)

학습목표

1. 서비스맨으로서의 자기경영의 필요성을 인식할 수 있다.
2. 프로의 서비스마인드와 그에 따른 역할에 대해 알 수 있다.
3. 서비스맨이 가져야 할 서비스 경쟁력의 요소를 살펴본다.
4. 서비스 역량과 서비스 성향의 관계성에 대해 공부한다.
5. 조직 내에서 비전을 주는 서비스 리더로서 발전할 수 있도록 리더십의 요건과 구성 요소에 대해 알아본다.
6. 서비스 리더십의 중요성에 대해 알 수 있다.

나의 체크리스트

1. 나는 서비스를 완벽하게 해내기 위해 나의 서비스 경쟁력을 높여야 한다고 생각한다.
2. 나는 조직 내에서 OO하면 "그 사람이 최고야"라고 인정받고 지낸다.
3. 나는 서비스 매뉴얼을 가지고 있고, 매일 업그레이드한다.
4. 서비스 리더십은 우리 조직에서 필요하다고 생각한다.
5. 나는 서비스 리더로서의 자질이 충분히 있다고 자신할 수 있다.

1 서비스 경쟁력

김연아 선수가 세계피겨선수권대회에서 1등을 하고, 태극기가 울려 퍼지는 것을 우리나라 국민이라면 잊을 수 없을 것이다. 자신의 약점을 극복하고, 자신의 신체적인 힘든 부분을 극복하고 세계 정상에 우뚝 선다는 것은 쉬운 일이 아닐 것이다.

이렇게 어느 분야에서 최고가 되기 위해서 필요한 것은 '경쟁력' 이다. 김연아 선수가 세계 1등을 한 이유는 김연아 선수만의 경쟁력을 갖추고 있는 것이다.

그렇다면 우리도 서비스의 경쟁력을 갖춘 회사로 우뚝 자리매김하기 위해서 어떤 경쟁력을 갖추어야 할 것인지 이번 장에서 한 번 알아보기로 한다.

2 서비스 경쟁력 요소

1) 프로의 서비스마인드를 갖추어야 한다

자주 가는 음식점이 있다. 주로 된장찌개를 파는 집이다. 언제 가도 손님이 많아 빈자리를 찾기가 쉽지 않다. 반면 바로 옆집은 똑같은 된장찌개를 파는데 언제 봐도 파리만 날린다. 궁금해진 나는 주인에게 물었다. 그런데 그 대답이 걸작이었다.

"글쎄요. 옆집과 저희 집은 업종이 다른 것이 아닐까요? 옆집은 된장찌개를 팔지만 저희 집은 서비스를 팔기 때문인 것 같습니다."

그때서야 그 집에 손님이 많은 이유를 알 것 같았다. 얼마나 자신감이 넘치는 소신 있는 말인가? 고객은 단순히 된장찌개를 원하는 것이 아니라 된장찌개를 통해 따뜻한 서비스를 원한다는 사실을 그 주인은 알고 있는 것이다.

서비스의 경쟁력을 갖기 위해서 가장 기본적으로 필요한 것은 프로로서의 서비스마인드를 가져야 한다. 자기 경영을 위한 서비스마인드와 리더십, 능력개발, 시간관리, 인간관계 관리 등 이미지 연출의 완성을 위한 모든 노력은 자신이 하고 있는 일의 존중으로부터 시작이 된다.

2) 진정한 서비스 정신과 사명의식을 가져야 한다

고객에게 만족을 주는 진정한 서비스가 무엇인가에 관해서는 **일본의 재벌회사 마쓰시타의 창업자** 고노스케의 정의가 있다.

"비즈니스에는 서비스가 따르기 마련이고 그것은 하나의 의무라고도 할 수 있다. 그러나 그것을 단순히 의무라고 생각해서 하려고 한다면 그것처럼 피곤한 일이 없을 것이다. 또한 나만 피곤한 것이 아니라 고객에게도 그 느낌이 전달되고 만다. 자신이 기뻐하고 고객에게 기쁨을 주는 그러한 모습 가운데 참된 서비스가 존재할 수 있기 때문이다."

서비스는 제공하는 것이 아니라, **고객이 제공받아서 서비스라고 느낄 때, 진정한 서비스**가 되는 것이다.

돈보다 친절 때문에 존경받던 마쓰시타

마쓰시타는 재산가로서가 아니라 겸손과 친절 그리고 남을 배려하는 자상함 때문에 일본 국민으로부터 더 존경을 받았던 인물이다.

1975년 어느 날. 오사카에 있는 한 레스토랑. 비즈니스 점심 미팅으로 파트너사의 임원과 식사를 하게 된 마쓰시타 회장은 상대방은 주문한 음식을 다 비웠지만 자신은 주문한 스테이크를 절반밖에 먹지 못하자 웨이터에게 오늘 요리를 담당한 요리사를 데리고 오라고 부탁한다. 스테이크가 맛이 없어서 그런 것은 아닌가 하여 요리사는 바짝 긴장하여 그의 앞으로 불려온 요리사는

"저 뭐가 잘못됐습니까?"라며 앞의 인물이 누군지를 아는 지라 안절부절 못했다.

"스테이크 요리하느라 수고했군요."

마쓰시타는 얼굴에 웃음을 지으며 말을 잇는다.

"난 절반밖에 먹지 못했어요. 스테이크가 맛이 없어서가 아니에요. 아주 맛이 있었습니다. 그렇지만 아시다시피 내가 나이 80인 노인이다 보니 식욕과 식사량이 예전 같지 않군요."

"네, 그러시군요."라며 긴장을 푸는 요리사에게

"내가 요리사를 좀 불러달라고 했어요. 왜냐하면 주방에서 반밖에 먹지 않은 스테이크를 본다면 기분이 상할지 모른다는 생각에 미안해서요…"

"여러분은 마쓰시타를 위해 일하는 것이 아닙니다. 자기 자신과 다른 사람들을 위해 일하는 것입니다. 여러분이 만나는 한사람 한사람이 다 여러분의 고객입니다."

3) 감동을 주는 서비스 바이러스를 감염시켜야 한다

일본의 도쿄 신주쿠에는 '고오야' 라는 거리가 있다. 이 거리는 일본에서 가장 번화한 곳이자 땅값이 비싼 곳이다. 이 땅을 소유한 사람은 상아이 회사의 이치무라 사장으로 이 땅을 소유하게 된 내력이 전설처럼 내려오고 있다.

1945년 미국의 원자폭탄 투하로 일본은 온통 쑥대밭이 되어 엄청난 혼란에 빠져 있었다. 이치무라는 수도 도쿄의 재건을 염두에 두고 괜찮은 땅을 찾으려고 돌아다녔다. 몇 날 며칠을 돌아다니며 정보를 수집하고 분석한 결과 신주쿠의 4번가가 최적지라는 판단에 이르렀다. 그는 얼른 그 땅의 주인을 찾아가서 땅을 팔기를 간절히 요구했다. 하지만 백발이 성성한 할머니는 집안의 보물인 땅을 팔 수 없노라고 거절했다.

눈이 펑펑 쏟아지던 어느 추운 날, 이치무라에게 할머니는 최후통첩으로 도저히 땅을 팔 수 없다는 뜻을 전하려고 그의 사무실을 찾아갔다. 사무실 안으로 들어서자, 한 여직원이 자리에서 얼른 일어나더니 할머니에게로 다가와 옷에 묻은 눈을 털어주었다. 여직원은 걱정 어린 목소리로 말했다.

"할머니, 눈길 오느라 힘드셨죠? 얼른 들어오세요" 여직원은 할머니의 외투를 받아 걸고는 흙이 잔뜩 묻은 할머니의 신발을 벗겨주면서 자기가 신고 있던 따뜻한 슬리퍼를 신겨주었다. 그리고 나서는 할머니를 부축하여 사장실이 있는 3층까지 안내했다. 할머니는 그 여직원의 행동에 크게 감동했다.

"직원이 이렇게 훌륭하다면 사장님 역시 훌륭한 분일 거야" 사장실에 들어선 할머니는 그 순간 마음을 고쳐먹었다.

"좋습니다! 사장님. 내 땅을 조건 없이 양도하겠어요" 땅을 팔 수 없다는 말을 전하러 왔던 할머니는 오히려 조건 없이 땅을 내놓았다.

위의 예처럼 우리의 서비스 기준이 스마일이나 인사 수준에 머무는 것이 아니라

한 걸음 더 나아가 서비스에 대한 사명의식, 가치관, 마인드를 바꾸어나가는 일이 아주 중요하다 할 것이다.

3 서비스맨에게 필요한 능력

1) 서비스 역량과 서비스 성향

서비스 종사자는 서비스 역량과 서비스 성향 두 가지의 보완적인 능력이 필요하다.

서비스 직무에 따라 다르게 요구되는 **서비스 역량**은 직무를 수행하는데 필요한 기술 및 지식을 말한다. 여기에 서비스 품질의 다차원적인 특성, 즉 믿을 수 있고, 빨리 반응해야 하며, 공감할 수 있어야 한다는 점을 고려하면 서비스 역량 이상의 것이 서비스직에 요구된다. 그래서 서비스 성향이란 조건이 추가되는 것이다.

서비스 성향이란 서비스 업무 수행에 대한 관심을 말하는 것으로 서비스에 대한 태도에 영향을 미치기 때문에 직원을 선발할 때부터 중시된다. 일반적으로 서비스직에 지원한 사람들은 어느 정도의 서비스 성향을 갖고 있으며, 또한 일단 서비스 조직에 들어오게 되면 서비스 성향을 갖게 되기도 한다. 그러나 다른 사람에 비해 보다 많은 서비스 성향을 가진 사람, 즉 타고난 기질이 서비스맨에게는 중요하다.

2) 신뢰감을 주는 서비스맨

고객은 서비스 직원을 통해 원하는 상품과 서비스를 받고 서비스 요원은 일의 가치를 느낄 것이다. 고객이 믿고 신뢰를 하느냐는 아주 중요한 부분이다.

순간 고객의 마음을 얻기 위한 무조건 복종의 서비스가 아닌 고객과 동등한 입장의 당당한 서비스를 하는 직원에게 신뢰감이 생기기 마련이다.

고객의 신뢰는 다음 4가지 사항을 갖출 때 비로소 얻을 수 있다.

- 제품에 관련된 지식
- 회사에 대한 지식
- 경청의 기술
- 문제해결의 기술

4 서비스 직원이 가져야 할 인적 경쟁력

- 커뮤니케이션 능력
- 판단력
- 기억력
- 인간관계 대처 능력
- 창의력
- 전문성과 직업의식

나의 서비스기술 평가

위에 제시된 서비스맨의 능력을 모두 검토한 후 당신에게 가장 부족한 서비스기술 두 가지를 솔직하게 적고 향상방안을 계획하자.

나의 부족한 기술	1	2
나의 행동계획		

5 서비스맨의 역할 인식

1) 서비스의 철학을 세우자

서비스는 '철학' 이라는 품질 좋은 밀가루에 '관심과 배려' 라는 영양 높은 계란으로 반죽을 하고, '표현' 이라는 초콜릿으로 예쁘게 장식을 한 것과 같다.

기본적으로 서비스 제공자의 서비스 철학이 없는 고객 만족은 물거품이다. 뿐만 아니라 고객이 원하는 대로 해주는 고객 만족은 단기적일 뿐이다. 관심과 배려를 통해 고객이 원하는 부분과 서비스 제공자의 서비스 철학이 조화롭게 어우러져 적정한 공통분모에서 제공될 수 있는 서비스 방법을 모색해야 한다. 그리고 적극적으로 표현을 해야 한다.

이런 마음으로 '서비스 철학' 의 뼈대를 나름대로 세워보는 것은 어떨까. 그러고 나서 서비스마인드의 성공 키워드인 '관심+배려+표현"을 자신의 가슴속에서 상대의 가슴속으로 식지 않게 복사해 보자.

2) 나는 종업원이 아닌 '회사의 CEO' 이다

고객은 항상 변화한다. 과거와 동일한 수준의 상품이나 서비스로는 고객을 만족시킬 수 없다. 고객의 기대를 넘어서는 감동 서비스로 기쁨을 주어야 한다. 이를 실천하기 위해서는 직원의 입장에서 주어진 의무 이상의 열정과 사명감을 필요로 한다. 서비스 제공자는 서비스 수요자인 고객이 만족해야 행복하다.

나만의 서비스를 브랜드화시켜 나를 종업원이 아닌 서비스의 주인으로 생각하고 임하도록 한다. 책임감과 주인의식은 진정한 엘리트 서비스맨의 필수요건이다.

3) 열의와 창의력을 지닌 프로는 아름답다

성공하는 10대들의 7가지 습관의 저자인 숀 코비 박사는 8번째 습관의 목소리는 재능, 열정, 사회적 필요, 양심이라고 했다. 열의는 모든 것을 성취하는 원동력이다.

어제와 같은 고객이나 회원을 만나더라도 나의 마음이 열정과 창의성에 불타오른다면 어제와 다른 오늘의 서비스를 제공하고자 노력할 것이다. 이를 위해서 나만의 서비스 매뉴얼을 만들어라. 프로의 세계에서는 한 가지 특색을 갖고 있어야 살아남을 수 있다.

6 서비스 리더십

1) 서비스 리더십의 요건

무슨 칭찬이던 무슨 상이던 혹은 무슨 실적이던 간에 '성공' 했다고 이야기할 수 있는 사람들의 공통된 성공요소에는 '서비스' 를 빼놓을 수가 없다.

스티븐 코비 박사의 최근 저서 '원칙 중심의 리더십' 에서도 성공하는 리더들의 8가지 공통점 중에서 두 번째로 '서비스 지향적이다' 는 점을 들고 있다. 성공하고 싶은 개인이나 회사라면 '서비스 지향적인 리더십' 을 발휘해야 한다는 것이다.

서비스 리더십을 개발하기 위해서는 다음과 같은 **세 가지 단계**를 들 수 있다.

첫째, 자기 계발 과정

일에 대한 자신감과 열정으로 서비스마인드를 높이고 비전을 갖고 시대에 변화하는 능력을 갖춘다.

둘째, 업무 개발

전문지식을 배양하여 연구개발, 팀워크 형성, 상호 동기부여, 책임의식을 갖추도록 한다.

셋째, 고객관계개발

커뮤니케이션 기술 등 고객만족 경영이념에 부합하는 서비스 전략 개발능력을 갖춘다.

어느 조직에서 무슨 일을 하든 모든 구성원은 결국 서비스 리더로 서비스 리더십을 발휘해야만 한다. 친절서비스나 서비스 경영차원에서 서비스 리더십 단계로 접어들면 좀 더 고품질 서비스를 개발하여 고객만족을 높일 수 있다. 이를 위해 시스템적으로 뒷받침됨에 앞서 스스로를 관리 통제할 수 있는 셀프 리더십을 구축해야 한다.

리더십의 구성

하드웨어적 요소	신체, 외모, 커뮤니케이션 능력, 행동
소프트웨어적 요소	비전, 열정, 자신감, 책임감, 목표의식, 변화개혁의식, 창의성
휴먼웨어적 요소	자기계발, 전문지식, 연구능력, 전문가 기질, 컴퓨터 능력

2) 잭 웰치의 현대 리더십 4E

세계 최대 기업 제너럴 일렉트릭(GE)의 전 CEO 잭 웰치는 현대 리더십 필수는 4E – Energy(활력), Energize(동기부여), Edge(결단력), Execute(실행력) – 라고 하였다.

4E는 첫째로 활동과 변화를 좋아하는 Energy(활력)를 가지고 있을 것, 둘째 만약 산을 옮겨야 한다면 사람들이 그렇게 할 수 있다는 신념을 갖게 할 만큼 동기를 부여(Energize)할 수 있을 것, 셋째 '예' 와 '아니오' 의 결정을 내릴 수 있는 '날카로운 결단력(Edge)' 이 있을 것, 넷째 일을 실행(Execute)할 수 있는 능력이 있을 것이다.

웰치는 '만약 4E' 가 모두 있다면, 마지막 요소로 삶과 일에 대해 열정이 있는지 확인해야 한다고 덧붙였다. 웰치는 또 4E와 열정이 있는지 확인하기 전에 반드시 체크해 봐야 할 두 가지 질문이 있다고 말했다.

하나는 성실성을 갖고 있느냐는 것이고, 또 하나는 다른 우수한 사람을 지휘할 만큼 폭넓은 지식을 가진 똑똑한 사람인가라는 것이다.

사례 잭 웰치의 경영

1. 1등 아니면 2등 '고쳐라. 매각하라, 아니면 폐쇄하라' 잭 웰치의 초기 경영 이념은 '군살없는 조직 구조에서 가장 낮은 원가로 고품질의 제품과 서비스를 제공한다' 였습니다. 그래서 1등, 2등을 하지 못하는 사업은 과감히 매각하거나 폐쇄하였습니다. 냉난방기 사업의 경우 시장점유율도 낮고, 경쟁사들과의 경쟁에서도 밀리는 GE의 신뢰도를 깎아내리는 존재였습니다. 잭 웰치는 이른 트레인사에 1억 3,500만 달러에 매각하였습니다. 그 돈으로 다른 사업부의 리스트럭처링을 하여 더욱 경쟁력있는 사업으로 만들었습니다.' 지속적인 수익성 향상' 이것이 잭 웰치의 주된 경영방침이었던 것입니다. 단기 업적 중심의 수익성에 매달리기보다는 지속적으로 경쟁우위를 확보할 수 있는 사업을 창출하는 데에 힘을 기울인거라 할 수 있습니다.

2. '벽없는 조직(Boundaryless) : 벽없는 조직이란 엔지니어링, 생산, 마케팅 등의 기능들 간의 자유로운 의사 소통을 가로막는 어떠한 장애물도 존재하지 않는 조직입니다. 국내영업, 해외영업의 구분이 무의미하고 부다페스트나 서울에서도 편안하게 일할 수 있는 지역 간의 벽이 전혀 존재하지 않는 조직을 의미합니다. 이를 위해 GE는 회사 발전에 기여하는 아이디어에 대한 충분한 보상을 해주었습니다. 그리고 아이디어를 독점하기보다는 팀원들과 충분히 공유하였습니다.
   또 외부 조직의 아이디어에 대해서도 개방적인 태도를 취하였습니다. 이는 모든 구성원들에게 '매일 더 나은 방법 찾기' 라는 목표를 제시하여 구성원들을 참여시켰습니다. 잭 웰치는 그의 경영 중에 가장 잘한 것은 GE의 두뇌인 크리톤빌을 만든 것이라고 하였습니다. 트리톤빌을 통해 모든 아이디어는 공유되었고, 벽없는 토론 속에 창조적인 아이디어가 산출되었다고 하였습니다. 또한 이는 GE의 '지속가능한 성장' 을 가능하게 만들었습니다.
   가장 중요한 인재관리 방법에서도 잭 웰치는 어떤 인재든 기업에 공헌한 만큼 충분한 보상을 했다는 것도 중요하다 생각합니다. 잭 웰치의 경영방식을 모두 현재 우리나라에서 따를 순 없지만(특히 하위 10%는 퇴출시키는 활력곡선은 현재에 적용하기엔 어렵고 위험이 따르는 것 같습니다.) 위에 언급한 것들은 현재 많은 기업에서 적용하고 있고 또한 적용할 수 있다고 생각합니다. –삼성경제연구소

셀프 리더십 테스트

- 나는 주인의식이 투철하다.
- 서비스맨에게는 리더십이 필요하다고 생각한다.
- 고객이 주인이라는 생각을 한다.
- 서비스맨으로서 나를 분석해 본다.
- 서비스의 질을 높이기 위해 새로운 아이디어를 찾아내고자 한다.
- 훌륭한 서비스 사례에 대해 관심이 많다.
- 새로운 서비스 능력 고객서비스 스킬 향상을 위해 교육받고 싶다.
- 나는 전문가이다.
- 나는 사명감이 뛰어나다.
- 나는 상대방의 입장에서 생각할 줄 안다.
- 상대방과 커뮤니케이션 능력이 뛰어나다.
- 동료들과 원만한 인간관계를 갖고 있다.
- 남의 문제를 잘 해결해 주는 편이다.
- 서비스 면에 대해 자부심을 갖고 있다.
- 남을 잘 웃긴다.

간디 : 설탕을 먹지 말라고 말하기 전에

한 어머니가 아들을 간디에게 데려와 부탁했다.

"선생님, 제발 제 아들에게 설탕을 먹지 말라고 말씀해 주세요"

간디는 소년의 눈을 그윽하게 바라보다가, 한참 뒤 어머니에게 이야기했다.

"보름 뒤에 다시 아드님을 데려오십시오"

"하지만 저희는 선생님을 뵈러 아주 먼 길을 왔습니다. 그냥 돌려보내지 마시고, 아들에게 설탕을 먹지 말라고 한 마디만 좀 해 주세요"

다시 한 번 간디는 소년의 눈을 지그시 바라보다가 다시 입을 열었다.

"보름 뒤에 아드님을 데려 오십시오"

보름 뒤, 그 어머니는 아들을 데리고 다시 찾아왔다.

"선생님, 이 아이에게 설탕을 먹지 말라고 말씀해 주세요"

간디는 소년의 눈을 그윽하게 바라보고 난 뒤 말했다.

"설탕을 먹지 말아라, 얘야"

"오, 감사합니다. 선생님. 감사합니다. 하지만 궁금한 게 있어요.

지난 번에는 왜 저희를 그냥 보내셨죠? 왜 보름 전에 저희가 이곳에 왔을 때 설탕을 먹지 말라고 그 아이에게 말씀해 주시지 않으셨나요?"

그러자 간디는 조용히 웃으며 말했다.

"보름 전에는 저도 설탕을 먹고 있었거든요"

Exercise

1. 고객에게 신뢰를 얻기 위해 필요한 4가지 항목이 아닌 것은?

① 제품에 대한 지식 ② 달변의 기술
③ 회사에 대한 지식 ④ 문제해결의 능력

2. 프로 서비스 직원으로서 갖추어야 할 경쟁력 중 프로 마인드에 해당되지 않은 것은?

① 프로로서의 서비스 마인드 ② 진정한 서비스 정신과 사명의식
③ 고품질의 서비스 ④ 형식적인 서비스 마인드

3. 잭 웰치는 서비스 리더에게 필요한 4E를 말한 바 있다. 해당하지 않는 것은?

① 끊임없는 연습
② 조직에 활력을 불어넣는 에너지
③ 중요한 결정을 현명하게 내릴 줄 아는 결단력
④ 조직원들에게 동기 부여를 주는 것

4. 제조업과 서비스업의 고객만족 구성요인을 비교한 것을 설명한 것 중 잘못된 것은?

① 고객에게 만족을 주는 요인은 업종과 상관없이 보편적이다.
② 서비스업의 가장 중요한 핵심 요소는 인적 요소이다.
③ 제조업의 가장 중요한 핵심 요소는 제품, 기술 요소이다.
④ 서비스 리더십의 핵심 요소는 제품과 기술 요소이다.

5. 서비스 리더십의 3요소에 해당하지 않는 것은?

① 고객만족 ② 상호작용
③ 쌍방향의 서비스 ④ 신념과 태도, 능력의 서비스

정답 1. ② 2. ④ 3. ① 4. ④ 5. ②

Review

서비스 리더십 실천을 위한 행동 전략

- 수평적 사고를 받아들여라.
- 고객을 만족시키는 서비스 비전을 만들어라.
- 서비스를 혁신하라.
- 고객의 다양성을 인정하고 조화와 협력을 모색하라.
- 파트너십을 형성하라.
- 기본에 충실하라.
- 창조적으로 서비스하라.
- 현장에서 실천하라.

리더가 접점의 파트너에게 서비스할 수 있는 예

- 다른 파트너를 포상하기 위해 모니터할 기회를 준다.
- 회의가 끝날 때 공식적으로 칭찬한다.
- 특별 교육 과정에 입과할 기회를 제공한다.
- 파트너의 가족에게 감사의 편지를 보낸다.
- 작은 정성이 담긴 예기치 않은 선물을 준다.
- 칭찬받는 장면을 찍어 진열한다.
- 리더들과 식사할 기회를 제공한다.
- 파트너를 개인별로 기억하여 적절히 대응한다.

제4장

안전한 서비스 환경을 만들자

Quiz

문제 1 다음은 서비스에 대한 학자들의 정의다. 맞지 않는 것은?

① 시장에서 판매되는 무형의 제품
② 공짜로 무언가를 주는 것
③ 인간이 인간에 대한 봉사
④ 한쪽이 상대편에게 제공하는 효용이나 그에 따른 행위

(정답 2) 서비스는 무엇인가를 공짜로 주는 것은 개념이 아니다.

문제 2 우리가 서비스의 행동을 할 때 필요한 업무 수행 능력이 있다. 필요한 것이 아닌 것은?

① 업무 수행 중심　　② 맹목적 수행 중심
③ 직원 중심 수행 중심　　④ 고객 필요 중심

(정답 3)

학습목표

1. 서비스에 대한 정확한 이해를 도울 수 있다.
2. 회사의 서비스 안전 점검에 대한 계획을 수립할 수 있다.
3. 서비스 안전지대에 있는 지 본인의 분석을 해 봄으로써 자신의 지능별 강약점에 대해 알아볼 수 있다.
4. 개인의 서비스의 구체적인 능력 개발을 도울 수 있다.
5. 회사의 서비스 안전 점검을 체크해볼 수 있다.
6. 새로운 다짐을 통해 보다 적극적인 서비스맨의 상을 정립할 수 있다.

나의 체크리스트

1. 나는 다른 경쟁사의 서비스를 벤치마킹하기 위해 스스로 경쟁사를 방문한 적이 있다.
2. 나는 고객의 성공이 나와 기업의 가치를 높인다고 생각한다.
3. 나는 서비스맨이 지녀야 할 기본인 전화, 인사, 용모, 복장 등에 대해 체계적으로 학습을 하였다.
4. 나는 고객을 돕고 고객감동을 창조해내는 서비스를 좋아한다.
5. 내가 하는 서비스에는 다른 사람보다 뛰어난 부가가치가 있다.

1 기억하자 역사의 순간!

우리는 1994년에 많은 사람들의 가슴을 아프게 했던 성수대교 붕괴사건을 기억하고 있다. 성수대교는 당시 최첨단 공법을 이용한 대교로써 서울시의 성수동과 압구정동을 연결하는 다리였다. 1160m 중 제10번, 11번 교각 사이 상부 트러스 48m가 붕괴되어 차량 6대가 한강으로 추락했으며 32명이 사망하고, 17명이 부상을 당했다.

성수대교는 사실 설계 당시부터 문제가 있었다. 성수대교는 건설 초기부터 빨리빨리 하느라 은근슬쩍 부품을 안 넣기도 했었고, 부랴부랴 완공하느라 대충대충 빨리 만들어 버렸다. 때문에 몇 년간 버티던 성수대교는 드디어 하중을 이기지 못하고 교량 일부분이 붕괴되어 버렸다.

나중에 다시 재설계 및 재공사해서 현재의 성수대교는 더욱 튼튼하고 커졌지만 무조건 빠른 건설공법이 좋지만은 않았다는 것을 전적으로 보여준 예이다.

사고원인은 자체 단가가 현실과 맞지 않아 공사비가 부족했고, 자체가 저질부품을 사용하는 것이 불가피했기 때문이다. 그리고 낡은 부품을 쓴 것도 있었다고 한다. 거기에 비리로 인해 실행 원가에 못 미친 부실 공사가 성행한 것도 문제였다. 거기에 안전 불감증과 '그냥 완성만 하고, 차만 다니면 돼' 식의 발상으로 다리를 만들다 보니 건설 자체도 대충대충 되어버렸고, 결국은 50명의 쓰라린 고통과 잊을 수 없는 수치로 우리에게 돌아온 것이다.

아무리 최고의 제품과 기술을 가진 회사라고 할지라도 고객을 생각하지 않고 이루어지는 직원들의 비도덕적인 관행들, 무능한 업무수행, 눈에 보이지 않는 작은 실수들이 고객과의 신뢰 관계를 무너뜨릴 수 있다.

이번 장에서는 서비스 안전 점검을 총체적으로 살펴보도록 한다.

2 서비스 안전 점검을 위한 사전 작업

1) 서비스의 안전 점검을 위해 우리가 사전에 알아 두어야 할 것은 어떤 것들이 있을까?

(1) 학자들의 서비스 정의

- 시장에서 판매되는 무형의 제품
- 한쪽이 상대편에게 제공하는 효용이나 그에 따른 행위
- 인간의 인간에 대한 봉사
- 현재의 형태에 물리적 변화를 가하지 않으면서 편익과 만족을 산출하는 판매를 제공하는 행위
- 고객접촉이나 인력이나 장비의 상호관계에서 발생하는 행위 또는 행위에 의해 고객에게 만족을 주는 것

(2) 부가적으로 설명되는 서비스의 정의

❶ 공짜

친구와 중국집에 가서 자장면과 짬뽕 그리고 탕수육을 시켰다. 그때 주문했던 자장면과 짬뽕 그리고 탕수육만 나오면 무언가 허전하기 그지없다. 그러면 으레 주인에게 하는 말이 "사장님, 여기 서비스 없어요?"이다. 그러면 말이 끝나기 무섭게 사장이 하는 말, "없긴 왜 없어요. 군만두 서비스입니다"이다. 이때 서비스가 바로 공짜의 서비스다.

❷ 할인

패셔너블한 의류로 청소년들의 사랑을 듬뿍 받는 패션몰에 가 보자. 악의 없는 실랑이를 자주 볼 수 있다. "언니, 멀리 OO에서 왔는데 서비스로 오천 원만 깎아줘"라고 말한다. 여기서도 어김없이 서비스라고 말한다.

❸ 덤

잘 때 씹는 껌으로 많은 사람들에게 어필했던 껌을 사러 갔다. 마침 행사 때라 껌

한 통을 사면 작은 치약을 얹어 주었다. 한참 만지작거리니 판매 사원이 하는 말, "치약은 서비스로 드리는 거예요. 이 기회 놓치지 마세요. 후회해요" 여기서도 덤이라는 뜻의 '서비스'는 여지없이 등장한다.

사전적으로 정의하면 '서비스'란 고객이 1) 원하는 물건을, 2) 제때에 3) 원하는 방법대로 제공해서 만족을 주는 일련의 과정을 일컫는 것이다. 그렇기 때문에 제아무리 최선을 다했다 해도 고객이 만족하지 않으면 서비스라고 할 수 없다.

2) 서비스를 받은 고객의 반응

(1) 불만

받은 서비스에 만족하지 못하였을 때 고객은 불만을 표현한다.

예) 고객과의 약속 시간을 어긴 경우, 무성의한 응대

(2) 충족

단순히 제공받기로 약속한 서비스를 받았을 때 그것에 대해 충족함

예) 시간약속 지킴, 정확하게 업무 처리

(3) 기쁨

기대했던 서비스를 제공받고 직원이 나에게 관심을 보이고 친절을 베풀 때 기쁨을 느낌

예) 말하지 않았는데 미리 정보를 알려주는 서비스를 제공할 때

(4) 감동

기대했던 훨씬 그 이상의 서비스를 제공받아 매우 만족하여 감동함

예) 개인적인 기념일 등을 챙겨줌

3 서비스 안전 점검의 계획 수립

서비스 안전 점검의 계획 수립을 하는 이점은 조직 구성원 개개인이 미래의 경영 활동을 성공적으로 수행하는데 가이드라인이 되는 구체적 목표를 설정할 수 있다는 데 그 목적이 있다. 환경적 제약조건을 인식할 수 있다는 것이다.

따라서 좋은 계획은,

- 구체적이어야 한다. **- 목표는 측정 가능한 것이어야 한다.**
- 성취가 가능해야 한다. **- 기간이 설정되어 있어야 한다.**

하지만, 무엇보다 정확한 계획이 나오기 위해서는 '정확한 분석' 이 나와야 한다.

1) '나' 분석하기

질문을 읽고

그렇다 - 2점 **그럴 때도 그렇지 않을 때도 있다 - 1점**
그렇지 않다 - 0점

물론 정답을 찾는 것이 아니고 평소 본인의 서비스에 대한 생각이나 행동에 유사하다고 생각하는 것에 체크해 보도록 한다.

1

1. 나는 처음 보는 길을 찾아가다가 헤매게 되면 긴장되고 초조해진다는 것을 깨닫는다.	
2. 초조한 감정을 느낄 때 표정이 어두워진다는 것을 안다.	
3. 상대방의 이야기를 듣고 마음이 통한다는 것을 느낀다.	
4. 회의 시 내 입장을 생각하고 발언한다.	
5. 뜻 밖의 비판을 받았을 때, 상대방과 나의 의견이 다르다고 생각하고 내 의견을 분명히 이야기한다.	
6. 내 장점을 10가지 정도 서슴없이 말할 수 있다.	
7. 생각대로 일이 잘 되지 않을 때 초조해 하고 있다는 것을 깨닫는다.	
8. 동료가 술 한잔을 하자고 할 때 서슴없이 거절할 수 있다.	
9. 기분 나쁜 취급을 당할 때 화를 내고 있는 내 상태를 안다.	
10. 일단 말을 먼저 한 뒤 "왜 그랬을까.. 도무지 이해할 수 없다.."라고 후회한다.	

합계	

2

1. 아침에 일어나서 “오늘 하루도 즐겁게 지내자”라는 각오를 한다.	
2. 실패는 성공을 위한 경험이라고 생각한다.	
3. 상사에게 꾸중을 들었을 때, 상사가 나에게 기대를 가지고 있기 때문이라고 해석한다.	
4. 타인의 험담을 전해 들었을 때, “좋은 경험을 했군. 난 다른 사람을 험담하지 말아야지” 라고 생각한다.	
5. 밤에 잠자리에 들었을 때, 오늘 하루도 무사히 보낸 것에 감사하는 마음을 갖는다.	
6. 우울한 기분이 들 때 나보다 더 불행한 사람들을 생각하며 밝은 쪽으로 마음을 정리한다.	
7. 내 의견에 반대하는 이야기를 들으면 “그 사람이 내 말에 귀를 기울이고 있었구나”하는 생각이 든다.	
8. 일이 뜻대로 잘 되지 않을 때, 능력부족 때문이 아니라 방법이나 상황이 좋지 않았다고 생각한다.	
9. 나는 긍정적이다.	
10. 과거의 실패에 연연하지 않고 앞으로의 일에 전력을 다한다.	

합계	

3

1. 중요한 것은, 열심히 노력하고 연구하는 태도라고 생각한다.	
2. 단 하나뿐인 인생, 열심히 도전하고 노력해야 한다.	
3. 앞으로 하고 싶은 일이 산더미 같이 많다.	
4. 현재를 열심히 살면 자연스럽게 좋은 결과를 맺을 수 있다고 생각한다.	
5. 반드시 이루고 싶은 분명한 꿈을 가지고 있다.	
6. 현상유지보다는 한 발자국씩 진보하기 위해 노력한다.	
7. 목표를 달성하기 위해서는 고통도 참고 노력하는 편이다.	
8. 장애가 생겼을 때, 좋은 결과를 기대하며 포기하지 않는다.	
9. 작년보다 올해 더 성장했다.	
10. 내 목표를 작성해서 누군가 타인에게 선언한다.	

합계	

4

1. 상대방의 괴로운 이야기를 듣고 눈물 흘린 적이 있다.	
2. 상대방이 이야기를 할 때 말뿐만 아니라 태도에도 신경을 쓴다.	
3. "어머, 어떡하니~, 너무 좋겠다!!!"라는 감탄사가 자연스럽게 튀어 나온다.	
4. 버스나 전철을 탔을 때 노인을 보면 항상 자리를 양보한다.	
5. 처음 보는 사람이라도 대화 도중에 상대방의 장점을 즉시 파악할 수 있다.	
6. 만난 적이 없는 사람과 전화통화나 채팅을 할 때 상대방의 마음에 동정을 표현한다.(어떡해~ 힘들지…)	
7. 전철이나 버스를 탔을 때 다른 사람의 표정을 보고 그 사람의 생활을 짐작한다.	
8. 활짝 핀 꽃이나 아름다운 단풍을 보고 자주 마음의 위로를 받는다.	
9. 책이나 드라마를 보며 나도 모르게 줄거리에 흠뻑 빠진다.	
10. 술 한잔 하자는 동료의 말을 거절할 때, 실망할 상대의 마음을 동정한다.	
합계	

5

1. 한번 마음을 먹었더라도 주변의 다른 의견을 들으면 동조한다.	
2. 사려고 하는 물건이 없을 때 비슷한 다른 물건이 있으면 산다.	
3. 생각이나 행동을 바꾸는 동료를 보고 "그럴 수 있지…"라고 생각한다.	
4. 사태가 악화되는 상황에서 묘책을 찾기 위해 노력한다.	
5. "좋은 게 좋은 거지…"라고 생각한다.	
6. 걱정을 별로 하지 않는다.	
7. 다른 곳에 가서 쉽게 적응하는 편이다.	
8. 유행을 따르는 편이다.	
9. 힘든 상황에 닥쳤을 때, "이만하면 다행이지…"라고 생각한다.	
10. 문제를 해결할 때 여러 가지 방법이 떠오른다.	
합계	

자기진단 체크리스트

항목	1	2	3	4	5	6	7	8	9	10	합계
1											
2											
3											
4											
5											

위의 표를 다 작성한 후 지능별로 점수를 내어 보도록 한다. 오각형의 각 꼭지점은 20점 만점이고 가운데는 10점이다. 지능별 자신의 점수를 확인한 후 체크해 보도록 한다.

지능별 점수가 20점이 나오는 것이 좋고, 5개의 부분이 고르게 분포되는 것이 좋은 결과표이다.

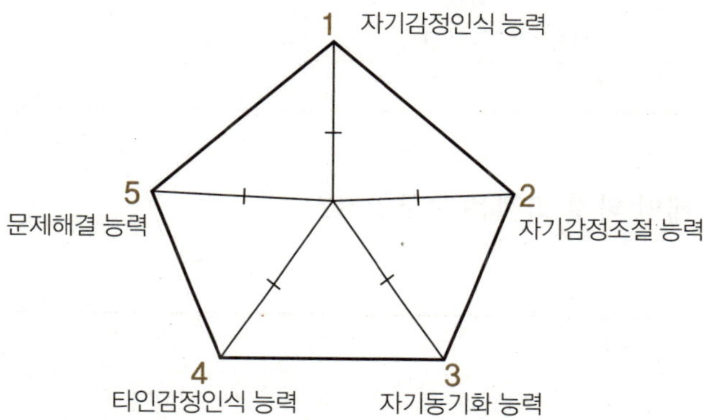

2) '외부고객' 분석하기

■ 고객 프로파일 분석

우리 고객은 어떤 특징을 가지고 있을까? 고객의 특징을 파악해야 그 특징에 맞는 서비스를 개발할 수 있다. 객관적 데이터 분석을 하고 그 중 한 집단을 선택하여 집중 분석을 해 보자.

(1) 객관적 데이터 분석

	개 인		법 인
성별	남( ), 여( )	규모	대기업, 중소기업, 개인점포
연령	10대( ), 20대( ) 30대( ), 40대( ) 50대( ), 기타( )	지역	
거주 지역		매출	

	개 인		법 인
월소득	100~150만 원 150~200만 원 200~300만 원 300~500만 원 500만 원 이상	업종	제조, 서비스 유통, 무역 의료, 요식 금융, 레저 기타
직업	회사원, 전문직 자영업, 기타	기타	
가족 유형	2인 부부, 자녀 1 자녀 2 이상, 미혼		
기타			

(2) 우리의 메인 타깃 고객은 누구인가?

■ 문제점

■ 타깃 고객 집중 분석

분석한 고객 중 한 부분의 고객을 선정하여 집중분석을 해 본다.

대상	
좋아하는 것	
싫어하는 것	
가치를 두는 것	
컴플레인 제기사항	
기타	

4 서비스맨 직업의 재정립

1) 서비스맨이 갖추어야 할 요소

1. 따뜻한 마음

- 상대에게 마음의 문을 열어라.
- 조건 없이 베풀어라.

무재칠시 : 돈 없이도 사랑을 표현할 수 있는 방법 7가지

첫째, 화안시 얼굴에 화색을 띠고 정다운 얼굴로 남을 대하는 것
둘째, 언시 말로써 베푸는 것, 사랑의 말, 칭찬의 말, 격려의 말
셋째, 심시 마음의 문을 열고 따뜻한 마음을 전하는 것
넷째, 안시 호의를 담은 눈빛으로 사람을 보는 것
다섯째, 신시 몸으로 상대를 도와주는 것
여섯째, 좌시 자리를 내주어 양보하는 것
일곱째, 찰시 상대의 속을 헤아려서 도와주는 것

2. 긍정적 사고

- 실패했다고 좌절하지 말자

사례 에디슨

전구를 발명하기 위해 나는 9,999번의 실험을 했으나 잘 되지 않았다. 그러자 친구는 실패를 1만 번째 되풀이 할 셈이냐고 물었다. 그러나 나는 실패한 게 아니고, 다만 전구가 안 되는 이치를 발견했을 뿐이다.

3. 적극적 행동

- 남들이 싫어하는 것을 먼저 해라.
- 적극적인 행동은 성공을 부른다.

우리의 행동

업무 수행 중심 그냥 했어
☞과정도 좋은 결과도 필요 없이 시키는 대로만 한다.

맹목적 고객 중심 마음대로 하세요.
☞고객에게 무엇이 더 유리한지 관심 없다.

고객 필요 중심 '난 그냥 로버트가 아니야!'
☞고객의 필요를 찾아내어 최선의 솔루션을 제공한다.

4. 자기관리

- 스스로 발전할 수 있는 요소를 찾아서 항상 노력하라.

미국사회를 이끌어 가는 성공하는 리더들의 자기관리

■빌 그로스 팜코 투자담당 최고경영자

새벽 4시 30분에 기상, 미국, 유럽, 일본 시장을 체크한다. 6시면 회사에 출근한다. 일할 땐 '잡음'을 줄이는 게 중요하다. 아니다 싶은 의견은 과감히 무시한다. 아이디어 구상엔 요가가 최고다. 물구나무서기 동작으로 정신을 집중하면 좋은 생각을 해낼 수 있다.

■하워드 슐츠 스타벅스 회장

5시면 일어나 가장 먼저 커피를 마신다. 월스트리트저널, 뉴욕타임스 등을 읽고 보이스 메시지를 들으며 전 세계 스타벅스 매장이 잘 돌아가고 있는지 체크한다. 이게 25년간 내가 한 일이다. 낮에는 미국, 밤에는 아시아 시장을 점검하고 매주 최소 25개 매장을 둘러본다.

■ 마리사 매이어 구글 부사장

정보에 압도당하지 말아라. 하루에 700~800통씩 들어오는 이메일을 모두 체크하느라 시간을 써버리는 것은 바보같은 행동이다. 이메일 분류 시스템을 사용해 시간을 아낀다. 나는 속도에 민감하다. 기다리는 건 참을 수 없다. 그래서 휴대전화보다는 이메일과 보이스 메시지를 애용한다.

2) 매력적인 서비스맨의 직업관

(1) 직업(Job)

여러분의 직업은 무엇이십니까?

당신은 무슨 일을 하십니까?

(2) 직업의 새로운 개념

COR : 고객에게 좋은 결과를 가져다 주기 위한 나의 책임이나 역할

Customer, Outcome, Responsibility

■JOB과 COR의 개념 비교

JOB(사물/프로세스 역할)	COR(사람/결과/책임)
자동차 부품(사물) 조립공	고객(사람)이 안전하게 운절할 수 있도록(결과) 지켜주는 수호자
주스(사물) 파는 사람(역할)	고객(사람) 갈증을 해소(결과)시켜 즐거운 여행을 만즐어주는 인간 청량제(책임)

3) 매력적인 서비스맨의 경쟁력

(1) 진실의 순간

고객이 조직의 어느 일면과 접촉하는 것으로 그 서비스 품질에 대해 긍정적 또는 부정적인 인상을 받는 '특정한 사건' 을 말한다.

(2) 자부심 요소

자부심 요소란?

- 진실의 순간(MOT)에 내가 해야 할 서비스
- 진실의 순간에 꼭 지켜야 할 나만의 서비스 원칙
- 다른 사람과 구별되는 긍지이자 자부심

■자부심 요소 사례

MOT	자부심 요소
고객이 자동차 수리 주문을 한다.	고객의 말을 들으면서 고객카드에 정확하게 기록한다.
식당에서 고객이 물컵을 들여다본다.	우리 식당에서는 지문자국도 없는 깨끗한 컵만을 손님께 제공한다.
백화점에서 폐장시간에 손님이 급하게 들어온다.	손님이 매장에 있는 동안은 반드시 영업을 한다.

■ 나의 MOT에 지켜지는 자부심 요소는?

구 분	MOT	자부심 요소
지금까지 지켜온 나의 자부심 요소		
앞으로 지켜야 할 자부심 요소		

5 서비스 안전을 저해하는 문제점

■ 문제점

- 서너 번 벨이 울려도 받지 않는 전화
- 고객에 대한 이야기
- 지저분한 화장실
- 고객이 남긴 전해지지 않은 전화 메모
- 정리되지 않은 금고의 팸플릿, 잡지 등
- 한 명의 불친절한 직원
- 매번 길게 늘어선 줄
- 더러운 유니폼

고객들은 음식점의 지저분한 화장실을 보면서 위생에도 신경을 쓰지 않아 음식에 세균이 득실거리는 것은 아닌지 우려할 수 있으며, 한 명의 불친절한 직원을 보면서 직원교육이 부족하다고 결론짓고 오랫동안 이용해 왔던 식당을 다시 찾지 않을 수 있다.

비즈니스 상에서는 이렇게 고객의 눈에는 잘 띄지만 정작 회사의 눈에는 보이지 않는 비도덕적인 관행들, 직원들의 무능한 업무수행, 사소한 실수들이 큰 결과로 이어져 고객들과 오랫동안 이어져 왔던 신뢰가 무너질 수 있음을 잊어서는 안 될 것이다.

1) 우리 조직의 문제점

고객과 우리 조직의 안전지대를 위태롭게 하는 우리 조직에 문제를 주는 것들을 찾아보도록 하자.

■ 문제점

2) 나 자신의 문제점

고객과 나 사이의 안전지대를 위태롭게 하는 문제점들을 찾아보자.

■ 문제점

언제나 처음처럼 '타깃 코퍼레이션

미니아폴리스에 본사가 있는 타깃 코퍼레이션은 2002년 K마트를 제치고 미국 내 제2의 할인매장으로 부상을 했다. '뉴욕타임즈'는 타깃이 할인매장 업계에서 강력한 선두주자를 바짝 추격할 수 있었던 것은 그 전부터 한걸음 한걸음씩 성공을 다져왔기 때문이라고 논평했다.

월마트, 케이마트와 같은 카테고리 속에 있던 타깃은 규모는 작았지만, 케이마트가 파산 초읽기에 들어가며 비틀거릴 때 성장을 거듭하며 월마트와 어깨를 나란히 할 정도가 되었다.

타깃의 성공비결은 고객을 생각하는 대형 마트로 브랜드 이미지를 구축해 나가며 다른 기업들과 차별화되기 시작했다는 점이다.

대형마트에서 속도는 매우 중요하다. 신속하게 쇼핑할 수 있기를 바라는 고객을 위해 타깃은 빠른 쇼핑을 구현해냈다. 계산대에 줄이 길게 늘어서지 않도록 추가 계산원을 즉시 투입하여 심지어 연말연시 대목에도 고객들이 빠르게 계산을 마칠 수 있도록 했으며, 계산대 줄이 사라지면서 고객들은 넓은 공간에서 쇼핑할 수 있었다.

6 안전한 서비스 기업을 만들기 위한 우리의 행동

안전 점검 사항을 살펴본 우리의 다음 행동은 서비스 안전 기업을 만들기 위해 우리가 고객을 위해서 할 수 있는 것이 과연 무엇일까를 생각해 보는 것이 중요하다. 무엇보다 우리는 서비스맨으로서 고객들이 우리의 준비된 마음을 느낄 수 있도록 해야 한다.

생각해 보자. 아래 직원은 무엇을 잘못 했나?

사례

물건을 사기 위해 병원 마트에 갔다. 바빠서 이것저것 물건을 골라 계산대로 가져갔다. 그런데 계산대에 있는 젊은 직원은 나를 쳐다보지도 않은 채, 책을 보고 있는 것이 아닌가? 계산을 해 달라는 말에 남의 바쁜 사정은 아는지 모르는지 하나하나 천천히 계산을 하는 것이 아닌가? 처음에 마트에 들어올 때부터 아예 인사도 없었다.

나는 병원 마트 주인에게 근무하는 여직원의 태도에 대해서 따지려고 주인을 찾았다. 알고 보니 그 학생은 가정 형편 때문에 어린 나이에 사회생활을 해야 할 입장이었다. 돈을 벌기 위해 바로 현업에 뛰어 들었고 고객을 어떻게 응대할지 몰라 매뉴얼을 읽고 있었던 것이다. 그러다 보니 고객과 눈을 마주치기도 어려웠다.

내용을 읽고 보니 어떤 생각이 드나? 개인적인 고객이 모두 이해할 수는 있을 것이다. 직원이라면 고객을 먼저 생각하는 마음의 자세가 필요하다.

사례 **일본 MK택시 : '회장님 다음 택시를 타세요'**

어느날 MK택시 유봉식 회장이 시내에서 업무를 보고 회사로 돌아 올 때의 일이었다. 자신의 회사 택시인 MK택시를 타기 위해 기다리던 유 회장은 멀리서 빈 MK택시가 오는 것을 확인하고 손을 흔들었고 이를 본 택시는 천천히 그에게 다가왔다.

그런데 웬일인지 오던 택시가 도중에 멈추어서는 것이 아닌가?

'저 친구가 왜 저러지?

유 회장은 의아해하면서 자세히 살펴보니 가로수에 가려 잘 보이지 않았던 곳에 택시를 기다리던 목발 짐은 청년이 있는 것이 보였다. 운전기사는 목발 짚은 장애인을 먼저 태우고 유 회장을 지나면서 이렇게 말했다.

'회장님. 다음 MK택시를 이용하시죠!'

서비스 제일의 MK택시는 1976년 일본에서 처음으로 장애인우선 승차제도를 시행, 장애인들도 대우를 받을 권리가 있음을 고객만족 경영 실천으로 보여 주고 있었던 것이다.

사례 고객의 가치 : 도미노 피자

볼티모어 지역의 도미노피자 체인 중에 가장 성공했다고 평가받는 한 매장의 성공 비결을 살펴보자. 이 매장에서는 단골 고객 한 명의 평생 가치를 약 4,000달러로 계산했다. 이는 평균 10년 동안 연간 8달러짜리 피자를 50개 주문하는 고객을 단골로 산출한 수치다.

이 매장의 주인인 필 브레슬러는 종업원들에게 "당신들은 지금 8달러짜리 고객이 아니라 4,000달러짜리 고객에게 피자를 배달하고 있다"고 강조했다. 그리고 이러한 고객가치 마인드는 고객으로 하여금 피자가 약속 시간에 배달되었는지 판단하게 하고, 정성스레 피자를 만들어 배달한 최고의 종업원을 직접 선정하도록 하는 정책으로 이어졌다. 만약 이 매장이 고객 가치를 현재의 가치인 8달러로 계산했다면, 이렇게 큰 성공을 거두지 못했을 것이다.

Exercise

1. 부가적으로 설명되는 서비스의 정의가 아닌 것은?

① 봉사　② 공짜
③ 할인　④ 덤

2. 서비스를 받은 고객의 반응은 크게 4가지로 나뉜다. 해당되지 않은 것은?

① 충족　② 무덤덩
③ 불만　④ 기쁨

3. 안전점검 계획을 수립할 때 주의 사항이다. 중요하게 생각되지 않는 것은?

① 고객과 직원의 접점 기간　② 고객과 직원의 접점 빈도
③ 상호작용의 강도와 밀도　④ 직원의 창의적인 서비스 제공

4. 서비스맨 상으로 그릇된 것은?

① 따듯한 마음
② 부정적 사고방식
③ 자기와 관련된 서비스에 대한 적극적인 행동
④ 자기와 관련하여 적극적인 행동이 필요

5. 좋은 서비스 안전 지대를 만들기 위해 필요한 것은 무엇인가?

① 진실의 순간에 내가 해야 할 처세
② 다른 사람과 구별되는 긍지이자 자부심
③ 아무 생각 없이 무작정 잘해 주면 된다.
④ 진실의 순간에 꼭 지켜야 할 나의 서비스

정답 1. ① 2. ② 3. ④ 4. ② 5. ③

Review

1. 무엇이든 기본이 매우 중요하다.
성수대교의 다리가 무너진 것처럼 처음부터 무엇인가 부실하거나 충분하지 못하다면 그 안전성은 보장받기 어려울 것이다. 마찬가지로 서비스도 기본이 부실하다면, 고객은 불만을 가진 상태에서 서비스를 이용하든가 이용을 기피하게 될 것이다. 따라서 직원들은 서비스맨으로서 갖추어야 할 전문지식, 자질 그리고 서비스를 잘 하고자 하는 마음을 갖추는 것이 중요하다.

2. 서비스는 몸을 통해 고객에게 전달이 된다. 아무리 훌륭한 마인드를 지닌 직원이라고 해도 행동으로 실천을 하지 않는다면 표면적인 서비스 밖에 되지 않는다.

3. 서비스는 고객의 개별성을 고려한 상태에서 감성적인 터치를 해야 하고 고객의 기대 이상으로 이루어져야 한다. 즉 서비스가 예술적인 경지로 승화되는 것이 필요하다는 것이다.

4. 서비스를 이용하는 것이 고객에게 큰 불편을 준다면 직원들이 아무리 친절하고 상품이 좋다고 해도 소용이 없을 것이다. 그러기 위해서는 고객만족을 위해 최선을 다한다는 마음을 가지고 일을 하면 만족도가 높아질 것이다.

제2부

첫인상의 기적

제5장

{ 첫인상의 엄청난 위력 }

Quiz

문제 1 **첫인상을 결정짓는 요인 중 가장 많은 영향을 주는 요소는 무엇일까?**

① 시각적인 요소　　② 청각적인 요소

③ 대화의 내용

(정답 1) 사람이나 기업의 첫인상을 결정하는데 가장 많은 영향을 끼치는 것은 바로 외관으로 보고 판단하게 만드는 시각적인 요소이다. 캘리포니아 대학의 심리학과 교수인 알버트 매라비언 교수의 연구 결과에 의하면, 첫인상을 결정짓는데 크게 3가지 요소가 영향을 준다. 그 중 가장 큰 영향을 주는 요소는 시각적인 요소(55%), 청각적인 요소 (38%), 대화의 내용(7%)로 나타났다.

문제 2 **이미지에 대한 설명이 아닌 것은?**

① 다른 사람의 눈에 비쳐진 나의 모습

② 첫인상을 남길 수 있는 기회는 한 번이기 때문에 처음 만남을 소중하게 생각해야 한다.

③ 이미지는 좀 가식적이어도 좋다.

④ 사람의 첫인상이 형성되는 데 걸리는 시간은 7초 내외에 형성된다.

(정답 3) 이미지는 다른 사람의 눈에 비쳐진 나의 모습으로, 사람들이 의식적으로 만나는 사람들에 대한 인상 형성의 과정 및 그 결과를 말한다. 또한 첫인상이 결정되는데 걸리는 시간은 7초 내외로 빠르게 결정되며, 한 번 형성된 이미지를 바꾸는 데는 많은 노력과 시간이 소요된다.

학습목표

1. 이미지의 정의와 첫인상의 중요성에 대하여 알 수 있다.
2. 서비스맨으로서 필요한 첫인상의 필수 항목에 대해 알 수 있다.
3. 회사의 이미지 제고와 서비스맨에게 필요한 이미지 메이킹에 대해 알 수 있다.

나의 체크리스트

1. 나는 첫인상을 좋게 하기 위해 나의 표정을 훈련하고 있다.
2. 나는 고객을 응대하는 직원이 가져야 하는 이미지에 대해 숙지하고 있고, 실천하고 있다.
3. 나의 표정이 좋다고 칭찬하는 고객들이 많다.
4. 나의 표정은 늘 무표정하거나 화가 나 있다.

1 첫인상이란

지금 내가 처한 상황에 대하여 생각해 본 적이 있는가? 취업을 해야 한다거나, 어떤 직업을 선택해야 한다거나, 다른 직종을 찾아봐야 한다거나 또는 승진을 해야 한다거나 하는 등의 선택의 기로에 처해 있지는 않나?

어떠한 상황에 있더라도 본인의 선택에 도움을 줄 수 있는 사람들과 만나야 한다는 것은 어쩔 수 없는 사실이다. 그들에게 미치는 여러분의 첫인상은 어떤 형태로든 영향을 미치게 될 것이다. 이것은 매우 중요한 현실이다.

우리가 이번 단락에서 공부할 '첫인상의 엄청난 위력'은 사람 사이의 관계를 원활하게 만들어 주어, 그 사람과 계속 만날 수 있는 기회의 문을 열어 주게 된다. 긍정적인 첫인상을 고객이나 상대방에게 주게 되면, 그 첫인상을 토대로 매번 당신의 인상을 강화시켜 나갈 수 있게 된다. 이것이 바로 여러분의 재능과 능력을 보여줄 수 있는 가장 쉬우면서도 강력한 방법이 된다. 이렇듯 한 번 각인된 첫인상은 아주 오랜 시간 남아 있게 된다. 하지만, 그런 첫인상을 만드는데 걸리는 시간은 너무나 짧다는 것이다.

출처 : http://blog.naver.com/sjt7019

2 첫인상의 의의

사람이나 사물에 의해 받는 인상과 이전에 감각에 의하여 얻어졌던 것이 마음속에 재생하여 머릿속에 그려지는 것이다.

첫인상이란 보이는 사람에게 불리한 구조이다. 따라서 미리 준비하지 않으면 상대방에게 자신이 원치 않는 모습으로 각인될 소지가 다분하다. 첫인상에 영향을 미치는 심리적인 효과는 여러 가지가 있고 미치는 영향도 다양하다.

3 첫인상의 형성 요소

캘리포니아 대학의 심리학과 교수 알버트 메라비언은 사람이 다른 사람을 어떻게 인지하는지에 대하여 실험을 했다. 그 결과 첫인상은 다음과 같은 기준으로 형성된다는 사실을 밝혀냈다.

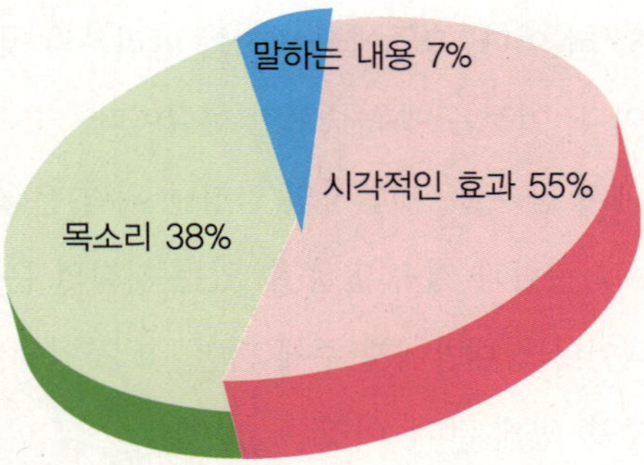

위의 결과에서도 알 수 있듯이 첫인상을 형성하는데 가장 중요한 것은 바로 시각적인 이미지이다. 대부분의 사람들이 한 번 흘깃 보는 것만으로도 상대에 대해 평가를 내린다는 것이다.

이 부분에 대해 많은 반박이 나오기도 한다. 예를 들어, 오랜 시간을 보고 사람을 판단해야지 겉모습만 보고 평가를 하는 것은 무언가 잘못되었다고 의문을 제기하는 이도 있겠지만, 비즈니스 세계에서 사람들은 진실한 여러분을 알아볼 시간적인 여유가 없다는 것을 명심해야 할 것이다. 빠르게 판단을 내리고, 좀처럼 그 생각을 쉽게 바꾸지 않는다는 것이다.

존 나이스 빗은 앞으로 우리가 살아가는 미래에는 시각이 지배하는 시대가 올 것이라고 이야기하고 있다. 과거 기능 위주와 성능 위주의 제품이 판매가 되었다면, 현재와 미래에는 기능과 성능은 기본이고, 디자인이 중요하게 생각되는 시대가 올 것이라는 것이다.

요즘 휴대폰 하나씩 없는 분들은 거의 없다고 본다. 불과 몇 년 전만 하더라도 핸드폰은 거의 무전기 수준이었다. 그런데, 불과 10년이 안 된 시간 속에 핸드폰은 그 기능은 물론이고 디자인도 몰라보게 예뻐진 것을 볼 수 있다.

이렇게 디자인이 새로워진 것은 핸드폰만은 아니다. 커다란 축음기에서 시작되어 손가락만한 엠피쓰리를 보기만 해도 알 수 있고, 자동차도 그 기능과 디자인, 심지어 색마저도 여러 모습을 바꿔진 것을 볼 수 있다.

그래서 존 나이스 빗은 21세기에는 제품이나 사람 심지어 기업까지도 호감을 개발해야 한다고 거듭 주장하고 있다. 따라서 호감을 개발하는 것은 당연하고, 이 능력을 개발해야 성공한다고 거듭 주장하고 있다.

첫인상의 심리적 효과들은 의식적으로나 무의식적으로 첫인상 형성에 있어서 결정적인 요인으로 작용되고 있다. 따라서 첫인상 형성에 이러한 심리적 효과의 적절한 활용과 적용이 필요하다.

4 첫인상 형성에 영향을 미치는 일곱 가지 효과

1) 초두효과(Primacy Effect)

먼저 들어온 정보가 나중에 들어온 정보보다 전반적인 인상 형성에 더욱 강력한 영향을 미치는 현상을 말한다. 따라서 초두효과는 사회적 판단에 중요한 영향을 미친다. 즉, 초두효과는 후에 제시되는 정보나 특성에 대해 주의를 덜 기울이기 때문이다.

2) 대비효과(Contrast Effect)

너무 매력적인 상대와 함께 있으면 그 사람과 비교되어 자신은 오히려 평가가 절하되는 현상이다. 멋있는 사람 옆에서 사진촬영을 하거나 매력적이고 잘생긴 친구를 사랑하는 사람에게 소개시켰을 때에 발생하는 심리적 갈등이 여기에 해당한다.

3) 부정성 효과(Negativity Effect)

부정적인 특징이 긍정적인 특징보다 그 사람의 인상형성에 더욱 강하게 작용하는 현상이다. 어떤 정보에 대해서 긍정적인 내용과 동시에 부정적인 내용의 정보를 접하게 되었을 때 부정적인 정보가 더욱 강력하게 작용하는 효과이다. 이는 결과적으로 부정적 인상은 긍정적 인상보다 변화되기가 더 어렵다는 것을 의미한다.

4) 후광효과(Halo Effect)

외모나 지명도 또는 학력과 같이 어떤 사람이 갖고 있는 장점이나 매력 때문에 관찰하기 어려운 성격적인 특성들도 좋게 평가되는 현상이다. 예를 들어 명랑 쾌활하게 보이는 사람은 역시 똑똑하고 호감이 가며 성공적이고 심지어 그에게 그런 특성이 있다는 증거를 결코 본적이 없음에도 불구하고 그럴 것이라고 가정한다.

5) 현저성 효과(Vividness Effect)

두드러진 특징이 그 사람의 인상 형성에 큰 몫을 차지하는 현상이다. 키가 커서 시원스런 사람으로 느낀다거나 눈이 예뻐서 아름답다고 느끼는 등의 긍정적인 측면과 노래를 못해서 무능할 것이라고 여기거나 체구가 왜소해서 운동을 못할 것 같다는 식의 부정적인 오해 등이 여기에 해당한다.

6) 방사효과(Radiation Effect)

지위가 높거나 유명한 사람과 함께 있을 때 사회적인 지위나 자존심이 고양(高揚)되는 현상이다. 특정 정치인이나 유명 연예인과의 친분을 내세우거나 심지어는 오래 전에 유명인사와 함께 찍은 단체사진 등을 거실 벽에 크게 걸어 놓는 심리를 말한다.

7) 악마효과(Devil Effect)

열등한 외모나 부정적인 모습 때문에 그 사람의 다른 측면까지도 부정적으로 평가되는 현상이다. 예를 들어 못생긴 사람은 능력도 없을 것 같다거나, 불평불만을 많이 하는 사람은 싫증을 잘 내고 사교성도 없으며 허약할 것 같고 맡은 업무에 대한 생산성도 떨어질 것이라고 가정하는 등이다.

5 첫인상의 중요성

이렇게 우리는 자의든 아니면 시대의 흐름에 의해서이든지 첫인상 즉 첫 이미지를 중요시하게 되었다. 왜 이렇게 첫인상이 중요한 것일까?

❶ 남의 눈에 비쳐진 나의 모습이다.

❷ 스쳐 지나가는 모든 사람들에 대한 인상이 아니라, 사람들이 무의식적으로 만나는 사람이나 쳐다보는 사람들에 대한 인상 형성의 과정 및 그 결과를 첫인상이라고 한다.

❸ 첫인상을 남길 수 있는 기회는 한번이므로 처음 만남을 소중히 해야 하며 만날 사람의 성격, 직업, 취미 등 전반적인 내용의 사전 파악이 필요하다.

❹ 사람의 첫인상은 3~10초 안에 빠르게 결정된다. 그러나 한 번 결정된 첫인상을 바꾸는 데는 많은 노력이 시간이 소요된다.

❺ 한 번 결정된 인상을 바꾸는 데는 60번 정도를 이상을 만나야 바뀐다.

6 첫인상이 좋은 사람의 이점

상대방에게 좋은 이미지를 주는 사람이나 기업은 그렇지 못한 경우보다 얻을 수 있는 이점이 있다.

첫째는 신뢰이다. 다른 고객이나 사람으로부터 받는 신뢰는 자신에게서 더 큰 변화를 일어나게 만든다. 즉, 모든 일에서 긍정적으로 해 나가기 때문에 목표가 분명해지고 따라서 보람된 시간을 보내게 된다.

둘째는 기회이다. 아무래도 누군가를 추천해 달라고 하면, 그 동안 이미지가 좋았던 사람이나 기업을 추천하게 된다. 이 경우, 능력도 능력이지만 "그 사람 참 괜찮아"라든가 "거기 꼭 가봐, 너무 좋아"라는 말을 곁들여 듣게 되면 꼭 그 곳을 방문하거나 그 사람을 만나고 싶게 마련이다.

이렇게 더불어 사는 데 있어 자기 관리를 잘하는 사람들은 좋은 이미지를 줄 수 있게 된다. 즉, 이미지를 잘 관리하고 있는 사람이나 기업은 그만큼 득을 보게 되고, 이미지 관리가 잘 되고 있지 않은 곳은 그만큼의 손실을 보게 된다는 것이다.

일례로 평상시에 자기관리를 잘하고, 성실하며, 회사에 지각하는 일이 없었던 직원이 어느 날 늦게 온다면 그 직원에게 무슨 일이 있는지 많이 걱정하게 될 것이다. 그런데, 평상시 자기관리가 안 되고, 불성실하고, 매일같이 지각을 하던 직원이 어느 날 출근해 보니 일찍 나왔다면 대부분 이렇게 이야기할 것이다.

"자네, 오늘 웬일이야. 왜 알람을 잘못 맞추어 놓았나. 참 세상 별일이네, 해가 서쪽에서 뜨겠어"

"…"

7 엄청난 첫인상 만들기

1) 첫인상 요소 : 밝은 표정

백만 불짜리 첫인상을 주기 위해 가장 필요한 것은 바로 직원들의 밝은 표정이라고 할 수 있다.

아마 여러분들도 고객의 입장이 되어 서비스를 받기 위해서, 또 어떤 물건을 사기 위해서 어떠한 장소에 들어갔는데, 무표정한 직원 때문에 당장에라도 바로 돌리고 싶은 심정이 들었던 경험이 있을 것이다.

이렇게 고객이 시야에 들어왔음에도 불구하고 아무 말 없이 하던 일만 계속하는 눈을 마주치지 않는 직원이나, 아니면 일을 빨리 끝내기 위해 얼굴도 들지 않고 겨우 '어세 오세요~' 라고 형식적인 표정에 인사만 하는 직원에게서 우리는 결코 백만 불의 첫인상을 받을 수 없을 것이다.

그렇다면 좋은 첫인상을 주기 위해서 밝은 표정이 왜 중요한 것일까?

■ **밝은 표정의 중요성**

- 회사의 첫인상을 좋게 한다.
- 회사를 방문하시는 고객과 나 자신을 즐겁게 해 준다.
- 함께 일하는 직원 간에도 편안함을 줄 수 있다.
- 더불어 업무가 효율적으로 진행될 수 있다.

사례

어느 전국적인 매장을 갖고 있는 회사의 모니터링 결과를 보면, 전체적으로 잘 개선되고 있지 않은 부분이 바로 맞이인사와 배웅인사를 거의 하지 않는다는 것이다.

매장뿐만 아니라, 고객을 접하는 고객 접점 직원에게 가장 기본적이면서 꼭 해야 하는 인사를 하지 않는다는 부분이었다. 그런데, 이것보다 더 놀라운 일은 바로 직원들의 반응이었다. 모니터링 결과를 하면, 대부분의 직원은 시큰둥한 표정으로 "저희 매장 고객들은 하루에도 몇 번씩 오시기도 하고, 적어도 하루 이틀에 한 번은 꼭 오시는 가족 같은 분인데, 어떻게 오실 때마다 인사를 합니까? 그건 우리 매장의 상황을 잘 모르고 하시는 말이에요"라고 말하는 것이다.

어찌 보면, 직원들의 이야기가 회사의 상황에 맞는 정답일지는 모르지만, 냉정히 이야기를 한다면, 직원들의 가족 같은 편안한 서비스가 우리의 첫인상을 백만 불짜리에서 자꾸만 멀어지게 만드는 가장 큰 이유가 아닐까 한다.

따라서 우리가 고객을 지금보다 더 사로잡기 위해서 가장 필요한 첫 번째는 바로 직원들이 밝은 표정으로 "고객님, 안녕하십니까" 혹은 "고객님, 또 오셨어요"라고 상냥하게 반겨주는 표정이라 하겠다.

■회사의 첫인상을 좋게 하는 표정을 할 때 주의할 점

- 회사를 방문하는 고객과 상황에 맞는 표정을 해야 할 것이다.
- 가급적 비슷한 표정을 해 주는 것이 좋다. 즉, 기분이 좋은 고객에게는 반가움의 표정을, 무언가 속상하고 화가 났을 때에는 염려되는 표정을 함께 해 주는 것이 좋다.
- 턱을 너무 들거나 당기고 있는 경우, 건방져 보이거나 소극적인 느낌을 줄 수 있다.
- 고개를 한 쪽으로 기울이고 있다면, 업무에 너무 느슨한 느낌을 줘서 좋은 첫인상을 주기가 매우 어렵다.

■고객을 응대하는 직원이 갖지 말아야 할 금기 표정

- 업무를 하기 귀찮아하는 듯한 표정
- 고객이 들어와도 거들떠도 보지 않는 무표정
- 갑자기 황당하다는 듯한 얼굴의 표정

이런 표정은 회사의 이미지를 아주 나쁜 쪽으로 실추시키는 것이기 때문에 절대 하지 말아야 할 것이다.

출처 : http://blog.naver.com/4stay?Redirect

2) 첫인상의 외적인 결정 요소 : 용모와 복장

흐트러진 서류, 종이조각, 테이프, 연필, 정리가 안 되어진 채 펼쳐진 잡지책, 지저분하게 때로 얼룩진 유니폼 등, 이런 모습이 회사의 이미지를 신뢰감 있게 만들어 주지 못한다. 사실 서비스는 밝은 표정과 인사로만 대신하는 것이 아니라, 회사를 둘러싼 주변 환경, 또 우리들의 모습 하나하나도 포함이 된다.

따라서 정리되고 조직화된 회사의 모습은 고객들의 업무 처리나 정보를 주의 깊고 효과적으로 다룬다는 것을 고객에게 말하고 있는 것과 같다. 고객들은 일을 마치 내 일을 하는 것처럼 조심스럽게 처리해 줄 것으로 믿고 안심하게 된다.

(1) 용모와 복장의 중요성

- 회사에 대한 첫인상을 결정한다.
- 고객에게 신뢰를 주는 요소이다.
- 활기찬 회사 분위기를 창출한다.
- 자신감과 소속감을 통해 일의 성과를 높일 수 있다.

(2) 용모와 복장의 포인트

- 단정 - 청결 - 조화 - 품위

(3) 여자 직원의 용모복장 체크 항목

❶ 헤어 스타일

- 앞 머리는 눈을 가리지 않도록 한다.
- 요란한 머리 모양(특히, 과도한 염색과 파마)은 지양하고, 손질하기 쉽고 단정한 헤어 스타일로 한다.
- 어깨를 덮을 정도로 긴 머리는 핀이나 헤어 용품으로 단정하게 한다.
- 머리의 액세서리는 너무 요란하지 않도록 한다.(헤어밴드)

❷ 얼굴

- 밝고 호감 가는 표정을 한다.

- 화장기가 전혀 없는 맨 얼굴로 근무하지 않는다.
- 화장은 밝고 청결한 느낌을 주도록 한다.
- 향수를 뿌릴 경우, 다른 사람에게 피해를 줄 정도의 진한 느낌은 들지 않도록 한다.

❸ 복장

- 항상 청결히 하여 깨끗하게 입는다.
- 유니폼의 단이 풀어지거나 단추가 풀어지지 않았는지 항상 체크하도록 한다.

❹ 신발

- 신발은 너무 지저분하지 않게끔 신는다.
- 구겨 신지 않는다.
- 특히, 사내에서 슬리퍼는 절대 신지 않도록 한다.

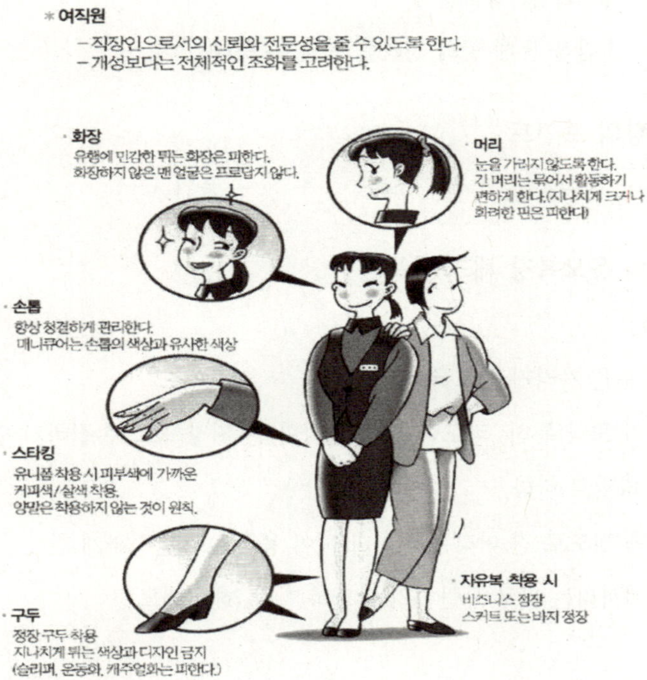

출처 : 센스있는 용모복장 작성자 : 대림비서

(4) 남자 직원의 용모복장 체크항목

❶ 헤어 스타일

- 앞 머리는 이마를 가리지 않도록 한다.
- 앞 머리가 귀를 덮지 않도록 한다.
- 뒷 머리는 드레스 깃을 덮지 않도록 한다.
- 흰머리는 염색 등으로 깔끔하게 정리한다.
- 남자의 경우는 적어도 3주에 한 번 정도는 이발을 하도록 하고, 귀를 덮지 않도록 한다. 과하지 않으면, 헤어 스타일링 제품으로 두발을 손질하는 것도 권하고 싶다.

❷ 얼굴

- 수염 및 면도 상태를 수시로 점검한다.(남성의 경우, 수염이 자주 나는 경우는 아침저녁으로 한다)
- 코털이 보이지 않도록 한다.
- 입에서 냄새가 나지 않도록 한다.

❸ 복장

- 항상 청결히 하여 깨끗하게 입는다.
- 드레스셔츠 깃, 소매 등을 점검하여 깨끗하게 입도록 한다.
- 감색이나 회색을 기본으로 한다.

❹ 신발

- 신발은 너무 지저분하지 않게끔 신는다.
- 구겨 신지 않는다.
- 특히, 사내에서 슬리퍼는 절대 신지 않도록 한다.

출처 : 근로복지공단 http://blog.naver.com/comwel2009?Redirect=Lo...

3) 첫인상의 이미지 요소 : 비언어적 메시지

회사의 첫인상을 백만 불짜리로 만드는 데는 이런 것뿐만 아니라, 여러분의 시선, 손짓, 발짓으로도 쉽게 첫인상이 결정된다.

이런 것은 회사를 방문하는 고객들과 처음 만나는 순간에도 마찬가지이다. 여러분의 바디 랭귀지를 통해 긍정적, 부정적인 첫인상을 줄 수 있다. 눈살을 찌푸리거나, 한숨을 쉬는 것과 같은 것은 나 자신은 모르지만, 부정적인 습관들을 제거하도록 노력해야 한다.

고객을 만나고 있는 주변 환경에서 여러분이 무의식적으로 하고 있는 바디 랭귀지가 우리 회사를 방문하는 고객을 환영하고 있는지, 혹은 고객을 내쫓고 있는지 한 번 생각해 보자.

구분	긍정적 첫인상	부정적 첫인상
인사	"안녕하세요, 회원님(고객님) 무엇을 도와드릴까요?" "기다려주셔서 감사합니다." "좋은 하루 되세요." "방문해주셔서 감사합니다."	성의 없는 인사 "어머니, 일루 오세요." 아무 말 없이 그냥 보냄
자세	똑바로 의자에 앉아 있음 전신에 몸무게를 실어서 긴장된 모습으로 양발로	구부정한 자세로 벽에 기대어서 편안한 모습으로 한 발로 비스듬히
얼굴표정	아이 콘택트를 한다. 고객을 부드럽게 본다. 웃는 얼굴과 눈 미소 자신감 있는	아이 콘택트를 하지 않는다. 눈을 치켜 뜬다. 엄숙하게 보는 눈살을 찌푸리는 걱정스러운
몸동작	자신감 있는 자연스러운 팔짱을 끼지 않은 손가락으로 지적하거나 흔들리지 않은 적절한 거리	부끄러워하는 동작이 거친 팔짱을 낀 손가락으로 지적하며 흔드는 너무 가깝거나 너무 멀리 서 있는
주변환경	정리가 잘 된 서류 보관되어 있는 깨끗한 기물 버려질 곳에 버려진 쓰레기 퀘퀘한 냄새가 없는 마음을 산란하게 하는 잡음이 없는	어수선한 서류 너무 더러운 기물 더러운 쓰레기 담배 냄새, 향수 냄새 마음을 산란하는 잡음이 많은

이번 장에서는 고객을 사로잡는 백만 불짜리 첫인상을 만드는 방법에 대해 알아도 보고, 왜 그런 첫인상을 고객에게 주어야 하는 지에 대해서도 알아보았다.

경영학의 권위자인 메긴슨(L.C. Megginson)은 첫 만남, 즉 첫인상에서 호감을 주면 심리적 계약이 발전하여 신뢰가 형성이 되고 영향력이 커지지만 거부감을 주면 계약 발전에 실패하여 관계가 정지된다고 했다.

미국의 IBM도 "성공하는데 가장 중요한 요소는 무엇일까"라고 하는 질문에 38%에 달하는 사람들이 '이미지'라고 대답했다. 그만큼 자신이 고객에게 어떤 이미지로 비추어지느냐 하는 것은 비즈니스 세계에서는 무엇보다 중요하다. 그럼에도

불구하고 많은 사람들이 자신의 이미지를 가꾸는데 소홀한 것이 현실이다. 과학의 시대를 살아가면서도 직장 관계의 대부분은 인간관계에 의해 정해진다는 사실은 의심의 여지가 없다.

개인의 능력을 향상시키는데 투자하는 것 이상으로 이미지 경영에 투자해야 하는 이유가 여기에 있다. 「이미지경영」의 저자 매리 미첼은 "첫 이미지를 만들 수 있는 두 번의 기회란 없다", "옷차림, 자세 등 상대방에게 전달이 되는 나에 대한 정보를 바꿀 수 있는 방법과 기술을 익히면 좋은 이미지를 전달할 수 있다"고 말한다.

시대가 급박해지고 경쟁이 치열해질수록, 경쟁력을 좌우하는 강력한 무기는 점점 더 평준화된다. 그리고 '작고 사소한 차이' 가 평준화된 틈을 비집고 성패를 결정하는 변수가 된다. 따라서 직원들은 작고 사소한 차이를 갖추어야 할 필요가 있다.

위기 상황 CEO의 자세 미래 자신감 · 소통 능력

그 어느 때보다 한국 기업의 CEO들이 처한 상황이 어렵다. 기업을 둘러싼 정치와 사회 환경은 호의적이지 않고, 제4차 산업혁명이라 불리는 엄청난 변화 속에서 글로벌 기업과 무한 경쟁을 펼친다. 이런 불확실성 상황에서, 최종 의사결정의 책무를 지고 있는 CEO에게 가장 필요한 것은 '미래에 대한 자신감' 과 '소통 능력' 이 아닐까 싶다.

미래에 대한 자신감은 긍정적인 마음가짐으로 더욱 강화할 수 있다. 한 유명 백화점 의류매장 점원이 손님이 구매한 코트를 정성스럽게 포장한 후 자신의 명함을 슬며시 포장 속에 넣었다. 손님이 왜 명함을 넣는지 묻자 "손님께서 이 멋진 코트를 입고 나가시면, 주변 사람들이 손님 안목을 칭찬하며 분명히 이 코트를 어디에서 샀느냐고 물어볼 것이기 때문에 이에 대비해 넣어드립니다"라고 상냥하게 대답했다. 이 점원은 얼마 되지 않아 그 백화점 최연소 마케팅 임원이 됐다.

CEO의 소통 능력은 회사 성과와 성장에 중요하다. CEO의 대외 커뮤니케이션 활동은 선택이 아니라 필수다. CEO 개인 부담이 존재할 수 있지만, 기업가치 증대에 CEO의 인간적인 접근만큼 더 효과적인 것은 없다. CEO는 내부적으로 조직 비전을 구체화시켜 보여주고 이를 실천해나가는 모습을 적극적으로 공유하며 조직에 대한 구성원의 일관된 인식과 태도를 형성한다. 또한 외부적으로 기업에 대한 호의적인 감정을 유발시켜 기업시장가치를 높인다. 요즘 내부 조직원도 CEO가 적극적으로 CEO 브랜드 커뮤니케이션으로 인지도와 명성을 얻는 것을 바란다.

한 글로벌 조사에 따르면, CEO 명성은 평균적으로 회사 시장가치의 44%를 차지한다. 특히 한국에서 CEO 명성 가치는 51%로 일본 28%, 독일 32%, 미국 38%에 비해 상대적으로 더 중요했다.

CEO 명성을 구축하기 위해 전략적인 접근이 필요하다. 전략 수립을 위해 CEO의 아이덴티티(identity)를 정립해야 한다. CEO는 어떤 사람인가? 어떤 가치를 갖고 무엇을 추구하는가? CEO의 개인적인 비전과 가치는 조직과 어떻게 연결되는가? 세상에 어떤 화두를 던질 것인가? 이 같은 질문에 대한 대답을 정리해 콘텐츠를 구성한다. 이때 콘텐츠는 언어적 · 시각적으로 완성도가 있어야 한다.

CEO 아이덴티티 정립이 끝나면, 커뮤니케이션 접점 채널을 파악하고 효과와 효율성을 검토해 채널별 커뮤니케이션 활동 계획을 세운다. 이때 CEO는 디지털 커뮤니케이션 환경을 감안해 매력적인 콘텐츠를 적절한 미디어를 통해 커뮤니케이션하는 것이 중요하다.

성공적인 CEO 브랜드 커뮤니케이션 실행을 위해 필요한 마지막 요소는 조직 내외부의 체계적인 지원이다. 조직 내부에 실행 담당 부서를 둘 수 있고, 외부 전문가를 기용할 수도 있다. 가장 중요한 것은 CEO가 진정성을 갖고 주도적으로 꾸준히 진행해야 한다는 사실이다. 진정성이 없으면 하지 않는 것만 못하고, 주도적으로 하지 않으면 반응도 미온적이기 쉽고, 꾸준하지 않으면 성공적인 결과를 얻기 힘들다.

디지털 미디어 환경은 개인 이미지 공유 기회를 증가시켰다.

이에 따라 개인 이미지 관리가 그 어느 때보다 중요해졌다. CEO 브랜드 커뮤니케이션의 궁극적인 목표는 CEO에 대한 호감과 신뢰도를 확보하는 것이다. 이는 CEO 설득력과 리더십을 확장시켜주고 나아가 기업가치 증대에 영향을 미친다. 이제 CEO 브랜드 커뮤니케이션은 충분한 원칙과 기준을 갖고 체계적이고 전략적으로 다뤄져야 한다.

[출처: 매경이코노미 제1889 · 신년호(2017.01.01.~01.04일자)]

Exercise

1. 고객을 사로잡는 백만 불의 첫인상이 주는 효과가 아닌 것은?

① 회사의 외적 이미지가 강화된다.
② 내적 이미지와 외적 이미지가 어우러져 시너지 효과를 얻게 된다.
③ 개인 뿐 아니라 회사를 찾는 고객이 많아진다.
④ 고객만 많아지고 얻는 소득은 별로 없다.

2. 표정의 중요성에 대해 설명한 것이 아닌 것은?

① 회사의 첫인상을 좋게 한다.
② 자신과 상대방을 즐겁게 해준다.
③ 고객만 좋지 나 자신은 너무 힘들다.
④ 업무가 효율적으로 진행된다.

3. 회사를 백만 불의 첫인상으로 만드는 요소는 무엇일까?

① 직원들의 고객을 대하는 밝은 표정
② 고객의 이야기를 무시하는 듯한 표정
③ 아무렇게나 입고 있는 유니폼
④ 고객에게 함부로 대하는 말투

4. 고객에게 긍정적인 이미지를 주는 것은?

① 비딱하게 서 있는 자세
② 책상 위에 있는 지저분한 서류
③ 고객이 오면 밝게 일어나서 응대하는 직원의 표정
④ 덧붙임의 인사말

5. 이미지를 형성하는 요소에 대한 설명 중 옳지 않은 것은?

① 이미지를 형성하는 데에는 언어적인 요소가 있다.
② 시각적인 요소는 얼굴 표정, 옷차림, 자세 등을 말할 수 있다.
③ 청각적인 요소로는 목소리, 어조, 음색 등이다.
④ 이미지를 형성하는 데 비언어적인 요소가 필요 없다.

정답 1. ④ 2. ③ 3. ① 4. ③ 5. ④

Review

1. 좋은 첫인상은 본인의 이미지뿐만 아니라, 그 사람이 몸 담고 있는 조직까지도 긍정적인 영향을 주게 된다.

2. 커뮤니케이션은 인간관계의 기본이라고 할 수 있으며, 서비스는 고객에 대한 설득적인 커뮤니케이션이다. 서비스의 의미 자체도 지식적이거나 이론적인 것도 중요하지만, 이미지나 태도의 표현 또한 중요하다.

3. 시대가 급박해지고 경쟁이 치열해질수록, 경쟁력을 좌우하는 무기들은 점점 더 평준화된다. 그리고 '작은 차이'가 그 평준화된 틈을 비집고 성패를 결정하는 변수가 되기도 한다. 변화무쌍한 이 시대에 이미지의 차이 하나가 성패를 좌우할 수도 있음을 기억하자.

4. 각각의 상황에 따른 이미지들을 한 번 체크해 보자.
   ① 출근하자마자 자리에 앉아 있는 당신의 이미지
   ② 사무실에서 바쁘게 움직일 때의 당신의 이미지
   ③ 고객을 응대하는 당신의 이미지
   ④ 일을 끝내고 집에 돌아갈 때의 당신의 이미지

제6장

보고 또 보고

Quiz

문제 1 고객은 기본적으로 두 가지의 욕구를 지닌다고 한다. 다음 보기를 설명한 것을 찾아보시오.

보기 : ① 나를 응대하는 직원이 나의 상황을 이해해 주었으면
② 나를 만나는 직원이 친절했으면
③ 내가 기대하지 않은 부분까지 체크해 주었으면
④ 끝까지 친절했으면

(정답) 심리적 욕구 : 고객은 두 가지 욕구를 지니는데, 실제적인 욕구와 심리적인 욕구가 있다고 한다. 실제적인 욕구는 회사를 거래하는 기본적인 이유가 충족되는 것이라면, 심리적인 욕구는 고객의 심리적인 면으로 그 이면에는 응대하는 직원이 좀 더 친절하고, 더 특별한 대우를 받기 원하는 부분이 있다고 하겠다.

문제 2 고객 응대에 있어서 기본적인 서비스도 중요하지만, 고객의 마음을 움직이는 감성 서비스도 무척 중요하다 하겠다. 다음은 감성 서비스의 여러 가지 예를 표현한 것 중 거리가 먼 것은?

① 고객은 아주 작고 세심한 것에 감동받게 되므로, 세세한 부분까지 신경을 쓰는 세심한 서비스를 제공해야 한다.
② 감성 서비스는 고객의 마음에만 감동하면 되므로, 말만 멋지게 해 드리면 된다. 따라서 칭찬만 많이 하면 된다.
③ 고객에게 친밀감을 더해 드리는 서비스가 바로 감성 서비스이다.
④ 고객의 작은 몸짓 하나에도 신경을 써 드리는 서비스를 제공하기 위해서는 고객에게 끊임없는 관심을 가져야 한다.

(정답) 감성 서비스는 고객의 마음에만 감동하면 되므로, 말만 멋지게 해 드리면 된다. 따라서 칭찬만 많이 하면 된다.

학습목표

1. 고객의 기본적인 욕구에 대해 알 수 있다.
2. 감성 서비스를 제공하기 위해서 우리가 만나는 고객의 여러 가지 유형의 심리적 특성을 이해할 수 있다.
3. 감성 서비스 중 고객의 여러 가지인지 방법에 대해 알 수 있다.
4. 고객의 비언어적인 몸짓에 대해 알 수 있다.
5. 감성 서비스 스킬 중 가장 중요한 칭찬 스킬의 여러 가지 형태에 대해 습득할 수 있다.

나의 체크리스트

1. 나는 고객 심리에 대해 관심을 가지고 있다.
2. 나는 제품을 선택할 때 이성보다는 감성에 많이 좌우되고 있다.
3. 나는 고객의 다양한 메시지에 대하여 관심 있게 살피고 있다.
4. 나는 고객에게 적절한 덧붙임말, 혹은 칭찬을 하고 있다.
5. 나는 고객의 관심 사항이 무엇인지 알고 있다.

1 감성 서비스

사례

얼마 전 모 전자 매장을 방문한 일이 있었다. 편안한 트레이닝 차림으로 나섰는데, 갑자기 소나기가 내리고 있었다. 비가 올 것을 생각하지 않아서 그냥 나와 우산조차 없는 상황이었다. 그런데 매장 앞에 도착하여 주차를 하려는 순간, 직원 두 명이 뛰어 나오더니 한 분은 상냥한 미소로 주차 방향을 안내해 주며 본인이 직접 주차를 하겠으니 차에서 내리라고 했다. 다른 직원은 우산을 받쳐 들고 내가 차에서 내릴 때까지 옆에서 대기하고 있었다.

처음에 아주 좋은 이미지를 주어서 그런지 매장 분위기도 너무나 정이 느껴지고 근무하는 모든 직원은 상냥한 미소를 띠며 무척 친절했다. 몸에 밴 미소와 말씨가 사람의 마음을 사로잡았다.

별로 멀지 않은 곳에 있는 경쟁사의 매장에 들렀을 때의 분위기와는 아주 대조적이었다. 주차를 하려고 하는데 무뚝뚝한 표정은 물론이고 자동차 창문을 내리라며 "여기는 아무나 주차하시면 안 되는데…"라며 무척 사람을 당황스럽게 만들었다. 순간 무시당한 느낌과 함께 반감이 들면서 개운하지 않은 마음으로 매장 안으로 들어갔다. 매장 물건들이야 다 좋아 보였지만, 아무도 와서 반겨주지 않는데다가 뭔가를 질문하려고 해도 직원이 보이지 않아서 답답하게만 느껴졌다.

물론 상품이 좋아야 하는 것은 누구나 다 아는 사실일 것이다. 하지만, 상품이나 제품이 아무리 좋아도 고객을 상대하는 직원이 고객의 외모만 보고 무시하는 말투와 무관심한 인상으로 대하게 되면 고객은 그 회사의 제품에 결코 호감을 가질 수 없다.

어떤 고객에게든 공평하게 대하는 직원의 태도가 무엇보다 중요하다고 본다. 직원이 먼저 최고의 명품이 되어야 할 것이다. 그러기 위해서는 고객의 심리적인 욕구를 충족시킬 수 있는 감성 서비스를 제공하기 것이 무엇보다 중요하다.

이번 장에서는 고객이 매일매일 보고 싶어 찾아오는 나를 만들기 위한 감성 서비스에 대해 알아보고자 한다.

2 고객의 2가지 욕구

고객에게는 기본적인 욕구와 실제적인 욕구가 있다. 즉, 회사를 방문하는 나름대로의 이유가 있어 방문할 것이다. 하지만, 그 이면에는 그로 인해 만나는 직원들이 좀 더 친절했으면 하는 심리적인 욕구가 있는 것이다.

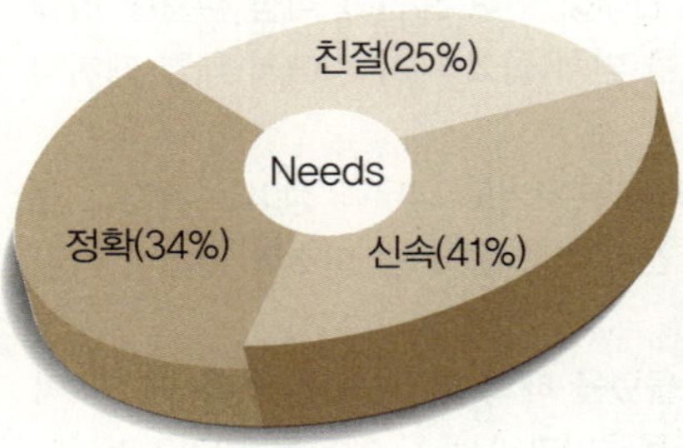

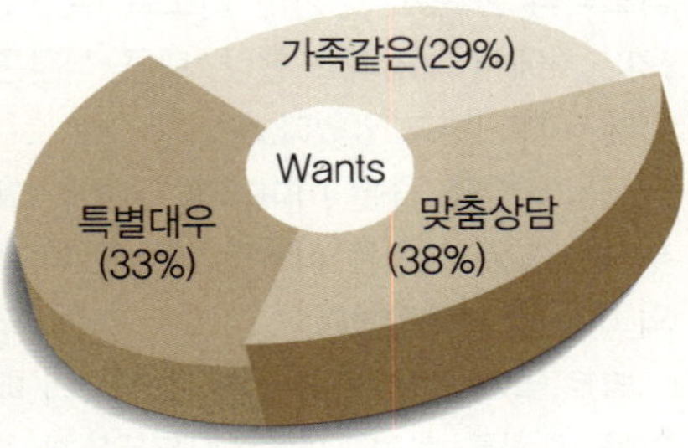

감동적인 서비스

비바람이 몰아치던 날 새벽, 미국 필라델피아의 작은 호텔로 노부부가 찾아왔다. 그들은 비에 젖은 채로 빈 방이 있는지 물었다. 그러나 마침 빈 방이 하나도 없는 상황이었다. 늦은 시간에 이 부부를 어떻게든 모셔야겠다고 생각한 야간 종업원은 "손님, 정말 죄송합니다. 오늘은 손님이 많이 오셔서 빈 방이 없습니다.

좋은 방으로 안내해 드리고 싶지만 혹시 괜찮으시다면 제가 묵는 방으로 모시면 어떨까요?"하고 공손히 여쭈었다.

노부부는 호텔 야간 종업원 덕분에 그날 밤 편안히 쉴 수 있었다.

다음 날 아침 노부부는 "친절한 당신 덕분에 편안하게 잘 수 있었습니다. 나중에 일급 호텔의 지배인이 될 수 있을 겁니다."라고 말하면서 직원의 인적 사항을 적고 호텔을 떠났다. 그로부터 2년 후, 그 직원은 뉴욕행 비행기표가 들어 있는 한 통의 편지를 받고 놀라움을 금치 못했다.

"2년 전 비바람이 몰아치던 늦은 밤, 내 아내와 함께 당신 방에서 자고 갔던 사람입니다. 당신의 친절을 지금까지 잊지 못하고 있습니다. 여기 뉴욕에 호텔을 새로 지어놓고 당신을 기다리고 있습니다. 부디 와서 호텔의 총 지배인이 되어 주길 진심으로 바랍니다."

편지를 보낸 사람은 호텔 경영인인 존 제이콥 아스터였다. 지금의 뉴욕 '더 월도프-아스토리아' 호텔은 이렇게 해서 세워졌다.

고객의 감성을 흔드는 것은 바로 진심으로 고객을 대하는 작은 정성에서 시작된다는 것을 알 수 있다.

3 고객의 단계별 심리적 기대 욕구

고객 니즈(Customer's Needs)

	Approach	니즈 탐색	문제 해결	마무리
직원이 하는 일	• 인사말 • 관계(친밀감) 형성	• 니즈 파악 • 고객 상황 파악 • 니즈 확인 • 추가 니즈 파악	• 니즈 수용 • 상품의 특징과 이점설명, 증거자료 제시 • 제시한 이점에 대한 고객 등의 여부 확인	• 업무처리 내용 확인 • 응대만족 여부 확인, 소개 부탁, 명함, 안내장 전달 • 배웅 인사말, CRM 입력
고객이 기대하는 것	• 반갑게 맞아주었으면 • 안내를 잘 해주었으면 • 친절했으면 • 직원이 호감이 가는 사람이었으면 • 편안했으면	• 내가 원하는 것을 정확히 알아들었으면 • 내 이야기를 성의껏 들어주었으면 • 나의 상황이나 감정까지 이해해주었으면	• 내게 꼭 필요한 해결안을 제안해주었으면 • 내가 미처 몰랐던 문제까지도 해결해 주었으면 • 강요하지 않았으면	• 끝까지 친절 • 확신을 주었으면 • 감사해주었으면 • 지속적인 서비스 약속

우리는 매일 고객을 만나게 된다. 고객은 여러 유형별로 구분되어 응대되지만, 크게 남성고객과 여성고객으로 나누어진다. 이렇게 우리가 만나는 남성고객과 여성고객은 선천적으로 다른 성향을 나타내게 되어 있는데, 그것을 안다면 더욱 효과적인 서비스를 제공할 수 있게 된다.

다음은 여성고객과 남성 고객의 특성을 구분해 놓은 것이다.

남 성	여 성
좌뇌와 우뇌의 뚜렷한 구분	좌뇌와 우뇌의 유연한 연결
행동발달	언어적 뇌의 발달
사고와 언어의 연결 안 됨	사고와 언어의 연결선이 많음
수리공간 능력 발달	언어와 관계 지능 발달
언어 지능 저하	공간 지능 저하
능력 중시	관계 중시
결과 중시	과정 중시
사실 중시	신뢰, 호감도 중시
10,000 단어 사용	25,000 단어 사용

이런 이유 때문에 남성 고객의 경우, 합리적인 제안이나 실제적인 욕구에 대해 여성보다 좀 더 만족도를 나타내게 된다. 그러나 여성 고객의 경우, 언어와 관계 지능이 발달이 되어 자신에게 많은 미사어구를 써주고, 친밀감을 주는 사람에게 더 높은 신뢰감을 주게 되는 것이다.

여성의 경우, 내가 거래하는 직원의 신뢰와 호감도 아주 중요하게 생각되어, 거래하는 기업의 직원이 좀 더 호감을 주는 사람이기를 원하는 경우도 많다 하겠다. 또한, 한 번 관계가 맺어지게 되기가 어렵지, 한 번 관계가 맺어지면 그 기업이나 직원은 오래 관계가 유지됨을 볼 수 있다. 또한, 자신이 친한 지인들을 소개해 함께 어울리기를 원하는 경우도 많이 볼 수 있다.

많이 아는 이야기이지만, 여성은 하루에 25,000 단어를 사용하기를 원해 자신의 이야기를 많이 들어주는 사람에게 아주 많은 호감을 가진다는 것이다.

1) 여성의 기본적인 심리 이해

- 여성은 지속적인 관심을 받아야 한다.
- 여성은 칭찬을 기다리고 있다.
- 여성은 감정이 급격히 변화한다.
- 여성은 기본적으로 수다떨기를 좋아한다.

2) 여성의 기본적인 구매 심리 이해

- 여성은 작은 것에 감동한다.
- 여성은 두뇌동물이 아니라 정서동물이다.
- 여성은 과거보다 미래 가치에 중점을 둔다.
- 여성에 구매를 시작하면 심리적으로 거미줄처럼 엉켜 있다.
- 여성은 향기와 음악에도 취한다.

여자 심리를 이해하는 비법

01. 여성은 감성의 동물이다. 이성으로 설득 말고 감성에 호소하라.
02. 뉴스보다 드라마에 빠지는 것은 감성과 관계가 있다. 채널권을 포기하라.
03. 여성의 부정은 긍정이다. 수퍼주니어의 '로꾸꺼'도 그래서 히트했다.
04. 칭찬은 작은 부위를 칭찬하라. 두루 뭉실한 칭찬은 효과가 없다.
05. 작은 변화를 감지하라. 머리나 치장 등 변화를 못 읽으면 대통령도 목석이다.
06. 수시로 변화구를 던져라. 어리둥절하면서 끌려오는 것이 여자다.
07. 남자의 칭찬에 "입술에 침이나 바르라"는 기분 좋아하는 말이다. 오해 말라.

08. 여성은 용모보다 목소리에 반한다. 부드러운 음성으로 다정하게 대하라.
09. 말보다 편지를 보내라. 문자 메시지나 이메일도 효과적이다.
10. 간섭하지 말라. 한눈파는 것은 용서받아도 간섭은 용서받지 못한다.
11. 얘기를 잘 들어줘라. 적재적소의 바디 랭귀지가 효과를 증대시킨다.
12. 하찮은 행동도 조심하라. 여성의 안테나는 24시간 작동된다.
13. 용모나 화장의 단점을 말하지 말라. 여성에게 미모는 생명보다 중요하다.
14. 적당한 유머가 환영받는다. 유머는 내용보다 연출이 중요하다
15. 말 많은 남자는 퇴출대상 1호다. 맞장구의 달인이 되라.
16. 때로는 시인이 되고 때로는 야수가 되라. 그래야 짱 소리를 듣는다.
17. 깍듯한 매너를 보여라. 노 매너는 노털 취급받는 지름길이다.
18. 한번 끌려다니면 평생 헤어나지 못한다. 때로는 역전시켜라.
19. 자존감을 높여줘라. 비싼 줄 알면서도 백화점 가는 것이 여성이다.
20. 상처 한번 받으면 죽어도 잊지 못한다. 불조심보다 말조심이 급하다.
21. 여성의 과거에 집착 말라. 여성은 언제나 현재진행형이다.
22. 의미를 부여하는 말을 하라. 그것만으로도 존경의 대상이 된다.
23. 호기심을 불러 일으켜라. 호기심은 호감으로 연결된다.
24. 따뜻한 남자가 되라. 용모보다 감싸주는 남자에게 끌리는 것이 여자다.
25. 변덕이 죽끓듯 해도 화내지 말라. 참을성 있어야 내 편을 만든다.
26. 위하는 말을 하라. 한마디 말이 평생의 기쁨으로 자리 잡는다.
27. 같은 말은 한번으로 충분하다. 자꾸 반복하면 적개심을 갖는다.
28. 항상 새로운 모습을 보여줘라. 생선도 신선한 놈이 값나간다.
29. 수시로 변신하라. 친구처럼 오빠처럼 때로는 아빠처럼 행동하라.
30. 여성은 소설가 기질이 다분하다. 믿기지 않으면 소설이라고 생각하라.
31. 실수가 있어도 눈감아 줘라. 너그러움에 감동한다.
32. 자신감을 보여줘라. 약한 모습은 자살골과 같다.
33. 그녀의 친구에게 신경을 써라. 아바타는 그녀의 친구다.
34. 그녀의 친구와는 안전거리를 유지하라. 원근법을 활용하라.
35. 기대하지 않을 때 선물하라. 깜짝선물은 위대한 힘을 발휘한다.
36. 질투심의 자극은 효과가 있다. 때로는 적당한 자극도 필요하다.
37. 여성에게 제 자랑은 하지 말라. 적당히 망가지는 것이 효과적이다.
38. 편안한 분위기를 만들어라. 미묘한 감정 차이가 승부를 결정한다.
39. 때때로 눈을 들여다보며 말하라. 두리번거리면 실격이다.

40. 강요하지 말라. 강요는 반감 사는 첫째 조건이다.
41. 차라도 종종 함께 마셔라. 공식(共食) 행사가 하나를 만든다.
42. 때론 심하게 꾸짖어라. 울고 싶은 아이 뺨 때리기 작전이다.
43. 집착하지 말라. 잡으려고 하면 오히려 도망치는 것이 여자다.
44. 여성은 승인받고 싶은 욕구가 강하다. 먼저 인증샷을 날려라.
45. 몸으로 말하면 친밀감이 강해진다. 스킨십을 활용하라.
46. 여성은 복잡한 서술을 싫어한다. 간단명료하게 말하라.
47. 여성은 확실한 정보가 아니면 불신한다. 포장을 잘해 전달하라.
48. 여성은 분위기에 약하다. 무드 램프도 여자 때문에 생겨난 거다.
49. 본론부터 말하지 말라. 아리송하면서도 끌려오도록 하라.
50. 스스로 결정하게 하라. 타의로 결정하면 번복은 시간문제다.

출처 : http://bookwormkorea.wordpress.com

4 감성 서비스

1) 고객의 인지방법의 차이

■ **획일화된 서비스와 감성 서비스와의 차이**

※ 획일화된 서비스

- 90도의 인사를 해야 한다.
- 목소리는 솔 톤으로 높게 해야 한다.
- 가식적인 표정을 섞어 한다.
- 의미 없는 표정을 한다.
- 상황에 관계없이 일관된 서비스를 제공한다.

※ 감성 서비스

- 고객마다 다른 서비스를 제공한다.
- 자연스러운 표정으로 대한다.
- 고객에게 상황에 맞는 인사말을 한다.
- 자연스럽고 적극적인 접근을 한다.
- 오감을 자극하는 감성 서비스를 제공한다.

(1) 시선 교환

고객을 볼 때 시선을 교환하게 되면, 여러분이 그 고객에게 신경을 쓰고 있다는 느낌을 줄 수 있다. 관심의 표현이라는 것이다. 비록 내 앞에 있는 고객이 아니더라도 고객과 눈이 마주치게 되면, 과장되지 않은 표정으로 고객에게 시선을 보내는 것이 좋다.

또한 고객이 말을 할 때는 고객 쪽으로 약간 몸을 구부리면, 고객의 말을 아주 중요하고 흥미롭게 생각하고 있다는 것을 말해 주게 된다.

(2) 얼굴표정

우리 모두 다음과 같은 암시를 알고 있다. 치켜 뜬 눈썹은 놀라움을, 윙크는 은밀한 동의나 협조를, 굳게 다문 입술은 반대를, 밝은 미소는 호의를 암시한다. 당신의 얼굴은 목소리를 내고 있지 않을 때에도 의사소통을 한다.

(3) 침묵

아무것도 말하지 않을 때도 의사소통은 진행이 되고 있다. 고객과 이야기를 할 때, 가끔 침묵을 지켜주는 것도 고객과의 친밀한 관계 형성을 위해서 좋은 방법 중 하나이다. 고개를 끄덕이는 것만으로도 여러분이 경청하고 있고, 듣고 있고, 이해하고 있다는 것을 알 수 있다.

여기서의 침묵은 지속적인 침묵을 의미하는 것은 아니다. 가끔 "네, 그러세요." 라며 말함으로써, 당신이 이야기를 듣고 있다는 것을 알려준다.

(4) 제스처

열린 제스처가 아닌 닫힌 제스처, 즉 팔짱을 굳게 끼고 있다든지, 동료와 모여 잡담을 한다든지, 두 손을 주머니에 끼고 있는 모습은 고객에게 친밀감을 주지 못한다.

(5) 고객의 모습 따라가기

고객이 말할 때는 고객 쪽으로 몸을 당기면, 우리가 고객의 이야기를 중요하게 느끼고 있다고, 또 흥미롭게 느끼고 있다고 생각하게 해 준다.

2) 고객의 비언어적 몸짓 이해하기

1. 고객의 몸짓 언어를 공부하라

1988년 뉴저지주의 웨스트 오렌지 모티베이션 연구소가 수행한 연구 결과에 의하면, 12,000명의 조사대상자들 중 72%가 사람들을 처음 만났을 때, 언어적인 커뮤니케이션보다는 비언어적 커뮤니케이션에 보다 많은 비중을 두고 있다.

UCLA대학에서 실시한 조사에서도 비슷한 결과가 나왔는데, 사람의 말이나 언어적 커뮤니케이션은 조사대상자의 7%에게만 효과가 있다는 것이다. 38%는 사람의 말투에서, 56%는 시선, 제스처, 신체언어, 복장 등의 비언어적인 형태의 커뮤니케이션에 효과를 보였다. 즉, 효과적으로 커뮤니케이션된 것 중 93%가 비언어적인 것이다.

우리가 고객에게 처음부터 말로 대단히 좋은 인상을 심어주는 것은 너무나 어려운 일임을 모두 알고 있다. 마찬가지로, 우리가 고객을 대할 때도 그들의 언어적인 커뮤니케이션도 중요하지만, 그보다 앞서 고객의 몸짓 언어를 공부하고 관찰하게 되면, 고객이 우리에게 무엇을 말하는지, 제품에 확신이 안 선다든지, 더 많은 정보를 알고 싶다든지, 질문을 하고 싶다든지, 혹은 당신의 제안에 강한 반발을 하고 있는지 알 수 있다.

2. 고객의 몸짓 언어로 심리 상태 알기

다음 그림에 나와 있는 몸짓 언어를 보고, 고객의 심리 상태를 이야기해보자.

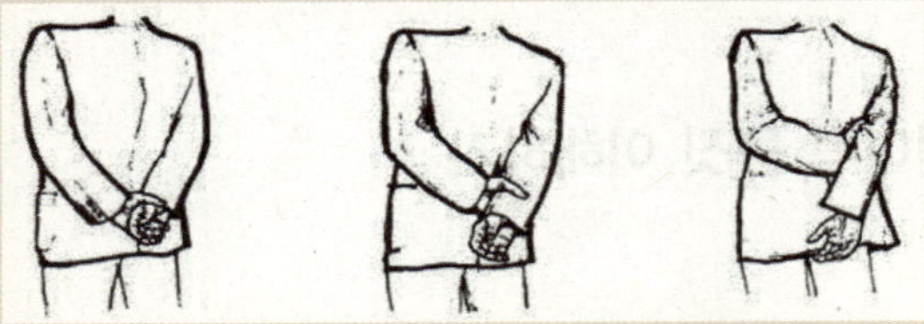

여러분은 고객으로부터 어떤 형태의 비언어적인 신호를 알아냈는가?
조금 더 관심을 보였을 때 고객의 행동은 달라졌는가?

3) 어떠한 형태든 먼저 인사하기

(1) 고객에게 한 발자국 나아가기

잠시 눈을 감고 생각해보자. 지금 고객이 당신 앞으로 걸어오고 있다. 당신은 고객을 어떤 모습으로 당신의 공간으로 초대하고 있는지?

우리 속담 중에 이런 말이 있다. "반가운 사람을 맞이할 때는 버선발로 나가서 반겨라" 반가운 손님이 오셨을 때 버선발로 빨리 뛰어가서 반기는 모습이 바로 우리 정서였고, 그것이 말로는 표현되지 않았지만 반가움을 나타낼 수 있는 가장 큰 표현 방법이었다.

우리 공간으로 오는 손님들. 버선발로 뛰어 나가 반기지는 못하지만, 초대되어 오신 손님을 반갑게 맞이하는 마음으로 한 발자국 앞서 나가 고객을 맞이하여 보자.

(2) 고객에게 온화한 미소 짓기

인사할 때의 온화하고 다정한 분위기는 신뢰관계를 맺는데 영향을 준다. 여기에는 온화하고 다정한 분위기 그 이상의 무언의 메시지가 담겨 있다.

- 전문가 정신
- 사적인 접촉
- 자신감
- 온화함
- 진실성

위와 같은 의미를 내포하므로, 고객은 당신이 아주 다정한 사람이며, 만나서 반갑다는 인상을 받게 된다.

(3) 친근감 있는 호칭 사용하기

고객과의 친밀한 관계 구축을 위해 우리가 꼭 해야 하는 것 중 하나는, 바로 당신을 고객에게 친근감 있게 소개할 수 있어야 한다는 것이다. 성공적인 판매 전문가들은 성공적인 클로징을 위해 이러한 호칭의 사용이 얼마나 중요한지를 잘 알고 있다.

우리는 사람을 소개받았을 때 단 7초 만에 금방 들었던 상대의 이름을 잊어버리게 된다고 한다. 그러므로 항상 사람의 이름을 메모지나 일일 계획표 같은데 메모하는 습관을 키우도록 한다. 자신 앞에 쓰여 있는 이름을 보게 되면, 당신은 고객의 호칭이나 이름을 아주 친근감 있게 부르게 될 것이다.

고객들에게 편안함과 친근감을 줄 수 있는 호칭을 연구해 보자.

나의 고객 인지 체크리스트

■ **나의 하루 체크하기**

1. 출근 후 첫 만나는 동료에게 먼저 인사하는 편인가?
2. 하루에 내가 고객의 시선을 교환하는 횟수는 몇 번인가?
3. 고객이 나의 공간 안에 왔을 때, 한 발자국 앞으로 다가가는가?
4. 고객이 나에게 도움을 요청할 때, 적극적인 응대가 이루어지고 있는가?
5. 회사 밖에서, 고객을 만났을 때도 적극적으로 응대하는가?
6. 다른 고객에 몰두해 있을 때에도 고객 응대가 이루어지는가?
7. 나는 고객에게 상황에 대해 잘 설명해 주고 있는가?

비언어적 커뮤니케이션 체크리스트

1. 나는 신체언어를 이해하는 가치와 중요성에 관해 쓴 글이나 책을 한번이라도 읽어 본 적이 있다.
2. 나는 상대방의 말을 잘 들어준다.
3. 나는 남을 잘 설득시킨다.
4. 나는 동료들이나 고객들의 여러 가지 커뮤니케이션 스타일을 알고 있다.
5. 나는 새로운 커뮤니케이션 기법을 배우고, 응용해 보려고 하고 있다.
6. 자신을 잘 이해하는 것이 남들과의 커뮤니케이션에도 매우 효과적이다.
7. 나는 고객과 대화를 할 때, 내가 어디를 보고 있는지 주의를 기울인다.
8. 나의 부자연스러운 태도를 확인하여 제거하기 위해 친구나 동료들과 같이 검토해 본 적이 있다.
9. 나는 목소리에 미소를 담아 보내는 것이 왜 중요한지를 알고 있다.
10. 나의 신체언어는 고객에게 신뢰감을 준다.

5 고객에 대한 감성 표현 3단계

우리가 매일 만나는 회원이나 고객에게 해야 하는 감성 표현에 대해 알아보기로 한다. 크게 3단계로 나눌 수 있다. 고객에게 환영을 표시하고, 두번째 친근하게 다가가서 마지막으로 칭찬과 감사표현으로 마음의 문을 열어야 한다.

1) 고객에게 환영을 표시하는 단계

■ 고객이 들어오면

- 밝은 인사말과 미소는 고객을 환영하는 가장 좋은 표현이다.
- 고객이 매장을 둘러 볼 때에는 잠시 고객을 주목한 후 정중하게 창구로 유도한다.
- 고객이 계속해서 매장 안을 서성일 때는 정중한 자세와 상냥한 미소로 대기한다.

■ **순서를 기다리는 고객에게는**

- 가끔 미소 띤 얼굴로 눈을 마주치며 곧 도와 드리겠다는 의사 표현을 한다.
- 기다린 고객이 내 앞으로 다가오면 "기다려주셔서 고맙습니다"라고 양해 인사를 한다.

2) 친근하게 다가가는 단계

- 고객에게 날씨, 교통 등과 같은 일반적인 화제로 말을 건넨다.
- 음료 또는 차를 권하는 것은 좋은 방법이다.

- 고객님, 밖에 날씨가 아주 덥죠? 시원한 음료 한 잔 드릴까요?
- 고객님, 요즘 비가 너무 자주 오죠? 오시는 길이 불편하지는 않으셨어요?
- 고객님, 이쪽으로 오시는데 길이 막혀 고생하셨지요. 많이 애쓰셨어요~
- 고객님, 시원한 음료 드시겠어요? 제가 특별히 시원한 주스 준비해 드릴까요?
- OOO님, 향이 좋은 커피/ 따뜻한 커피/ 방금 내린 커피 한 잔 드릴까요?

3) 칭찬과 감사로 마음의 문을 여는 단계

상 황	호감 표현
고객의 외모	헤어스타일이 바뀌셨네요? 참 잘 어울리세요~!
고객 근황	지난 번 감기는 다 나으셨습니까?
자녀동반 고객	따님이 참 예쁘시네요?
장년층 고객	고객님, 나이에 비해서 무척 젊어 보이시네요. 부럽습니다.
오래 기다린 고객	고객님, 오래 기다리셨죠! 죄송합니다. 제가 빨리 도와드리겠습니다.

■ **칭찬 스킬 1** 일반적인 내용이 아닌 구체적인 고객의 행동이나 장점을 꼭 집어서 칭찬한다.

- 고객님, 정말 대단하시네요!!
  고객님의 상품에 대한 안목이 정말 대단하시네요.
- 고객님, 정말 고우세요!
  고객님 손이 정말 고우시네요.
- 고객님, 오늘 참 멋져 보이세요!
  고객님 오늘 의상 코디를 너무 잘하셨네요.

■ **칭찬 스킬 2** 고객 행동의 특성이나 장점이 다른 사람에게 미치는 영향에 대해서 표현하는 칭찬을 한다.

- 유머가 넘치시네요!
  고객님의 유머 덕분에 오늘 하루 피곤이 확 가시는 것 같네요!
- 정말 이해가 빠르시군요!
  이해가 빠르셔서 제가 설명 드리기가 너무 수월합니다.
- 활기차 보이세요!
  고객님의 활기 덕분에 에너지가 충전되는 것 같습니다.

■ **칭찬 스킬 3** 단골고객에 대한 칭찬

- 저희 OO회사와 오랜 인연을 만들고 계시네요.
  고맙습니다.
- 사장님, 지반 번 뵈었을 때보다 더 활기차게 보이세요.
  요즘 좋은 일 있으세요?
- 어르신 덕분에 저희 회사가 많은 도움을 받고 있습니다.

■ **칭찬 스킬 4** 사회적 인정, 존경의 표현

- 사장님과 같이 품격 있는 분들이 많이 선택하십니다.
- 사장님과 같이 덕망이 높으신 분을 모시게 되어 영광입니다.
- 지난 번 저희 아이가 아팠을 때 의사선생님이 대단하시다는 것을 다시 한 번 느끼게 되었어요.(직업에 관련된 칭찬)

칭찬의 기술

■ 켄 블랜차드의 칭찬 10계명

① 칭찬할 일이 생겼을 때 즉시 칭찬하라.
② 잘한 점을 구체적으로 칭찬하라.
③ 가능한 한 공개적으로 칭찬하라.
④ 결과보다는 과정을 칭찬하라.
⑤ 사랑하는 사람을 대하듯 칭찬하라.
⑥ 거짓없이 진실한 마음으로 칭찬하라.
⑦ 긍정적으로 관점을 전환하면 칭찬할 일이 보인다.
⑧ 잘못된 일이 생기면 관심을 다른 방향으로 유도하라.
⑨ 일의 진척이 여의치 않을 때 더욱 격려하라.
⑩ 가끔씩 자기 자신을 스스로 칭찬하라.

■ 스지키 요시우끼의 칭찬의 기술

① 자신을 칭찬하라 – 자연스런 칭찬은 상대에 대한 관심과 관찰에서 비롯된다.
② 믿고 일을 맡겨라 – 일을 맡길 때 "부탁한다, 믿고 맡긴다"고 명확하게 말하라.
③ 상대의 영향력을 말로 전달하라 – "자네 앞에서는 왜 그런지 솔직해지는군" 등의 말을 표현한다.
④ 상대의 존재 가치를 높이는 소개를 하라.
⑤ 화내지 말고 질책하라.
⑥ 답을 제시하지 말고 상대의 의견을 구하라 – 의견을 구하는 것은 "나는 너의 의견을 존중한다"라는 메시지다.
⑦ 사과하는 것은 힘이다 – 부하직원에게 고개를 숙일수록 부하 직원은 상사를 신뢰한다.
⑧ 아랫사람이 선택하게 하라.
⑨ 부하직원을 접대하라.
⑩ 메일을 받으면 빨리 답장을 쓰라.
⑪ 진심을 담아서 선물하라 – 선물하는 행위도 칭찬의 일종이다.

Exercise

1. 감성 서비스의 3단계 표현에 해당하지 않는 것은?

① 고객을 환영하는 단계
② 고객을 배웅하는 단계
③ 친근하게 맞이하는 단계
④ 칭찬과 감사로 마음의 문을 여는 단계

2. 감성 표현 중 칭찬의 여러 가지 스킬이 아닌 것은?

① 사회적 인정, 존경의 표현을 칭찬한다.
② 장기 거래 회원과 고객에 대한 감사의 표현을 칭찬한다.
③ 구체적인 고객의 행동이나 장점을 칭찬한다.
④ 일반적인 칭찬만 하면 된다.

3. 감성 서비스에 대한 여러 가지 예 중 잘못된 것은?

① 고객에게는 항상 90도의 정중례만 해야 한다.
② 오감을 자극하는 감성 서비스를 제공한다.
③ 고객에게 상황에 맞는 인사말을 한다.
④ 자연스럽고 적극적인 접근을 한다.

4. 고객의 wants에 해당되지 않는 것은?

① 고객 스스로에게 맞는 맞춤 상담을 한다.
② 가족 같은 서비스를 제공한다.
③ 특별대우를 받는다는 느낌이 들도록 한다.
④ 정확하게 업무 처리를 한다.

5. 여성 고객이 지니고 있는 감성 심리에 대해 설명한 것 중 잘못된 것은?

① 언어 관계를 중시한다.
② 좌뇌와 우뇌의 뚜렷한 구분
③ 신뢰, 호감도를 중시한다.
④ 25,000 단어를 하루에 사용한다.

정답 1. ② 2. ④ 3. ① 4. ④ 5. ②

Review

1. 통계적으로 우리의 결정은 85%의 감정과 15%의 논리에 바탕을 두고 있다고 밝혀진 바 있다. 그 후에 자신의 결정을 뒷받침하기 위해서 통계치를 이용하는 것이다. 이 결과에서 보는 바와 같이 우리 사고의 대부분은 감성에 많은 부분을 차지한다는 것을 알 수 있다.
"사람들은 감정을 근거로 결정을 내린다. 따라서 그들이 당신에게 감정과 감성으로 연결되도록 하라"

2. 서비스는 단순한 서빙과는 분명 구분된다.
고객은 단지 우리의 상품만을 제공받기 위해서 회사를 찾지 않는다.
고객은 단지 공복을 다스리기 위해 식당을 찾지 않는다.
고객의 오감을 만족시키는 것이 진정한 서비스인 것이다.

제7장

따뜻한 인사의 기적

Quiz

문제 1 인사는 무엇보다 상황에 맞춰 해야 한다. 상황에 맞는 인사에 대해 설명한 것 중 틀린 것은?

① Time　　② Place
③ Occasion　　④ People

(정답 4) 인사는 TPO 즉, 시간과 장소와 상황에 따라 달리해야 한다.

문제 2 인사의 의미에 대한 것 중 틀린 것은?

① 마음에서 우러나오는 만남의 첫걸음이다.
② 마음가짐의 외적 표현이다.
③ 인사는 자기 자신보다는 상대방을 위해서 한다.
④ 상대방에 대한 존경심과 친절을 나타내는 형식이다.

(정답 3) 인사는 상대방을 위해서 하는 행위이기도 하지만, 무엇보다 중요한 것은 나 자신을 위해 하는 것임을 잊지 말아야 한다.

학습목표

1. 서비스맨으로서 꼭 해야 하는 인사의 중요성에 대해 알 수 있다.
2. 서비스맨의 인사 5대 포인트에 대해 정확하게 이해할 수 있다.
3. 사내에서 발생되는 다양한 인사 방법에 대해 알아볼 수 있다.
4. 시내 상황에 맞는 적절한 인사말에 대해 알아본다.
5. 잔정 담긴 인사와 인사말에 대해 알아본다.

나의 체크리스트

1. 나는 인사를 할 때 항상 밝은 표정으로 한다.
2. 다양한 인사말로 상대에게 관심과 성의를 보인다.
3. 인사를 한 후 친근한 마음으로 시선을 마주치는 편이다.

1 인사는 인간관계 시작

우리는 매일 같이 가족이나 직장 동료, 혹은 많은 고객들을 만나게 된다. 우리가 만나는 사람들끼리 주고받는 인사는 인간관계에 긍정적인 역할을 하게 된다.

이렇게 인사란 우리 생활에서 빠질 수 없는 바로 '사람이 해야 하는 일' 인 것이다. 첫눈에 보이는 상대방의 모습, 그리고 그 사람의 행동, 사람들은 그것으로 그 사람의 됨됨이를 보게 된다.

수많은 고객을 대하는 서비스맨으로서 인사하는 태도는 이러한 의미에서 생각해 볼 때 더욱 중요하다고 볼 수 있다. 그렇다면 인사의 중요한 의미에 대해 알아보기로 한다.

2 인사의 의미

- 마음에서 우러나오는 만남의 첫걸음이며, 마음가짐의 외적 표현
- 상대방에 대한 존경심과 친절을 나타내는 형식
- 상대방이 느낄 수 있는 첫 번째 감동과 인간관계가 시작되는 신호
- 인사는 상대방을 위하기보다는 자기 자신을 위하는 것

안녕하십니까?	만났을 때의 인사, 밝은 표정과 함께
어서 오십시오.	기쁜 마음으로 상대방보다 먼저 인사
감사합니다.	감사하는 마음을 담아서
죄송합니다.	솔직 담백한 마음으로
알겠습니다.	"알았어요."는 지양한다.
잠시 기다려 주십시오.	"잠깐만요."는 고객에 대한 실례
기다리게 해서 죄송합니다.	기다리게 했을 때는 죄송한 마음을 담아서

수고하셨습니다.	상대방의 노고를 위로하는 마음이 중요
실례합니다.	양해를 구할 때에는 한마디 말을 건넨 후

어떻게 인사하느냐에 따라 인사받는 사람의 느낌은 달라진다. 위에 예시된 것처럼 인사말을 잘 한다고 하더라도 어떤 직원이 하는 인사는 상당히 밝고 기분 좋게 느껴지는 반면, 어떤 사람은 오히려 불쾌하게 느껴지기까지 한다. 똑같은 "안녕하십니까?"라고 함에도 서로 다르게 느껴지는 이유는 무엇일까?

바로 인사를 건네는 말보다 마음이 담긴 표정과 어투에서 비롯된다. 반가운 표정과 상냥한 어투로 상대를 보고 인사를 했는지와 그렇지 않았는지의 차이는 크게 달라진다.

이번 장에서는 제대로 인사를 하는 인사의 5대 포인트에 대해 알아본다.

3 인사의 5대 포인트

1) 인사는 내가 먼저 해야 한다

인사란 "내가 당신을 보았습니다"라는 사인이라고 할 수 있기 때문에 먼저 본 쪽이 인사를 하는 것이 자연스럽다. 누구라도 자신의 존재를 인정받는다면 기쁠 것이다. 인사의 주도권은 누군가와 만났을 때 최초 10초에 달려있다고 한다. 즉, 고객을 보면 저절로 허리가 굽어져야 할 것이다.

당신이 만나는 사람이 고객이든, 상사이든, 부하직원이든 상대방이 나를 알아볼까? 기억하고 있을까? 인사를 받아줄까 걱정하지 말고 먼저 인사하도록 한다.

2) 상대방의 눈을 보며 한다

눈을 보지 않고 인사를 하게 되면 인사를 하더라도 마음에 와 닿지 않는다. 따라서 처음 만남에서부터 인사로 상대의 마음을 사로잡아 자신을 강렬한 인상으로 남기는 것이 좋다.

실제로 엉뚱한 곳에 시선을 주게 되면 불성실한 인상을 주게 되는 반면, 눈을 보고 인사하게 되면 상대방에 대해 신뢰감이 더욱 형성이 된다고 한다.

시선교환이 있을 때	시선교환이 없을 때
• 성실 • 친근감 • 숙련 • 자신이 있다. • 신뢰할 수 있다.	• 냉정하다. • 변명 • 미숙 • 자신이 없다. • 신뢰성이 결여되어 있다.

3) 표정은 밝게 한다

a+로 인간관계를 풍부하게 하도록 한다.

4) 인사말을 명랑하고 분명하게 한다

큰소리를 내지 않고도 음정을 다소 높이면 듣기도 쉽고 밝은 인상을 줄 수 있다. "안녕하십니까?" 하고 끝부분을 살짝 올리기만 해도 밝은 음성을 연출할 수 있다.

예) "어서 오십시오. 반갑습니다" ↗
"안녕하십니까? 좋은 아침입니다." ↗

5) TPO(Time, Place, Occasion)에 맞추어 한다

■ 나의 친절도 점수는?

1. 아침에 가족, 동료에게 "안녕하십니까" 하고 밝게 인사한다.
2. 퇴근 후 "다녀왔습니다" 라는 인사를 한다.
3. 아는 사람과 만났을 때 목례와 함께 미소를 지으며 인사한다.
4. 누군가의 옆을 지나갈 때, "실례하겠습니다. 잠시만 지나가겠습니다" 라고 말한다.
5. 엘리베이터에서 내리거나 탈 때 같이 있는 사람에게 "먼저~" 라는 말을 하는 편이다.
6. 고객과의 대화 중에 핸드폰이 울린다면, "실례하겠습니다" 라고 말한 뒤 통화한다.
7. 솔직하게 "죄송합니다", "잘못했습니다" 라고 말한다.

8. 고객이 부를 때 밝은 표정으로 "예"라고 대답한다.
9. 식사 시 "잘 먹겠습니다", "맛있게 드십시오"라는 말이 습관화되어 있다.
10. 다른 사람에게 사소한 일이라도 도움을 받거나 고마움을 표시할 때 "고맙습니다"라고 말한다.

요구르트 아줌마

여의도에서 최고의 매출을 자랑하는 요구르트 아주머니가 있다. 이 아주머니의 성공비결을 물어보면 이렇게 말한다.

"매일 만나는 사람마다 인사를 하다 보면 상대방은 누군지도 모르면서 인사를 받는다. 그러나 어느 날부터는 인사를 하면 아는 체를 한다"

내가 나중에 사무실에 들렀을 때 그들은 비로소 내가 요구르트 아줌마라는 사실을 알게 된다. 그들 대부분은 이미 인사를 통해 알게 된 나를 반가워하고 고객이 된다. 세일즈의 성공은 인사부터 시작된다."

한달 수입이 1,000만 원이 넘는 요구르트 아줌마의 성공 비결이다.

4 상황별 인사 방법

상대방이 멀리서 다가올 때	인사말을 먼저 하고 인사한다.
상대방이 먼저 인사를 했을 때	반드시 대답 후에 인사한다. "네 안녕하십니까?"
앉아서 인사할 때	앉은 자세에서 목례로 인사한다.
업무 중 상사가 지나갈 때	앉아서 눈인사 혹은 목례를 한다.
복도, 계단을 지나칠 때	간단한 예의를 표한 후에 눈높이가 맞을 때 인사한다. 인사 후 상사가 지나갈 수 있도록 자리를 약간 옆으로 비껴 선다.
전화통화 중일 때	눈인사를 한다. 용무가 있는 경우 "잠시 기다려주시겠습니까?"라고 부탁한 후 가급적 빨리 끊는다.
외출 시	목적, 장소, 시간 등을 분명하고 구체적으로 말한다. 외출 시 "다녀오겠습니다."라고 말한다.

5 호감을 주는 5단계 인사법

1) 고객을 향해 선다

- 어깨에 힘을 빼고 가슴과 등은 바르고 자연스럽게 편다.
- 시선은 정면을 향하게 하고 표정은 온화하게 한다.
- 여성은 오른손을 위로, 남성은 양손을 달걀을 쥔 모양으로 만들어 가볍게 바지 재봉선에 닿도록 한다.

2) 상체를 굽힌다

- 목이 아닌 허리를 굽힌다.
- 시선을 자연스럽게 아래로 향하되 고개를 떨어뜨리지 말고 등과 목이 일직선이 되도록 한다.

3) 멈춘다

- 고개를 숙였을 때 약 1초간 정지한다.

4) 상체를 든다

- 내려갈 때보다 약간 천천히 들어야 정중한 느낌이 든다.

5) 똑바로 선다

- 시선은 다시 상대를 향하도록 한다.

■ 인사 5단계

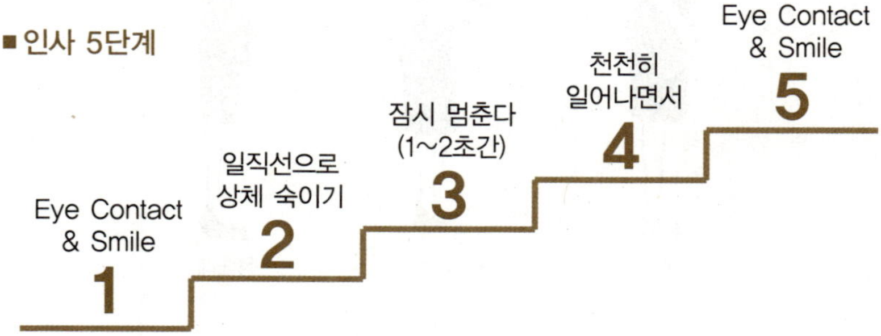

6 다양한 인사 방법

1) 부드러운 눈인사

- 화장실 및 공공장소
- 업무로 바쁜 상황일 때
- 상대의 눈을 부드럽게 응시한다.
- 가볍게 머리만 숙인다.

2) 가벼운 인사(목례 : 15도)

- 확인, 고객 응대 시
- 엘리베이터 안, 복도, 계단에서 상사나 고객을 자주 만날 때
- 고개를 약 15도 정도 굽힌다.

3) 일반적인 인사(보통례 : 30도)

- 회사 생활에서 보편적으로 처음 하는 인사
- 고객 맞이 / 배웅 시
- 상체를 약 30도 정도 굽힌다.

4) 정중한 인사(정중례 : 45도)

- 고객감사, 죄송할 때
- 직위가 높은 고객이나 회원께 하는 인사
- 상체를 약 45도 굽힌다.

목례　　　보통례　　　정중례

공수

예로부터 어른을 모시거나 경건한 의식에 참여할 때에 두 손을 모아 잡아 허리 아래로 내려놓은 듯이 공손한 자세를 취하는 '공수'가 있다.

그리고 전통적으로 남자는 '양', 즉 '동쪽'을, 여자는 '음' 즉 '서쪽'을 뜻한다고 한다. 이는 사람이 태양을 바라보고 섰을 때 왼쪽은 동쪽, 오른쪽은 서쪽이 된다고 해서 손을 모을 때는 남자는 왼손을 위로 포개서, 여자는 오른손을 위로 하여 공수를 해야 한다.

이를 '여우남좌'라고 한다.

7 상황에 맞는 적절한 인사말

고객을 맞이할 때	안녕하십니까?, 무엇을 도와드릴까요? 어서 오십시오.
용건을 받아들일 때	감사합니다. 네, 잘 알겠습니다.(고객님/회원님) 네, ○○○ 고객님(회원님) 말씀대로 처리해 드리겠습니다.
고객을 번거롭게 할 때	번거로우시겠지만~ / 괜찮으시다면~ 귀찮으시겠지만~ / 불편을 드려 죄송합니다만 번거롭게 해드려 죄송합니다.
감사의 마음을 나타낼 때	매번 감사드립니다. 항상 저희 회사를 이용해주셔서 감사드립니다. 멀리 와주셔서 감사합니다. 전화주셔서 정말 감사합니다.
고객에게 거절할 때	정말 죄송합니다만~ 정말 미안합니다만~ 말씀드리기 어렵습니다만~
불평할 때	네, 그렇게 생각하시는 것이 당연합니다만~ 다시 확인해 보겠습니다. 네, 옳으신 생각이십니다만~
용건을 마칠 때	감사합니다. / 고맙습니다. 전화주셔서 감사합니다. 좋은 하루 되십시오.
질문이나 부탁을 할 때	죄송합니다만, 신분증 주시겠습니까? 죄송합니다만, ○○○회원님(고객님) 맞으십니까? 죄송합니다만, 존함이 어떻게 되십니까? 죄송합니다만, 주소를 말씀해 주시겠습니까?

고객 앞에서 자리를 뜰 때	잠깐 실례하겠습니다. 죄송합니다만, 잠시 기다려 주시겠습니까? 기다려 주셔서 감사합니다.
고객으로부터 재촉받을 때	대단히 죄송합니다만, 곧 처리해 드리겠습니다. 대단히 죄송합니다만. 최대한 빨리 처리해 드리겠습니다.
계절 인사	날씨가 무척 좋네요. 비가 오는데 오시느라 고생 많으셨습니다. 길이 미끄러운데 오시느라 고생 많으셨습니다. 조심해서 돌아가세요.

8 인사말의 위력

1) 덧붙이는 말 한 마디가 회사를 방문하시는 고객들과 풍성한 관계를 만들 수 있다

최근에 마트나 거리에서 "실례합니다", "먼저 가시죠"라는 이야기를 예전보다 많이 듣기는 하지만, 서로 간의 인사말이 적은 듯하다. 심지어 길을 가다 부딪히는 일이 있더라도 그 즉시 "죄송해요"라고 말하기보다는 도리어 민망한 얼굴로 딴청을 피우는 사람도 많이 있다. 마찬가지로 대부분의 사람들이 누군가에게 도움을 받았을 때 "감사합니다", "고맙습니다"라는 말도 쉽게 하지 못하는 게 사실이다.

그러나 고객을 응대하는 서비스맨은 항상 상황에 따라 풍성한 인사말을 적절히 사용하는 '플러스 인사'를 할 줄 알아야 한다.

"안녕하십니까?"와 같은 정해진 인사말 뒤에 "안녕하십니까? 휴가는 어떠셨어요?", "어제 아프시다고 하시면서 나가셨는데, 지금은 어떠세요? 걱정 많았어요"라는 식으로 한 마디를 추가하는 것으로부터 따뜻한 대화가 시작된다.

그 외에도 "오시느라 힘드셨어요?", "오늘은 손주와 함께 오셨네요. 손주가 너무 귀엽게 생겼어요. 든든하시겠어요"라고 뒤에 이어지는 한 마디가 고객과의 마음을 움직일 수 있다.

2) 마음으로 인사한다

얼마 전, 고객들에게 가장 싫어하는 직원의 유형을 조사한 적이 있었다. 의외의 반응이었는데 인사를 하지 않는 직원도 보기 싫지만 그보다 더 싫은 것은 "안녕하십니까"를 메아리치듯 아무런 표정 없이 인사하는 직원이라고 한다.

요즘 어디를 가나 입구에서 똑같은 어조와 기계적인 몸짓으로 "안녕하십니까"하는 마치 외침 같은 인사를 자주 듣는데, 가끔은 소음으로까지 들릴 때가 있다.

우리가 인사를 하는 것도 중요하지만, 인사는 다양하게 한 마디를 해도 정감 있고 성의 있게 해야 한다. 형식적인 느낌이 아닌 진심 어린 인사만이 고객에게 전달된다. 그저 아무 생각 없이 반복적으로 외쳐대는 인사말보다는 고객의 입장에서 어떤 인사말을 건네는 것이 좋은지 헤아려 자연스럽게 상황에 맞는 인사말을 덧붙이는 것이 바람직하다.

출처:cfile215.uf.daum.net/attach/140FE510498E2ABC35CFF5

3) 인사말로 상대방의 기분까지 밝게 한다

밝게 인사하라고 이야기하면 큰 목소리로, 혹은 목소리만 하이 톤으로 인사를 하는 경우를 보게 된다. 밝게 인사한다는 것은 큰 목소리로 외치는 것이 아니라 상대방의 마음을 자연스럽게 밝게 할 수 있는 인사를 하는 것이 좋다.

4) 인사말도 자연스럽게 건네야 한다

인사말은 고객이 들을 수 있는 정도의 크기로 밝게 인사하는 것이 좋으며, 그 상황에 따라 시점이 달라질 수 있어야 한다. 어수선한 주위를 환기시키거나 고객의 시선을 집중해야 할 경우, 인사말을 먼저 하는 것이 효과적이다.

거리가 있는 상황에서 이미 고객이 나를 보고 있을 때에는 몸을 숙이는 동작을 먼저 한 후 다가가서 인사말을 건네는 것이 보다 자연스럽다.

5) 시간대에 따라 인사하는 방법도 요령이 있다

일상생활에서 아무렇지 않게 주고받는 인사말 중에도 신선한 인상을 남겨야 하는 인사가 있는 반면 불쾌감을 주는 인사도 있다. 시간대에 따라서도 더 효과적인 인사 요령이 있다.

아침과 낮에는 조금 상쾌하고 활기찬 인사가 되도록 밝은 톤으로 한다. 아침부터 처진 목소리, 형식적인 무표정의 인사는 하지 않는다.

마이너스 심리를 생기게 하는 인사라면 오히려 하지 않는 편이 낫다. 긍정적인 심리가 통하는 만남의 인사가 금고를 방문하시는 고객이나 여러분 모두 즐겁게 만들 것이다.

레인보우 인사법

여러 상황에 따른 7종류의 대응 방법이나 인사말을 매일 다른 표현으로 해 주는 인사법이다. 미국 클럽에서는 이를 레인보우 인사법이라고 한다.

미국의 〈커머셜 시스템 서비스 사〉가 모 유통업체의 의뢰에 의해 미국과 한국의 마트 계산대에서의 접객 태도를 비교 분석한 적이 있다.

그 자료에 의하면 한국에서는 고객을 맞이할 때 〈눈을 맞추며 인사하지 않았다〉가 67.7%인데 비해, 미국은 겨우 2.9%였다.

그 밖에도 〈가격을 말하는 목소리가 들리지 않았다〉나 〈가격을 바르게 등록하지 않았다〉 〈미소를 짓지 않았다〉 등의 항목에서도 한국이 훨씬 높은 치수가 나왔다.

잔정 담긴 덧붙임말

- 오랜만에 오셨네요.
- 요즘 건강은 어떠세요?
- 오늘은 날씨가 참 덥죠? / 춥죠?
- 오시는 데 불편하시지는 않으셨어요?
- 늘 표정이 밝으셔서 저까지 기분이 좋아집니다.
- 얼굴이 동안이세요, 부럽습니다.

자동차 AS 센터

"이미지요?"

"네, 어차피 고객이 차량 전문가는 아니기 때문에 대리님의 이미지만 보고 서비스의 질을 판단한 겁니다. 물론 김 대리님은 고객이 말을 걸 때 각종 서비스를 제공하려고 했을 겁니다. 그렇지만, 고객은 대리님의 그런 마음을 모릅니다. 무뚝뚝한 데다 대답까지 하지 않으니까 무관심하다고 느낀 거죠."

"그럼 어떻게 하면 되죠?

"먼저 고객을 보고 반갑게 인사하세요. 환하게 웃는 얼굴로요. 고객이 수리를 요청할 때, 얼굴을 쳐다보면서 이야기를 들어주고 중간중간 대화를 나누세요. 스케줄도 상의하시구요. 무엇보다 개인적인 관심을 나타내는 게 중요합니다.

Exercise

1. 인사의 5대 포인트에 해당되지 않는 것?

① 내가 먼저 한다.
② 표정은 밝게 한다.
③ 인사말을 명랑하고 분명하게 한다.
④ 아이 콘택트를 하지 않으며 인사한다.

2. 상황별 인사 방법의 연결이 잘못된 것은?

① 상대방이 멀리서 올 때 인사말을 먼저하고 인사한다.
② 앉아서 인사할 때 앉아서는 인사를 할 필요가 없다.
③ 전화 통화 중일 때 눈인사를 한다. 용무가 있을 경우, "잠시 기다려 주시겠습니까"라고 부탁한다.
④ 업무 중 상사가 지나갈 때 앉아서 눈인사나 목례를 한다.

3. 인사 자세에 대한 설명 중 맞는 것은?

① 여성은 평상 시 왼손 위에 오른손이 오도록 한다.
② 남성은 평상 시 오른손이 위에 오도록 한다.
③ 몸을 숙일 때 손은 그대로 움직이지 않도록 한다.
④ 상대를 향해서 바르게 서지 않도록 한다.

4. 일반적인 인사 요령이 아닌 것은?

① 자세를 바르게 하고 상대의 눈을 본다.
② 숙일 때보다 조금 빠르게 속도를 하여 몸을 일으킨다.
③ 등을 펴고 허리에서 직선으로 정중하게 머리를 숙인다.
④ 손은 양옆에 붙인 채, 몸을 자연스럽게 따라 숙인다.

5. 인사 방법에 대한 설명 중 그릇된 것은?

① 목례 : 고객을 맞이할 때 하는 인사이다.
② 목례 : 고객을 응대하거나 계단에서 고객을 자주 만날 때 한다.
③ 정중례 : 고객에게 감사하거나 죄송할 때 한다.
④ 보통례 : 금고에서 일반적으로 하는 인사이다.

정답 1. ④ 2. ② 3. ① 4. ② 5. ①

Review

1. 인사는 때와 장소에 맞는 것이 중요하다.
2. 형식적인 느낌이 아닌 진심으로 환영한다는 느낌이 회사를 방문하는 고객을 행복하게 만든다.
3. 인사는 대상에 따라서도 방법이 달라져야 한다. 예를 들면, 아이에게 하는 인사를 할 때 정중한 모습으로 하기보다 아이의 눈 높이에 맞추어서 인사를 하는 것이 필요하다. "어서 오세요. 참 예쁘고 똑똑하게 생겼네요"라며 아이의 눈 높이에 맞추어 인사한다.
4. 인사를 하는 것도 중요하지만, 클로징이 더 중요하다. 고객을 응대할 때도 '마지막 10초가 중요하다'는 말이 있다. 고객이 서비스를 오래 기억할 수 있게 하는 요인이 바로 '최후 10초'에 달려 있다.

제8장

깨진 유리창의 법칙

Quiz

문제 1 깨진 유리창 이론을 설명한 것 중 틀린 것은?

① 비즈니스 세계에서는 고객의 인식이 가장 중요하다.
② 고객은 불만을 쉽게 말하지 않는다.
③ 깨진 유리창은 감춰지지 않는다.
④ 깨진 유리창은 깨진 유리창 부분만 수리하면 된다는 이론이다.

(정답 4) 깨진 유리창 이론은 아주 사소한 것이 고객의 인식을 부정적으로 바꿀 수 있다는 이론으로 사소한 것으로부터 고객의 불만은 쌓이기 마련이다라는 비즈니스 이론이다. 즉, 작고 사소한 것이 기업의 미래를 결정짓는다는 것이다.

문제 2 기업의 깨진 유리창 점검 중에서 하드웨어의 시스템적인 깨진 유리창이 아닌 것은 무엇일까?

① 불편한 교통 편의　　② 주차장의 불편 사항
③ 직원의 불친절한 태도　　④ 청결 상태가 불결한 것

(정답 3) 직원의 불친절한 태도는 소프트웨어의 인력 시스템에 관련된 내용이다.

학습목표

1. 깨진 유리창의 법칙에 대해 이해할 수 있다.
2. 깨진 유리창의 특징에 대해 알 수 있다.
3. 깨진 유리창의 여러 가지 사례를 통해, 회사 내외부적으로 깨진 유리창이 무엇인지에 대해 생각해 볼 수 있다.
4. 회사 내에서 깨진 유리창의 사례를 막기 위한 여러 가지 방안에 대해 생각해 본다.
5. 깨진 유리창을 방지하기 위한 서약을 함으로써 깨진 유리창에 대한 경계심을 갖도록 노력해 본다.

나의 체크리스트

1. 나는 고객 심리에 대해 관심을 가지고 있다.
2. 나는 제품을 선택할 때 이성보다는 감성에 많이 좌우되고 있다.
3. 나는 고객의 다양한 메시지에 대하여 관심 있게 살피고 있다.
4. 나는 고객에게 적절한 덧붙임말, 혹은 칭찬을 하고 있다.
5. 나는 고객의 관심 사항이 무엇인지 알고 있다.

1 하나를 보면 열을 안다는

우리나라 속담에 '하나를 보면 열을 안다'라는 속담이 있다. 즉, 각각의 작은 부분에는 전체가 축약되어 있다는 논리이다. 얼핏 보기에는 하찮은 것, 작고 사소한 것, 잘 드러나지 않는 것처럼 보이지만 고객들은 이를 인식하며 그 인식으로 인해 기업에 대해 어떤 이미지를 갖게 된다.

예를 들어, 어떤 식당의 화장실이 더럽거나, 서빙을 하는 직원의 손이 더럽다면 고객은 그 식당의 주방에 들어가 보지 않고도 주방의 위생 상태에 문제가 있으리라고 확대 해석하게 된다. 이 고객의 방문 횟수는 줄어들게 되고, 주변에도 이런 사실을 알려 결국 식당을 찾는 고객들은 차츰 줄어들게 될 것이다.

또, 제품의 문의나 애프터서비스 건으로 어느 회사에 전화를 거는 경우 전화가 걸리지 않고 "지금은 통화량이 많으니 다시 걸어주십시오"라는 메시지를 반복해서 듣게 되거나, 어렵게 연결이 되었다 해도 상담원이 문제를 해결해 주기는커녕 회사의 원칙만 앵무새처럼 반복한다면, 그 회사에 대해 나쁜 이미지를 갖게 될 수밖에 없다. 이런 기업 이미지나 브랜드 이미지는 결국 기업에 막대한 영향을 미치게 된다.

우리는 이번 장에서 이렇게 작고 사소한 잘못들로 인해 기업의 이미지를 나쁘게 만드는 모든 것을 '깨진 유리창'이라는 주제를 가지고 다루어 보고자 한다. 과연 깨진 유리창은 무엇이며, 어떻게 고쳐 나가야 하는 지에 대해 알아보기로 한다.

2 깨진 유리창의 법칙

"깨진 유리창 법칙"은 원래 범죄학에 도입해 큰 성과를 거둔 "깨진 유리창 이론"을 비즈니스 세계에 접목한 것으로, 고객이 겪은 단 한 번의 불쾌한 경험, 한 명의 불친절한 직원 등 기업의 사소한 실수가 결국은 기업을 쓰러뜨린다는 이론이다.

깨진 유리창, 즉 사소한 실수를 고치지 않는다면 치명적인 결과가 초래될 수 있다는 것으로 기업의 전반적인 부분에 적용될 수 있는 것이다. 즉, 〈깨진 유리창〉은 고객의 눈에는 잘 띄지만 정작 기업의 눈에는 보이지 않는 사소한 것들, 간과하기 쉽기에 더 치명적인 작은 것들에 주의를 기울여야 한다는 것을 다시 한 번 일깨워주는 것이라 하겠다.

3 깨진 유리창 법칙의 유래

범죄학자 제임스 Q 윌슨(James Q. Wilson과 조지 L 켈링(George L. Kelling)은 1982년 3월 '월간 애틀랜틱' 에 "깨진 유리창"이라는 제목의 글을 발표했다. 그들의 '깨진 유리창' 이론은 형사행정학뿐만 아니라 경영학 분야에서도 큰 호응을 얻었다.

이 이론은 깨진 유리창처럼 사소한 것들이 사람들에게 중요한 메시지를 전달한다고 강조한다. 건물 주인이 깨진 유리창에 관심을 기울이지 않고 방치하고 있다면, 그는 절도나 문서 훼손, 폭력 등과 같은 강력 범죄에 대한 대비 역시 미비할 것이다. 지나가는 사람들은 깨진 유리창을 보며 건물 주인과 주민들이 이 건물을 포기했으며, 이곳은 무법천지라는 '인식' 을 하게 된다. 깨진 유리창이 전하는 메시지는 바로 이런 것이다.

4 깨진 유리창의 적용

이 깨진 유리창 이론은 1994년 뉴욕 시장으로 선출된 루돌프 길리아니가 맨해튼을 보다 '가족적인' 도시로 만들기 위해 지하철의 낙서와 타임스 스퀘어의 성 매매를 근절시키겠다고 선언하면서 시작되었다.

여러 사람들의 반대도 있었지만, 길리아니 시장과 윌리엄 브래튼 신임 검찰국장은 범죄자들과 뉴욕 시민들에게 어떤 범죄도 '절대 불허' 하겠다는 메시지를 분명히 전달할 수 있다면 보다 깨끗한 도시를 만들 수 있으리라고 굳게 믿었다. 이러한 결과, 몇 년 후 그들은 통계 수치를 통해 살인, 폭행, 강도 같은 강력범죄가 급감한 사실을 확인할 수 있었다.

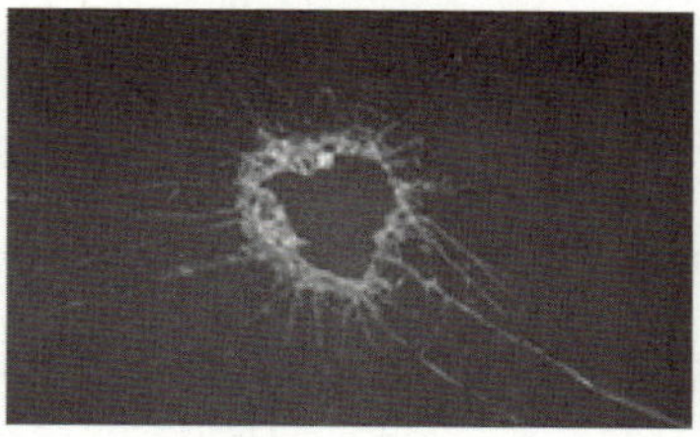

깨진 유리창의 법칙

세계 최고의 범죄도시 NewYork, 연간 60만 건의 중범죄

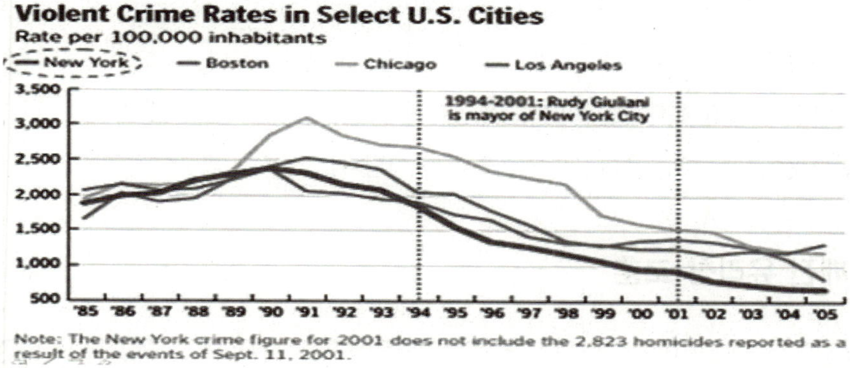

5 유리창이 깨지는 순간 고객은 등을 돌린다

만일 어느 패스트푸드 화장실에 갔는데 휴지가 없다면, 우리는 패스트푸드 직원들이 고객의 불편함에 관심을 기울이지 않는다고 생각할 수 있다. 어쩌면 위생에도 신경을 쓰지 않아 음식에 세균이 많지는 않을까 우려하게 될 수도 있다. 나아가 전국의 모든 패스트푸드 매장이 다 마찬가지라고 결론지을 수도 있다. 이는 우리의 단순한 상상이 아닌 논리적인 사고 과정이라고 할 수 있다.

검사출신의 루돌프 줄리아니. 깨진 유리창의 법칙을 뉴욕시장 당선 후 적용하여 범죄율을 급감시켰다.

이처럼 도시의 범죄 문제를 설명하는 깨진 유리창 이론은 비즈니스 세계에도 적용시킬 수 있다. 고객이 기업에 대해 어떤 인식을 가지고 있느냐는 매우 중요한 문제라고 할 수 있다. 나태하고 무심하게 운영되고 있다는 인상을 주는 기업들은 쌓여 가는 고객의 불만으로 인해 경영상 어려움을 겪게 될 것이다. 때로는 만회하기 힘든 큰 손실을 입을 수도 있다.

비즈니스 세계에서는 아주 작은 차이가 큰 결과로 나타난다. 따라서 깨진 유리창이 있으면 최대한 빨리 갈아 끼워야 한다. 그러나 대부분의 경우 깨진 유리창이란 작고 사소해 간과하기 쉬운 문제들이어서 그대로 방치하기가 쉽다.

그러나 기업이 저지르는 큰 실수들은 대체로 잘 보이지 않는 작은 실수들이 모여 일어나는 것이다. 지저분한 환경, 체계적이지 못한 시스템, 불친절한 직원들, 불충분한 고객 서비스 정말 모두 깨진 유리창이 될 수 있다.

이렇듯 깨진 유리창은 비즈니스 어디서나 발견된다. 그러나 성공적인 기업일수록 그곳에서는 깨진 유리창을 찾아보기가 어렵다.

1) 깨진 유리창 교훈

■ 깨진 유리창은 기업에 대해 고객이 부정적인 인식을 가지게 한다

1. 고객의 인식에 따라 충성도는 달라진다. 작은 실수 하나만으로도 기업에 대한 인식은 부정적으로 변할 수 있다.
2. 작은 차이가 큰 결과를 낳는다.
3. 깨진 유리창을 없애는 최선의 방법은 깨지지 않도록 예방하는 것이다.
4. 깨진 유리창에 대하여 가장 좋은 방법은 문제를 인식하고 문제와 부딪쳐 극복하는 것이다.

천리 둑도 개미 구멍에 무너진다

황하에서 멀지 않은 한 마을에서 홍수에 대비하기 위해 사람들이 높은 둑을 쌓았다. 그런데 하루는 늙은 농부가 그 옆을 지나다가 둑에 개미굴이 갑자기 많아진 것을 우연히 발견하게 되었다. 개미굴 때문에 둑이 위험해질 수도 있다고 여긴 농부는 서둘러 마을 사람들에게 알려야겠다고 생각했다. 그런데 그의 아들이 이렇게 말했다.

"어떻게 탄탄한 둑이 설마 그깟 작은 개미굴 몇 개 때문에 무너지기야 하겠어요?"

농부는 마지못해 아들에게 이끌려 그냥 밭으로 갔다. 그런데 그날 밤, 거센 비바람이 몰아치더니 강이 범람하기 시작했다. 거센 강물이 둑까지 차 올랐다. 처음에는 별일이 없을 것처럼 몰아치더니 강이 범람하기 시작했다. 점점 개미구멍으로 물이 새어들더니 구멍이 커지면서 물이 분수처럼 뿜어져 나왔다. 머지않아 둑은 일시에 무너졌고 인근에 있던 마을과 논밭은 순식간에 물바다로 변해 버렸다.

– 기업이 안고 있는 여러 가지 '작은 문제'들이 곧 기업관리의 작은 개미구멍인 것이다. –

2) 깨진 유리창 공식

100−1=99, 100−1=0

고객은 '기대'를 갖고 제품을 소비하거나 가게를 방문한다. 그리고 경험한 '현실'이 기대와 얼마나 차이가 있느냐에 따라 만족도가 달라진다. 또한 그 만족도에 따라 고객은 재구매와 재방문을 결정하게 된다. 고객은 1%의 사소한 불만만 있어도 냉정하게 떠나 버린다.

산술적으로는 100−1=99라는 등식이 성립하지만 비즈니스 세계에서는 100−1=0이라는 등식이 성립된다. 즉, 1%의 고객 불만이 100%의 실패를 가져오게 된다. 고객의 기대를 초과하려면 깨진 유리창을 예방하고 수리해야 한다. 경영자는 경쟁사가 하지 않는 고객 서비스를 당장 실천해야 한다.

일본의 도시바

제품이나 서비스 또는 불친절한 고객 응대에 불만을 품은 단 한 명의 고객이 회사에 심각한 타격을 입힐 수 있는 시대인 것이다. 비디오 재생기와 관련된 고객 불만을 제대로 응대하지 못하여 큰 어려움을 겪었던 도시바의 사례는 이를 잘 보여준다.

도시바의 한 고객이 자신의 홈페이지에 음성 파일로 올린 불친절한 AS 담당자 직원의 폭언 내용은 불과 1개월 만에 홈페이지 조회수가 200만회를 넘겼다. 이 문제는 사회적으로 이슈화되었고 도시바에는 항의 메일과 비난이 빗발쳤다. 결국 치이데 쓰오 부사장은 기자회견을 열고 정식으로 사과한 것도 부족하여, 회사 홈페이지를 통해 사죄문을 발표해야만 하는 상황에 이르렀던 것이다.

고객으로부터 입수한 불만 사항은 아무리 사소한 것이라도 무시하거나 은폐해서는 안 된다.

3) 경쟁사가 주목하지 않는 깨진 유리창을 수리하라

델 컴퓨터

PC업계에서 돌풍을 일으킨 델 컴퓨터, 1984년 창업 당시 델은 대리점 등 중간상인을 거치지 않고 고객 조립형 컴퓨터를 최종 소비자에게 직접 판매하는 독특한 전략을 펼쳤다. 당시 PC업계에서는 델의 시도를 무모하다고 생각했지만 유통 비용을 줄인 덕분에 델은 다른 기업보다 40%까지 제품을 싸게 팔 수 있었다. 델의 선택은 폭발적인 호응을 얻었다.

그 이유가 무엇일까? 고객들은 필요한 기능만 지닌 컴퓨터를 낮은 가격으로 사고 싶었던 것이다. 델은 이러한 고객의 욕구를 가장 먼저 알아차렸다.

다른 기업과 차별화되려면, 다른 기업이 주목하지 않고 있는 깨진 유리창을 발견하고 수리해야 한다. 그리고 깨진 유리창이 발생한 이유를 정확하게 이해해야 한다. 그래야 완전한 수리가 가능하기 때문이다. 만약 고객들은 비용에 상관없이 자신만을 위한 고품격 서비스를 원하는데, 서비스 질을 낮추는 대신 가격을 인하한다면 그 기업의 운명은 어떻게 되었겠는가?

6 깨진 유리창의 특징

■ 사소한 곳에서 발생하고 예방이 쉽지 않다.

고객의 눈에는 잘 띄지만 당사자들에게는 잘 보이지 않아 무심코 지나치고 있다.

■ 문제가 확인되더라도 소홀하게 대응한다.

깨진 유리창을 발견한다 해도 그 정도 쯤이야라며 대부분 심각하게 생각하지 않는다. 그러다 큰 봉변을 당하고 있다.

■ 문제가 커진 후 해결하려면 몇 배의 시간과 노력이 든다.

깨진 유리창이 입 소문을 통해 퍼진 후에는 이미지에 큰 타격을 입는다. 초기에 빠르고 적절한 대응하지 않으면 미래가 불투명해진다.

■ 투명 테이프로 숨기려 해도 보인다.

깨진 유리창에 대한 임시방편의 조치나 부적절한 대응은 오히려 기업에 더 나쁜 영향을 주게 된다. 진심이 담긴 수리만이 살 길이다.

■ 제대로 수리하면 큰 보상을 준다.

남들이 보지 못하는 깨진 유리창을 수리하면 새로운 시장을 개척할 수 있다. 고객들에게 긍정적인 이미지를 심어 줄 뿐 아니라 수익 면에서도 큰 성공이 기대된다.

7 깨진 유리창 점검

1) 시설의 사례

- 비품이 정리되지 않아 지저분해 보였다.
- 보고 난 신문 혹은 잡지가 정리되지 않아 지저분해 보였다.
- 커피를 먹고 난 후 종이컵이 버려지지 않고 있었다.
- 위치를 찾기가 불편했다.
- 주차공간이 비좁아 불편했다.
- 비가 오는 날 방문했는데, 정리되지 않아 매트가 질퍽거렸다.
- 전체의 인테리어가 어둡고, 조명까지 어두워 밝아 보이지 않았다.

2) 운영의 사례

- 신입 직원이었는지 친절하긴 했지만, 업무에 대한 지식이 없어 불편했다.
- 다음 안내에 대한 부분이 없어 좀 어리둥절했다.
- 전화를 여러 번 돌려 좀 짜증이 났다.
- 업무에 대한 체계가 타사에 비해 떨어진다.
- 전화 응대 시 신뢰감이 떨어진다.

3) 인적 시스템의 사례

- 직원들끼리 잡담이 너무 심했다.
- 고객이 왔는데도 서로 사적인 잡담이 너무 심했다.
- 고객이 있는데도 얼굴을 붉히며 직원들끼리 언쟁을 하는 모습은 정말 불편하게 느껴졌다.
- 직원들끼리 음료를 근무 시간에 먹는 것은 별로 좋아 보이지 않았다.
- 유니폼이 통일되어 있지 않아 어수선해 보였다.
- 신뢰감을 떨어뜨리는 요조체를 너무 많이 사용한다.

4) 나의 깨진 유리창 점검

5) 우리 회사의 깨진 유리창 점검

6) 업무상 내가 극복해야 할 깨진 유리창에는 어떤 것이 있나?

7) 반복되는 깨진 유리창은 어떤 것이 있나?

24시간 매달려라

개인의 삶에서 강박증은 고통스런 질병일지 몰라도 비즈니스 세계에서는 반드시 필요한 습관이다. 비즈니스에서 무시해도 좋을 만큼 작고 사소한 것이란 없다.

회사의 지저분한 테이블, 비워지지 않은 쓰레기통에 괴로워하고 부끄러워해야 한다. 아무리 작은 것이라도 깨진 유리창을 보면 참을 수 없어야 한다. 깨진 유리창을 수리하는 데 강박적으로 매달려야 한다.

비싼 가격에도 불구하고 고객들은 왜 스타벅스에 열광하는가?

하워드 슐츠 회장의 강박관념 때문이다. 그는 자신뿐 아니라 직원들에게도 제품 지식과 서비스 수준을 높여야 한다는 강박관념을 요구했다. 그는 직원들을 커피 전문가로 교육했다.

그 결과 스타벅스 직원들은 제품에 관한 손님들의 질문에 훌륭하게 대답할 수 있었다.

강박관념이 집중적인 관심을 기울이는 것이라면 강박행동은 이를 실천하는 것이다. 강박적으로 행동하는 경영자는 고객에게 더러운 화장실을 보이지 않는다. 어떤 상황에서도 “부탁드립니다”와 “감사합니다”를 잊지 않도록 직원들을 교육한다.

깨진 유리창이 사라지고 모든 것이 제대로 움직이기 전까지는 다음 단계로 넘어가지 않는다.

성공하고 싶다면, 당신의 비즈니스에 대해 지나칠 만큼 강박관념을 가지고 강박적으로 행동해야 한다.

Exercise

1. 깨진 유리창 이론에 대한 설명 중 바른 것은?

① 깨진 유리창 이론은 범죄학 이론이었는데 비즈니스에 도입해 큰 성공을 얻은 이론이다.
② 깨진 유리창은 고객이 감동받는 사례를 이야기한 것이다.
③ 깨진 유리창 이론은 기업의 큰 문제를 해결하면 사소한 문제들은 저절로 해결된다는 이론이다.
④ 깨진 유리창은 예방하고 수리해도 소용이 없는 것이다.

2. 깨진 유리창 이론의 특징이 아닌 것은?

① 사소한 것에서 발생하며 예방이 쉽지 않다.
② 문제가 확인되어도 소홀하게 대응한다.
③ 깨진 유리창은 투명테이프로 숨길 수 있다.
④ 문제가 커진 후 치료하려면 몇 배의 시간과 노력이 필요하다.

3. 깨진 유리창의 점검 대상이 아닌 것은?

① 회사 내부의 청결 상태
② 회사 내부 직원의 조직도
③ 고객의 사후관리 서비스
④ 직원의 유니폼 착용 여부 등 관리 상태 여부

4. 다음은 깨진 유리창을 예방하는 방안이다. 해당되지 않는 것은?

① 고객을 상냥하고 친절하게 도울 수 있는 직원을 채용하라.
② 고객서비스 직원을 끊임없이 훈련하라.
③ 고객은 변화하는 것을 싫어하므로 이전 방법만 고집한다.
④ 고객을 기다리게 하지 마라.

정답 1. ① 2. ③ 3. ② 4.

Review

1. 맨해튼에 문을 연 식당의 70%가 2년 안에 도산한다는 결과가 있다. 그 이유가 무엇일까? 주인이 참신한 아이디어를 갖고 있지 못해서일까? 음식이 맛이 없어서일까? 뉴욕 시민들은 배가 고프지 않기 때문일까? 그 이유는 경영자와 직원 모두 자신의 일에 자부심을 갖고 사명감을 가지고 있지 않을 뿐더러 최선을 다하지 않았기 때문이다.
   작은 깨진 창을 수리하고 예방하지 못해 고객의 기억에서 사라진 기업들과 성공한 기업들의 사례를 수없이 많이 볼 수 있다. 우리는 이제 작은 것이 큰 변화를 일으킨다는 사실을 다시 한 번 생각해 보아야 한다. 이제는 깨진 유리창 이론을 우리의 비즈니스에 하나하나 실천을 할 때이다.

2. 맥도날드 본사와 매장에는 '세계에서 가장 빠른 서비스를 제공하는 식당이 되겠다'는 기업철학이 있다. 또한 '모든 고객이 미소지을 수 있는 식당이 되겠다'고도 다짐하고 있다. 그러나 맥도날드는 8년 연속 소비자만족지수 최하위를 면치 못하고 있다. 맥도날드는 고객이 불평하는 느린 서비스, 미숙한 주문 접수, 부족한 해피밀 장난감 등의 깨진 유리창을 무시했다.
   기업은 가장 기본적인 원칙, 즉 고객과의 약속을 반드시 지켜야 한다. 비즈니스를 유지할 수 있게 해주는 고객에게 감사해야 한다. 혹시 우리 회사도 말뿐인 고객중심 철학을 갖고 있지는 않은가?
   맥도날드에 일어난 일이 당신에게 일어나지 말라는 법은 없다.

제9장

감동을 주는 매너

Quiz

문제 1 **사람마다 가지고 있는 자신만의 독특한 습관이나 몸가짐을 OOO이라고 한다. OOO 안에 들어갈 말은 무엇일까요?**

① Manner(매너)　　② Etiquette(에티켓)

(정답 1) 매너는 사람마다 가지고 있는 자신만의 몸가짐이나 습관을 이야기하는 반면, 에티켓은 때와 장소에 따라 행동하는 예법이 규정화되어 있는 것을 의미한다. 예를 들어, '잔디에 들어가면 안 된다.' 라고 하는 것은 에티켓에 해당된다.

문제 2 **고객 응대에 대한 바른 예절이 아닌 것은?**

① 명함은 명함지갑에 보관하도록 한다.
② 가급적 고객은 직접 안내해 드리는 것이 좋다.
③ 악수를 할 때, 혹 손에 땀이 젖었다면 닦고 하는 것이 예의이다.
④ 고객님이라는 호칭은 모든 고객이 좋아하므로 꼭 써야 한다.

(정답 4) 고객님이라는 호칭도 좋지만, 가장 중요한 것은 고객이 원하는 호칭을 불러주는 것이 가장 좋은 방법이다.

학습목표

1. 회사의 이미지를 위해 필요한 비즈 매너를 익힐 수 있다.
2. 고객응대의 바른 자세에 대해 습득할 수 있다.
3. 명함의 올바른 사용 방법과 예절에 대해 알 수 있다.
4. 소개 및 호칭에 대한 적절한 표현 방법에 대해 습득할 수 있다.
5. 고객 내방 시, 최상의 응대 서비스를 익힐 수 있다.

나의 체크리스트

1. 나는 고객의 문의에 회사를 대표하는 마음으로 정성껏 응대하고 있다.
2. 나는 명함을 잘 관리하며, 고객관리를 위해 명함을 잘 활용하고 있다.
3. 나는 고객을 응대할 때 바른 자세, 품위 있는 안내로 대하고 있다.
4. 나는 기본적인 비즈매너에 관련된 책을 한 번쯤은 업무를 위해 읽어 본 적이 있다.

1 서비스와 매너

얼마 전 강의 때문에 어느 기업을 방문했을 때의 일이다. 교육장을 찾는데 조금 헤매게 되었다. 바쁘고 허둥대다 보면 바로 앞에 있는 것도 잘 보이지 않는다고 하던데 마음만 급하고 좀처럼 찾을 수가 없었다. 마침 그 회사의 직원이 지나가기에 "죄송한데요, 교육장이 어디 있나요?"라고 물었더니 바로 코 앞에 두고 뭐 그리 못 찾느냐 하는 표정으로 "여기 있잖아요"라며 턱으로 가리키는 것이었다. 물론 바로 교육장을 앞에 두고 못 찾는 모습이 한심해 보일 수 있지만 그렇다고 턱으로 가리키면 기분 좋을 사람은 없을 것이다.

이렇게 방향을 알려 주고 고객을 안내하는 것이 무슨 별것이냐고 생각하겠지만, 고객의 입장에서는 직원들의 이런 간단한 동작 하나하나가 중요한 회사의 이미지가 된다.

한 직원의 자그마한 동작 하나, 행동 하나가 그 직원이 몸담고 있는 곳의 이미지가 될 수 있다는 것이다.

기본이 안 된 직원이 고객들에게 좋은 서비스를 하지는 못할 것이다.

이번 장에서는 이런 직원의 작은 행동, 동작 하나에도 신경을 써서 다시 오고 싶은 회사를 만들기 위한 여러 가지 비즈매너에 대해 소개해 보고자 한다.

2 매너와 에티켓

■ **매너** : Manuarius

- **manus** 손, 행동, 습관 • **arius** 방법, 방식
- 사람마다 가지고 있는 독특한 몸가짐이나 습관

■ **에티켓** : Estiquier

- 프랑스의 "꼬리표", "티켓"
- 화단에 들어가지 말라는 팻말
- 사람들이 지켜야 할 기본적인 생활 규범
- 사람들 사이의 합리적인 행동 기준

3 자세

만일 여러분이 회사를 방문했는데 두 명의 담당 직원이 있다고 가정하자. 한 명은 등을 구부정하게 하고 앉아 있는데 어쩐지 얼굴이 피곤해 보인다. 다른 한 명은 바른 자세에 밝은 표정으로 일을 하고 있다.

물론 순서에 따라 업무를 처리하겠지만, 그렇지 않고 나의 선택에 의해 결정지을 수 있다면, 어디로 향하겠는가?

아마도 선택의 기준은 내가 필요로 하는 것을 친절하게 도와줄 수 있는 사람에게 향하게 될 것이다. 즉, 상대방에 대한 평가는 상대 직원과 대화하기 전에 이미 결정이 날 수 밖에 없다. 우리가 매일 만나는 직원이 피곤하거나 소극적인 태도로 업무를 처리하는 직원보다는 밝은 표정으로 적극적인 태도로 일하는 직원을 선호할 수밖에 없다.

근무 중에 자세가 바른 사람은 보는 사람에게 호감을 준다. 바른 자세를 유지하는 것은 자신을 돋보이게 하고 말에 설득력을 더해 줄 수밖에 없다. 이러한 작은 행

동이 모여 이미지를 형성하고, 회사의 이미지를 결정하게 만든다. 고객의 눈에 자신의 자세와 행동이 어떻게 비쳐지는지 한 번 곰곰이 생각해 봐야 할 것이다.

서 있을 때

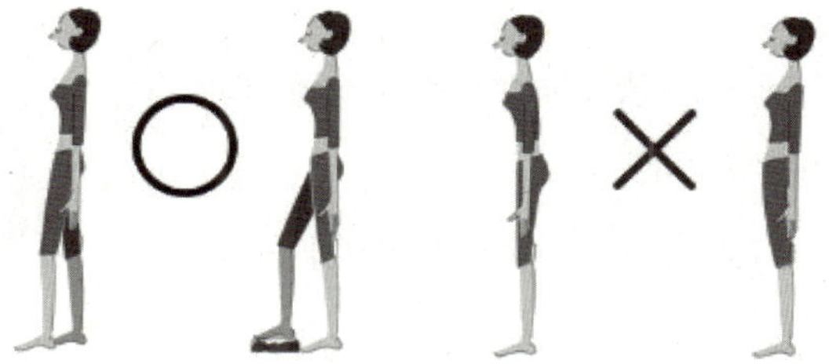

▲ 허리를 바로 세우고 가슴을 펴고 턱을 당기 바르게 선다. 한쪽 발을 앞으로 내밀고 무릎을 살짝 구부린다.

▲ 오래 서 있어야 할 때는 벽돌 한 장 높이의 받침대에 한쪽 발을 번갈아 얹는다.

▲ 등을 굽히고 턱을 앞으로 빼거나 구부정하게 서는 것은 바람직하지 않다.

▲ 군인 같은 차려 자세도 허리에 좋지 않다.

의자에 앉을 때

▲ 허리를 곧게 펴고 엉덩이를 의자 깊숙이 넣고 허리와 등을 등받이에 대어 체중을 분산한다.

▲ 엉덩이만 의자에 걸치고 앉으면 척추가 뒤틀리고 허리와 목에 긴장성 근육통을 일으킨다.

▲ 업무에 열중해 자기도 모르게 머리를 숙이거나 턱을 내밀고 몸을 앞으로 움츠리면 허리와 목의 건강에 나쁘다.

출처 : http://blog.naver.com/tiara0515?Red

1) 서 있는 자세

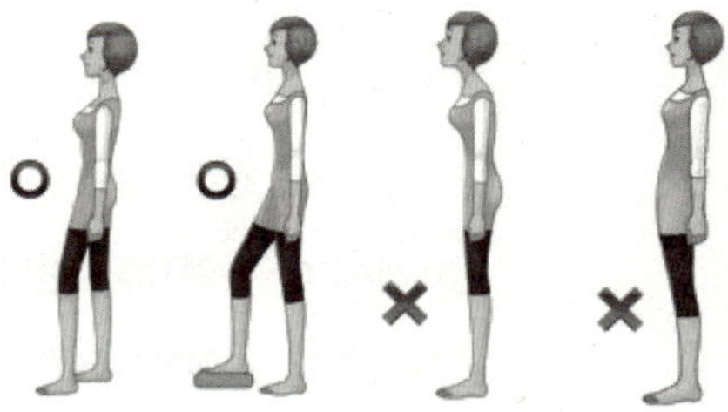

- 시선은 정면보다 약간 아래로 향한다.
- 손은 가지런히 하여 바지 재봉선에 붙인다.
- 발은 양발의 뒤꿈치를 붙인다.

2) 걷는 자세

- 등을 똑바로 세우고 어깨는 수평으로 유지한다.
- 시선은 자연스럽게 앞을 보고 턱은 안쪽으로 당긴다.

- 무릎을 펴고 리듬감 있게 걷는다.
- 발소리를 내며 걷지 않는다.

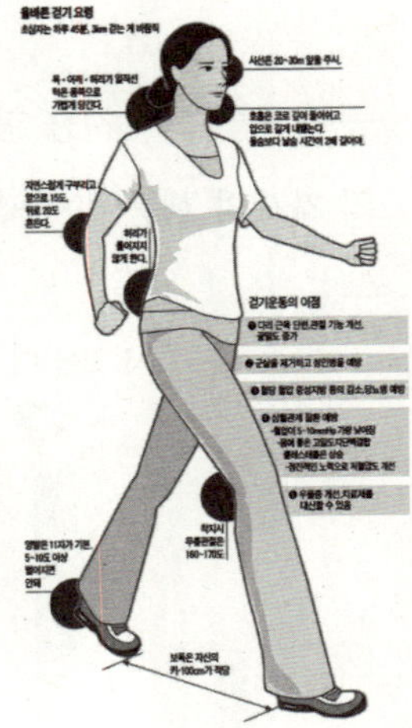

3) 앉는 자세

- 등을 펴고 등받이에 주먹 1개 정도의 간격을 두고 깊게 바로 앉는다.
- 남성 : 발은 무릎과 무릎 사이에 주먹 2개가 들어갈 정도로 벌린다.
- 여성 : 발은 무릎은 모으고 발끝은 가지런히 모은다.

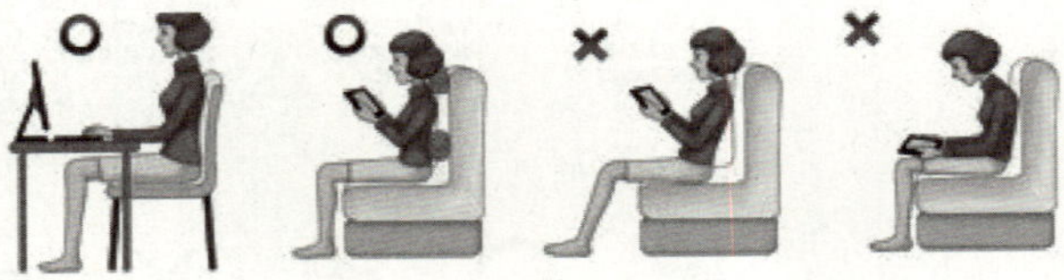

4) 올바른 고객응대 자세

- 고객 응대를 할 때 모든 자세와 동작은 목례와 함께 한다.
- 고객응대 시 시선은 고객의 Business Eye Zone(눈썹과 목선을 벗어나지 않는 시선 처리)을 활용하여 응대한다.
- 모든 물건의 서류 전달은 두 손으로 하며 허리선과 가슴선 사이에서 전달한다. 물건의 경우 고객이 받기 편한 방향으로 전달한다.
  - 서서 전달하는 경우 : 목례와 함께 고객과 눈높이를 맞추며 전달한다.
  - 앉아서 전달하는 경우 : 목례와 함께 최대한 고객 가까이에 전달한다.
- 고객에 대한 안내와 전달 동작은 말과 함께 한다.
  " 고객님, OO 여기에 있습니다 "
  - 방향이나 안내, 설명 시에는 손바닥을 이용하는 것이 원칙이며, 손가락이나 볼펜, 턱으로 안내하는 것은 절대 금해야 한다.

■ 비즈매너 1

1. BEZ(Business Eye Zone)
- 여성 고객의 경우 : 눈썹에서 목걸이 라인까지
- 남성 고객의 경우 : 눈썹에서 넥타이 매듭까지

2. 시선의 3점법
- 서류 등 전달 시 : 고객의 BEZ - 물건 - 고객의 BEZ
- 방향 안내 시 : 고객의 눈 - 안내 방향 - 고객의 눈

사례

미국의 심리학자 윌리엄 제임스(William James) 박사는 "인간의 행동은 마음을 대변한다"고 했다. 그만큼 태도가 그 사람의 인상을 결정짓는 단서로 작용한다는 뜻이다. 태도가 바른 사람은 고객에게 긍정적인 이미지와 밝은 인상을 주게 되어 그 회사는 고객들이 깊은 신뢰를 한다는 것이다.

우리가 신경을 쓰고 있지 않던 자세는 나의 이미지뿐만 아니라 우리 회사의 모습까지 판단하게 만드는 기본 척도가 된다.

■ 비즈매너 2

고객에게 서류 작성을 요청할 때에는 기재할 곳에 표시를 하거나, 손으로 짚어가며 안내를 하도록 한다.

4 명함 예절

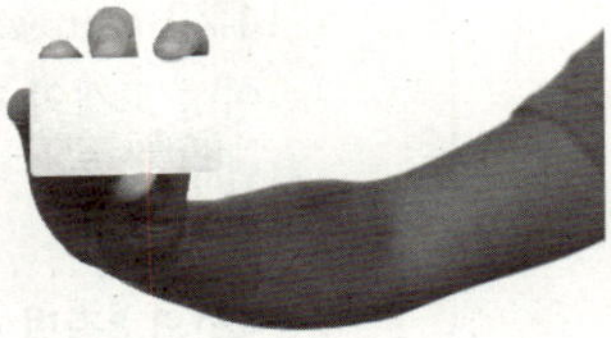

명함은 작은 종이에 지나지 않지만 개인에 대한 정보가 많이 들어 있기 때문에 자신을 대신 해 주는 역할을 한다. 그래서 늘 깨끗하고 소중하게 다루도록 한다.

1) 명함 준비

- 명함은 전용의 지갑 등에 깨끗이 보관한다.
- 명함은 상의 안주머니에 넣어둔다.
- 면담 예정자 1인에 대하여 3장 정도로 충분히 준비한다.
- 필요 시 명함을 바로 낼 수 있도록 자기 명함과 다른 이로부터 받은 명함을 평소에 구별하여 관리한다.

2) 명함 관리

- 받은 명함은 섭외나 대인관계에서 매우 소중한 자료가 된다.
- 만난 날짜, 만난 이유, 그 사람의 특징, 대화 내용, 소개자 등을 메모한다.

3) 금기사항

- 상대의 명함으로 손장난, 부채질 행위
- 받은 명함을 보는 둥 마는 둥 바로 집어넣는 행위
- 면전에서 상대의 명함에 메모하는 행위

4) 명함 주는 방법

- 아랫사람이 윗사람에게 먼저 주고 방문 시에는 방문한 사람이 먼저 준다.

- 이름을 상대방이 보기 쉬운 방향으로 돌려서 내민다.
- 명함은 두 손으로 공손하게 내민다.
- 자기에 소속과 이름을 정확하게 말한다.
- 동시에 주고받을 때는 오른손으로 내밀며 왼손으로 받는다.

5) 명함 받는 방법

- 가볍게 목례를 하며 두 손으로 정중히 받는다.
- 명함은 받은 후에 반드시 소속과 이름을 확인한다.
- 받은 명함은 허리 아래로 내려가지 않도록 주의한다.

출처 : 근로복지공단

- 상담 시에는 테이블 위에 올려놓고 보면서 이야기를 나눈다.
- 모르는 한자가 있을 때는 정중히 묻는다.

명함의 유래

명함을 언제부터 사용했을까? 동양의 경우는 중국이, 서양의 경우 프랑스가 가장 먼저 명함을 사용하기 시작했다고 전해진다. 중국인들은 아는 사람 집을 방문하여 사람이 없으면 자신이 방문했었다는 표시로 종이에 이름을 적고 돌아왔다. 집에 돌아온 상대방은 명함을 보고 방문했던 사람을 찾아가 인사하는 방식이었다.

춘추전국시대에 공자도 명함을 사용했다고 한다. 그 후 비단에 은색 붓글씨로 자신의 출신과 이름, 관직 등을 쓰면서 서서히 발전해 왔다. 프랑스에서는 루이 14세 때부터 당시 사교계 귀부인들이 트럼프 카드에 자신의 이름을 써서 왕에게 올린 것을 명함의 시초로 본다. 이처럼 자신의 이름을 쓰고 알린다는 점이 오늘날 명함의 유래가 될 수 있었다.

우리나라의 경우, 최초로 명함을 사용한 사람은 한국인 최초 유학생인 유길준으로 전해지는데, 그가 사용한 명함을 현재 미국의 메사추세츠 주의 세일럼시피 바디에섹스 박물관에 보관되어 있다. 국내에 보관된 최초의 명함은 연세대 동은의학박물관에 보관된 것으로 요즘 명함보다 꽤 큰 민영익의 명함(가로 5.5cm, 세로 9cm)이다. 이것은 구한말 민영익이 특이한 필체로 종이에 이름을 적어 사절단 자격으로 외국을 방문할 때 사용한 것이다.

명함을 잘 관리하는 방법

고객과의 모임 전에 필요한 물건들을 정리하는 것이 좋다. 쉽게 명함을 꺼낼 수 있는 곳에 넣어 두는 것이 편하다. 그리고 받는 명함은 다른 쪽에 넣어 두어야 한다. 그래야 당신의 물건과 섞이지 않는다.

중요한 정보를 적어야 할 경우를 대비해서 펜 역시 곧바로 꺼낼 수 있는 곳에 준비해 두자.

명함은 가치 있게 다뤄야 한다. 다른 사람이 명함을 건네주자마자 그 위에 뭔가를 끄적거리는 것은 예의에 어긋나는 것이다. 상담이 끝날 때까지 테이블 오른쪽에 두는 것이 좋다.

고객과 헤어지고 나서 필요한 정보를 메모하고, 혹시 어떤 내용을 기록해야 할 필요가 있다면 그 명함에 써도 되는지에 대해서 고객의 허락을 먼저 구하는 것이 좋다.

명함에 쓰이는 약자

- p.r(pour remercier) 감사
- p.f(pour feliciter) 축하
- p.p(pour presenter) 소개
- p.c(pour consoler) 조의

5 악수 예절

악수는 반가움의 표현이다. 손을 맞잡음으로써 마음의 문을 열고 손을 흔듦으로서 서로가 마음이 통함을 나타낸다.

1) 악수 전 유의사항

출처 : 구글 https://pixabay.com/static

- 윗사람이 아랫사람에게, 여자가 남자에게 또는 고객이 먼저 청한다.
- 손은 반드시 오른손을 내민다.
- 손이 더러울 때는 양해를 구한다.
- 상대의 눈을 바라보며 웃는 얼굴로 악수한다.
- 손은 너무 세게 쥐거나 손끝만 내밀고 악수를 해서는 안 된다.
- 왼손은 주머니에 넣고 악수하거나 손을 잡을 채로 이야기하지 않는다.
- 장갑을 낀 채 악수하지 않는다.

2) 악수 요령

출처 : https://pixabay.com/ko/photos

- 바른 자세로 한다.
- 밝고 호의적인 표정으로 상대의 눈을 보면서 한다.
- 목례와 함께 오른손으로 악수를 권한다.
- 오른손에 적당히 힘을 주어 잡는다.
- 맞잡은 손을 2~3번 적당히 흔들어 준다.

3) 악수예절의 순서

먼저 하는 사람	나중에 하는 사람
지위가 높은 사람	지위가 낮은 사람
연장자	연소자
기혼자	미혼자
여성	남성
선배	후배

악수의 유래

악수는 선사시대부터 내려오는 예법 중 하나이다. 선사시대 사람들은 상대방에게 무기를 감추고 있지 않다는 것을 보여주기 위해, 즉 경계심을 풀라는 의미로 손바닥을 편 채로 팔을 들었다. 그것이 오늘날 악수로 발전되었다고 추정하기도 한다.

역사적으로 유세에 악수를 처음 사용한 정치인은 1860년 미국 대통령 선거에서 링컨에게 패한 스티븐 더글라스라고 전해진다. 그 이전의 정치인들은 대중 유세 때 악수나 아기에 대해 키스 세례 등과 같은 신체 접촉을 사용하지 않았다.

아마 악수가 선택이 된 것은 한층 더 친근감을 느끼게 하고 싶어서 손을 잡는 형식을 취하게 된 것 같다.

수평적 악수와 수직적 인사

세계에는 다양한 인종만큼이나 다양한 인사법이 존재한다. 하지만, 이 모든 인사법들을 모아 보면 형태상 크게 두 갈래로 나눌 수 있다. 바로 '수평적인 것'과 '수직적인 것'이다.

우리가 하는 '절'과 같은 인사법은 수직적인 것이고, 반면에 서양 사람들의 악수나 마주 껴안는 것과 같은 인사법은 수평적인 것이다.

수평적인 인사방법은 서양인들에게 특정적인 것으로 상대방을 똑바로 바라보고 밝은 표정으로 미소를 지으며 눈으로 안부를 묻는 형태이며, 수직적인 인사법은 정중하게 허리를 굽히며 상대방의 안부를 묻는 형식으로 동양적인 것이라 할 수 있다.

우리나라의 경우 수직적인 인사법에 익숙하기 때문에 수평적인 인사법의 하나인 악수를 하면서도 허리를 굽히거나 상대방의 시선을 피하는 경우가 많다. 그래서 서양인들은 우리와 인사를 나눌 때 이런 태도에 의아해 한다.

따라서 악수를 할 때는 우리나라 정서와 잘 조화롭게 하여 너무 굽실거린다는 느낌보다는 정중하고 당당한 느낌으로 하는 것이 좋을 것이다.

죽은 물고기를 쥔 기분의 악수

우리가 악수를 하다 보면 아직까지 여성의 경우 부끄러워서 그런지 몰라도 너무 힘없이 악수를 하는 분들이 있다.

물론 너무 힘을 주어 악수를 하는 것도 결례가 되지만, 너무 힘없이 악수를 하게 되면 상대방의 기분이 언짢아질 수 있으므로 주의해야 한다.

서양인들은 이렇게 힘없고 맥이 없는 악수를 '데드 피쉬(Dead Fish)'라고 하여 곧 죽은 물고기를 쥔 기분이라고 빗대어 말하고 있을 정도이다.

따라서 이렇게 힘없이 하는 것 말고도, 인사말이 모두 오가고 나서 계속 손을 쥐고 흔드는 경우가 있는데, 이것 또한 바람직하지 않다. 삼 초 정도 자신감 있게 알맞은 힘으로 악수를 하다가 자연스럽게 손을 놓는 것이 가장 좋다.

두 사람의 관계에서는 적극적이고 자신 있게 인사말을 건네는 쪽이 주도권을 쥐게 되는데, 악수를 나눌 때는 형식적인 인사보다는 "뵙고 싶었습니다.", "뵙게 되어 기쁩니다" 혹은 "말씀 많이 들었습니다" 등 상대방에게 호감을 줄 수 있는 인사말을 준비해 두었다 구사하면 좋을 것이다.

6 호칭 예절

1) 호칭 방법

(1) 호칭에 "님"자를 붙일 때

- 부장, 과장에 '님' 자를 붙이면 이중의 존칭이 된다.
- 이해관계에 의한 '님' 호칭은 절제해야 한다.

(2) "씨"라고 부를 때

- 동년배이거나 나이 폭이 아래 위로 10년을 넘지 않을 때
- 20대, 30대의 나이에서 40대, 50대에게 '씨' 자를 붙여 쓰는 것은 삼가는 것이 좋다.
- 나이 차이가 10세 이상 난다면 'OOO선생님' 으로

(3) '선배부하' 와 '후배 상사'

- 공식적인 자리에서는 직책을 호칭하는 것이 바람직하다.
- 후배상사가 선배부하에 대한 예절을 소홀히 해서는 안 된다는 점을 기억해야 한다.

(4) '나', '저'

- 5세 이상의 차이가 나는 윗사람에게는 '저' 로 표현
- 연하의 상관이라도 공석에서는 '저' 로 칭하는 것이 바람직하다.
- 조직체의 장은 훈시나 대규모 간부회의 때 '나도 앞으로는..', '나는 이렇게..' 로 말하는 것이 바람직하다.

2) 호칭 예절

고객에 대한 일반적인 호칭	좋지 않은 호칭
회원님	
고객님	아저씨
사장님, 회장님	이봐요
아주머님	아줌마
여사님	아가씨
○○○손님(고객님)	철수씨
어린이	꼬마야
사모님	

3) 호칭이란

호칭의 어원이나 역사적 배경은 중요한 것이 아니라 현실적으로 어디에 사용되느냐가 중요하다. 그 이유는 호칭은 시대와 상황의 변천에 따라 변하기 때문이다.

4) 호칭의 중요성

호칭이 대화의 분위기와 서비스의 품격을 좌우하며 적절하고 호감 가는 호칭을 사용하면 상대방에게 좋은 인상을 주게 된다.

5) 특별한 호칭

사모님	본래 아내에게 사용하였지만 오늘날 부인의 존칭으로 변한 것으로 특별한 고객에게 특별한 서비스를 제공할 경우 사용하고 여의치 못할 경우 '아주머니, 아주머님' 을 사용한다. ※ 아줌마, 아저씨 호칭은 사용을 금함
선생님	근래에는 연장자에 대한 공손한 경칭으로 정착됨 ※ 30대 이상의 고객에게 무리 없이 사용 가능함
사장님 부장님 과장님	상대방을 잘 아는 경우엔 선생님, 손님 혹은 고객보다는 직함을 불러주는 것이 훨씬 부드럽고 친근감을 줄 수 있다. ※ 호칭에서 중요한 것은 고객이 듣고 싶어하는 것을 들려주는 것이 가장 좋다.
어르신	남의 아버지나 나이가 많으신 분에 대한 경칭으로 사용함 ※ "어르신, 잠시 앉아서 기다려 주시겠습니까?"
초등학생 미취학 어린이	"OOO 어린이/ 학생" 호칭 사용 잘 아는 사람이라면 이름을 불러 친근감을 줄 수 있으나 공대말을 사용하고, 중 · 고등학교는 성인에 준하여 호칭해 준다.

6) 일반적인 호칭

~ 님 회원님 고객님	고객은 자신의 이름이 사용될 때 인정을 받고 있다고 생각한다. 특히 이름을 기억해 불러준다면 고객은 아주 특별함을 느낄 것이다. 최근 고객을 호칭할 때 이름에 '님' 을 붙여 친근하게 사용하는데 고객에게 존중받고 있다는 친근한 느낌을 주므로 적극 사용하도록 한다. * OOO 회원님. 오래 기다리셨습니다"
아가씨	처녀의 높임호칭으로 하인이 주인집 딸을 부를 때 사용하였으나 현실적으로는 평가절하된 경향이 있으므로 사용하지 않고 "고객님", "회원님"이라는 일반적인 호칭으로 사용하도록 한다.

7 소개 예절

직업이 직업이다 보니 자연스레 많은 사람들을 만나게 된다. 이때 누군가가 중간에서 양쪽을 서로에게 소개시켜 주면 각자 자기소개를 하기보다는 훨씬 분위기가 부드러워진다.

이럴 경우, 윗사람에게 아랫사람을, 손님에게 직원을, 또 여성에게 남성을 먼저 소개하는 것이 예의라는 사실은 이미 알고 계신다. 하지만, 의외로 문제가 되는 것은 소개하는 말이 적합하지 않을 경우가 많다는 사실이다.

소개의 순서를 보면 다음과 같다.

- 남성을 먼저 여성에게 소개한다.
- 연령이 다른 경우 연하의 사람을 먼저 소개하고 연장자를 소개한다.
- 상하직원 간은 부하직원을 먼저 상사에게 소개하고, 상사를 나중에 소개한다.
- 사내외 간은 사내 직원을 먼저 소개하고 외부 사람을 소개한다.
- 고객 간은 친한 사람, 가까운 관계에 있는 사람부터 소개한다.
- 지위/연령이 같은 경우 자신과 친한 사람부터 소개한다.
- 고객에게 사내 직원을 소개 할 때 사내의 직위가 높은 사람부터 낮은 사람의 순서로 먼저 소개한 다음 전원에게 고객을 소개한다.
- 한 사람을 많은 사람에게 소개할 때 한 사람을 미리 소개하고 다음에 많은 사람을 한 사람씩 소개한다.

8 안내 예절

1) 창구에서의 안내 방법

- 손가락을 모아 손바닥 전체를 펴서 방향을 지시한다.
- 턱이나 얼굴 그리고 손가락으로 방향을 가리켜서는 안 된다.

- 팔꿈치의 각도로 거리감을 나타낸다.
- 동작은 너무 빠르거나 느리지 않게 한다.
- "네, OO은 오른쪽(왼쪽)입니다" 등의 안내 말을 분명하게 한다.
- 오른쪽 방향은 오른손으로, 왼쪽 방향은 왼손으로 가리킨다. 이때 다른 한손으로 팔꿈치를 받치면 더욱 공손한 모양이 된다.
- 시선은 고객의 눈 가리키는 곳 다시 고객의 눈 순으로 한다.
- 고객의 눈을 다시 한 번 바라보며 잘 이해하셨는지 확인한다.

2) 기타 안내

(1) 엘리베이터 안내

- 엘리베이터 안내자가 없을 때 : 안내자가 먼저 타고 열림 버튼을 눌러 고객이 타도록 하며 내릴 때는 고객이 먼저 내리게 한다.
- 엘리베이터 안내자가 있을 때 : 고객이 먼저 타고 먼저 내리게 한다.

(2) 동행안내

- 고객의 바로 옆에 서지 않고 1~2보 앞에 서서 안내할 방향 쪽을 따라 안내한다.

(3) 방향안내

- 손바닥을 위로하여 손가락을 붙이고 엄지손가락을 검지에 대고 오른쪽 방향인 경우는 오른손으로 왼쪽 방향인 경우는 왼손으로 가리킨다.
- 손의 위치는 가슴 부근을 기준으로 한다.

• 원근을 나타낼 경우 손의 높이에 의해 조절한다.
• 지시할 경우 상체를 약간 구부린다. 이때 등이 굽어지지 않도록 주의한다.
• 팔은 겨드랑이와 주먹 하나 들어갈 정도로 벌리고 팔꿈치는 90도 각도를 기본으로 멀어질수록 팔꿈치의 각도를 달리한다.

출처 : https://pixabay.com/ko/photos/

VIP 고객 대접 Tip 1

1. 차를 드리는 시기

- 인사를 하고 고객이 자리에 앉으면 차를 권한다.
- 고객과의 상담이 진행되는 중간보다는 상담 초기에 차를 내는 것이 상담을 보다 효과적으로 진행하는 방법이다.

2. 고객에게 차 종류 등을 여쭤보는 방법

- 고객에게 좋아하시는 차를 여쭤보고 드리는 것이 원칙이다.
- 단, 차 종류가 제한이 되어 있을 때는 "OO차와 OO차가 준비되어 있는데, 어떤 차로 준비해 드릴까요?"라고 여쭤본다.
- 자주 오시는 고객의 경우 먼저, "OO차를 좋아하시는 것으로 알고 있는데 괜찮으시겠습니까?"와 같이 확인하는 것도 상담을 풀어 나가는 좋은 방법이다.

3. 차를 드리는 방법

- 고객의 오른쪽으로 내어 주며 찻잔을 놓을 때는 탁자에 소리가 나지 않도록 주의한다.
- 종이컵을 사용할 때에는 받침을 꼭 사용하여 준다.
- 뜨거운 차를 낼 때에는 "차가 뜨거우니, 조심해서 드십시오"라고 말을 건네도록 한다.

VIP 고객 대접 Tip 2

1. 고객을 상담실 등 다른 장소로 안내할 때

- 고객에게 인사와 자기소개를 하고 안내하는 장소와 이유에 대해 말한다.
- 고객이 코트나 무거운 짐 등을 가지고 오셨다면 대신 정성을 다해 받아든다.
- 직원은 고객보다 2~3걸음 왼편으로 앞서 걷도록 하며, 고객의 걸음에 보조를 맞춰 안내한다.
- 모퉁이나 계단에서 잠깐 멈추어 서서 가야 할 방향을 안내한다.
- 계단에서도 복도에서와 같이 2~3계단 앞서 올라간다.

2. 출입문을 들어설 때

- 앞으로 당기는 문 : 직원이 문을 열고 서서 고객이 먼저 들어가도록 안내한다.
- 밀고 들어가는 문 : 직원이 먼저 들어간 후 문을 잡고 고객을 안으로 모신다.
- 회전 문 : 회전문이 정지 중일 때는 고객이 먼저 이용하며 뒤에서 회전문을 적당히 밀어준다. 단 회전 중일 때는 직원이 먼저 들어가 속도를 조절하면 된다.

Exercise

1. 고객 응대 자세에 대해 설명한 것 중 틀린 것은?

① 고객 응대 시 모든 자세와 동작은 목례와 함께 한다.
② 물건의 경우 고객이 받기 편한 방향으로 전달한다.
③ 고객 응대 시 시선은 항상 고객의 눈을 응시해야 한다.
④ 모든 물건과 서류 전달은 허리선과 가슴선 사이에서 전달한다.

2. 명함 예절에 대한 설명이 아닌 것은?

① 명함은 아무 곳이나 깨끗이 보관하면 된다.
② 상대방의 명함으로 부채질을 하는 행위는 잘못된 것이다.
③ 명함은 아랫사람이 윗사람에게 먼저 주는 것이다.
④ 명함은 받은 후에 반드시 소속과 이름을 확인한다.

3. 소개 예절에 대한 설명 중 맞는 것은?

① 직원을 손님에게 소개해야 한다.
② 직위가 높은 분에게 직위가 낮은 사람을 소개해야 한다.
③ 여성을 남성에게 소개한다.
④ 연령이 다른 경우 연장자를 먼저 소개하고 다음에 연소자를 소개한다.

4. 악수 예절에 어긋나는 것은?

① 악수는 지위가 높은 사람이 낮은 사람에게 먼저 권한다.
② 악수를 할 때, 땀은 닦고 하도록 한다.
③ 왼손잡이일 경우, 부득이하지만, 왼손으로 하는 것은 괜찮다.
④ 악수를 할 때는 데드 피쉬가 되지 않도록 신경 쓴다.

5. 고객 안내 시 예절에 대해 설명한 것 중 맞는 것은?

① 방향 안내 시 손의 위치는 허리 높이에 의해 조절한다.
② 계단 안내 시 올라갈 때는 고객이 먼저 올라가는 것이 예의다.
③ 방향 안내 시 고객의 위치를 고려하지 않는다.
④ 엘리베이터 안내자가 있을 때 고객이 나중에 타고 먼저 내리게 한다.

정답 1. ③ 2. ① 3. ② 4. ③ 5. ②

Review

1. 업무 상 소개 시, 극존칭의 표현을 하는 경우가 많다.
   예를 들어, "저희 …이십니다"하는 식의 소개말을 듣는 경우가 많다. "저희 어머님이십니다", "저희 교수님이십니다" 하지만 중간에서 양쪽을 소개할 때에는 두 사람을 다 같이 존대한다는 뜻에서 "…이십니다"와 같은 극존칭 표현은 피하는 것이 좋다.
   즉, "이십니다"의 표현을 "입니다" 정도로 바꾸면 된다.
   위의 경우, "저희 어머님입니다", "저희 교수님입니다"로 바꾸면 적절하다.

2. 간혹 회사를 방문하다 보면, 직원들이 복도나 엘리베이터에서 무리지어 다니는 것을 볼 수 있다.
   점심을 하고 난 뒤일 수도 있고, 개인적으로 무리지어 다닐 수 있지만, 고객의 입장에서는 어지간히 불편하지 않을 수 없다.
   같이 무리지어 다니더라도 고객이 반대쪽에서 오는 경우, 옆으로 지나갈 수 있도록 마음을 써 준다면 고객이 보기에 좋은 모습일 것이다.

3. 고객에게 안내를 할 경우 안내와 전달 동작은 말과 함께 한다.
   "회원님, OO양식 여기에 있습니다."
   또한 방향이나 안내, 설명을 할 때는 손바닥을 이용하는 것이 원칙이며, 손가락이나 볼펜, 턱으로 안내하는 것은 절대 금기이다.

4. 고객에게 서류 작성을 요청할 때에는 기재할 곳에 표시를 하거나, 손으로 짚어가며 안내를 한다.

제3부

감동적인 성공법칙

제10장

고객접점의 법칙

Quiz

문제 1 **고객 접점 응대 시 고객응대를 위한 기본적인 자세라고 볼 수 없는 것은?**

① 내가 회사를 대표하고 있다는 자세로 품위 있게 응대한다.
② 잘 모를 때에는 적절히 대답을 한 후 확인하여 차후에 알려주도록 한다.
③ 고객을 지위나 신분으로 차별하지 않도록 한다.
④ 고객의 성격과 스타일에 맞추어 응대하도록 노력한다.

(정답 2) 고객은 자신의 요청과 문의에 대해 즉각적인 해결을 기대하고, 업무처리 정확성 및 전문성은 고객에게 신뢰를 주는 서비스를 제공하기 위해 무엇보다도 중요시되는 요소이다.

문제 2 **고객 접점에서의 고객만족 서비스에 대한 설명으로 틀린 것은?**

① 고객에게 주의를 집중하고 응대한다.
② 기계적이지 않고 자연스러운 행동으로 열정적으로 응대한다.
③ 회사의 원칙을 내세워 고객을 이해시킨다.
④ 나는 고객의 대리인이라는 마음으로 고객의 문제에 대해 깊이 생각하고 응대한다.

(정답 3) 고객 접점에서의 고객을 만족시키기 위해서는 항상 원칙을 내세워 고객을 이해시키려고 하기보다는 때로는 규정을 어길 줄도 알아야 한다. 즉, 사고의 유연성을 갖고 고객의 입장에서 설득시켜야 한다.

학습목표

1. 고객 접점 서비스의 유래와 성공사례를 알 수 있다.
2. 고객 접점 서비스의 중요성을 습득할 수 있다.
3. 고객 접점에서의 고객만족 서비스품질을 결정할 수 있는 요소들을 공부할 수 있다.
4. MOT를 분석해 보고, 상황별 응대 방법을 습득하고 이해할 수 있다.

나의 체크리스트

1. 나는 고객이 방문하면 자리에서 일어나 밝은 표정과 정중한 태도로 인사를 한다.
2. 나는 고객의 문의사항에 정확한 업무숙지를 통해 필요 사항은 짚어가며 적극적으로 응대할 수 있다.
3. 나는 물품 등을 주고받을 때는 시선을 맞추고 두 손으로 응대한다.
4. 나는 고객에게 차 대접을 한 적이 있다.
5. 나는 고객이 방문하였을 경우, 비스듬히 기대앉거나, 턱을 괴거나, 취식을 하거나, 잡담을 하지 않고, 바른 자세로 회원을 응대한다.
6. 나는 수시로 사내의 청결상태를 확인하고, 비품을 정리정돈한다.
7. 나는 고객이 업무를 마치고 나갈 때 정중한 자세로 배웅인사를 한다.

1 고객 접점 서비스

여러분은 회사근처 식당에서 식탁 가장자리로 벌레가 지나가는 것을 보고 식당 전반에 대해 지저분하다는 느낌과 함께 다시는 찾고 싶지 않았던 경험이 없었는가?

마찬가지로 400명의 전체 직원 중 단 한 명만이 불친절하다 하더라도 그 불친절한 직원에게 응대받은 고객들은 나머지 399명의 친절한 직원이 있음에도 불구하고 그 한명의 직원으로 인하여 기업 전체의 친절도를 매우 낮게 평가하게 된다.

더구나 불친절한 접촉을 통해 불만을 갖게 된 고객이 주변의 10명에게 그 불만을 그대로 전달하였다면 그 영향은 400-1=-10이 될 수도 있다.

나 하나쯤이야 하는 안일한 생각이 자칫 예기치 못했던 결과를 가져오는 것이다.

이번 장에서는 고객 접점 서비스의 중요성을 알아보도록 한다.

2 MOT(Moments of Truth)란?

1) MOT의 정의

고객이 직원과 접촉하여 서비스(품질)에 대한 인식에 영향을 미치는 15초 내의 결정적인 순간을 말한다.

2) MOT의 유래

원래 MOT라는 용어는 투우용어에서 유래가 되었다. 여러 개의 창을 투우에 꽂아 잔뜩 약을 올린 후 혼신의 힘을 다해 덤벼드는 소에게 최후의 일격을 가하는 절대절명의 순간을 말한다.

출처 :https://www.google.co.kr/search?q

3) MOT의 공식(100-1=0)

고객감동의 접점을 만들기 위해선 전원 참여가 필요하다. 100가지를 잘 해도 1가지 서비스를 잘못한다면 그 서비스는 아무런 성과가 없는 물거품과 같다.

MOT 성공 사례

SAS(스칸디나비아 항공)의 경영악화가 지속되자 얀 칼슨을 새로이 부임시켰고, 서비스 혁신을 하면서 MOT를 경영에 도입했던 것이다.

그는 MOT를 서비스 사이클에서 고객이 경험하는 연쇄적인 사건이라고 칭했다. 또한 그는 고객만족경영의 추진력과 분위기를 조성하는 것은 경영자의 몫이고, 고객을 상대하여 고객만족의 고지를 점령할 사람은 고객과 접촉하는 최선의 현장직원이라고 말했다.

결과적으로 고객만족은 고객과 종업원이 서로 접촉하는 접점(contact point)에서 결판나는 것이다. 칼슨은 중간관리자에게 이렇게 말한다.

"최일선에 있는 종원업들을 감독하는 것이 아니라 그들을 지원하는 것이고, 그들의 고민을 들어주고 적절한 지원을 해야 한다. 라고....

3 MOT의 3요소

1) Human Ware

Human Ware적 접점은 직원의 고객지향적인 정신과 고객이 만나는 접점인 인적 요소로서 직원의 판단과 행동 양식이 고객의 만족도에 직접 영향을 주게 된다.

2) Soft Ware

Soft Ware적 접점은 서비스와 일이 처리되는 속도와 정확성 등 무형요소에 대한 고객의 인상과 평가를 말한다.

3) Hard Ware

Hard Ware적 접점은 고객이 직접 보고 접촉하는 건물, 사무실, 주차장 등 각종 시설과 설비 등 유형요소에 대한 체험을 말한다.

■MOT 체크리스트

MOT 요소	세부사항	평가요소	질문사항
하드웨어	시설	쾌적성	청결하다(바닥, 카운터, 화장실).
		편리성	출입문이 편리하게 개방되어 있어 들어가기가 쉽다.
			집기의 배치가 잘 정돈되어 있다.
			이동 동선이 충분히 확보되어 있다.
		안정성	바닥이나 계단이 미끄럽지 않다.
		점포 분위기	점포 분위기가 식사를 하고 싶은 느낌이 든다.
		위치	POP나 가격표 등을 보기가 쉽다.
	상품	신제품 개발	새로운 신제품을 지속 개발하여 고객에게 소개한다.
		품질	품질(음식의 맛, 제품의 기능 등)이 훌륭하다.
		다양한 상품구색	다양한 상품이 구비되어 있어 선택의 폭이 넓다.
		다양한 상품진열	다양한 상품이 진열되어 있다(제품 진열, 사진, 모형 등).
소프트웨어	프로세스	업무처리절차	주문 처리절차가 간단하여 고객이 쉽게 따라 할 수 있다.
		처리속도	고객의 요구나 불만에 신속히 반응한다.
		고객중심과정	기본 메뉴 이외에 고객의 취향에 따른 맞춤 서비스를 제공한다.
	제도	업무처리 현장권한	고객접점에 있는 점원이 바로 일을 처리해 준다.
		업무처리 구비서류	업무처리 서류(고객 소리함 등) 등이 비치되어 있다.
휴먼웨어	응대	친절성	직원이 친절하다(인사, 미소, 생기있는 모습).
		호감도	직원의 용모가 단정하고 깜끔해 보인다.
			직원은 유니폼을 착용하고 있다.
		서비스 기준이행	고객이 매장을 나가는 것을 인지하고 감사인사 또는 재방문 인사를 한다.
	상품 지식	상품, 업무 관련 지식	직원이 상품, 업무에 관한 질문에 자세한 설명을 해준다.
		고객가치에 대한 지식	고객이 상품이 필요한 이유를 묻고 이에 대한 상세한 설명과 함께 해결책을 제시한다,

4 고객 접점에서의 고객감동 서비스

- 고객과 마주치면 먼저 인사
- 고객에게 주의를 집중하고 응대
- 처음 30초를 잘 활용
- 기계적이지 않고 자연스러운 행동
- 열정적이며 예의 바른 행동
- 나는 고객의 대리인
- 고객의 문제에 대해 깊이 생각하고 상식을 활용
- 때로는 규정을 어길 줄도 알아야 한다.
  -사고의 유연성을 가져라
- 마지막 30초를 잘 활용
  -고객이 여운을 남길 수 있게
- 철저한 자기관리 건강, 컨디션….

5 고객감동 서비스 품질의 결정 요소

1) 신뢰성

약속된 서비스를 정확하게 수행하는 능력을 의미한다. 이로부터 성능의 일관성, 정확한 청구, Record의 올바른 유지관리, 지정된 시간에 정해진 서비스를 수행하는 능력 등이 포함된다.

한마디로 신뢰성이란 고객과의 약속을 지키는 것을 뜻한다. 서비스를 계약행위에 기초하는 거래라고 볼 때 신뢰성에 관한 고객의 기대는 가장 기본적인 사항이라 하겠다.

2) 대응성

서비스 제공자의 기꺼움, 준비성, 서비스의 적시성, 거래착오의 즉각적 통지, 빠른 응답, 신속한 서비스 제공 등을 의미한다.

이러한 대응성에 관한 고객의 기대와 요구는 서비스 종사자가 자신에게 도움이 될 것이라는 고객의 일반적인 사고로부터 기인한다. 따라서 서비스 종사자는 고객이 요구하는 사항에 관심을 갖고 최대한 배려함은 물론, 기본적으로 어떤 도움을 주겠다는 자세가 갖추어 있어야 한다. 이러한 자세 중에서 가장 주를 이루는 것은 고객을 주목하고(Eye Contact), 선의를 나타내는 것(Smile)이다.

3) 숙련성

서비스를 수행하는데 요구되는 숙련과 지식의 소유, 접촉자의 지식과 숙련, 조직의 연구능력 등을 의미한다.

어떠한 서비스가 되었건 그 속에는 일반 고객들이 이해하기에는 다소 난해한 사항들을 포함하고 있으며, 숙련되지 못한 서비스 제공자의 잘못은 때때로 고객의 안전과 재산에 치명적인 피해를 줄 수도 있다.

4) 접근성

접근의 용이함, 전화로 쉽게 접근 가능, 전화 대기시간, 편리한 영업시간, 편리한 입지 등을 의미한다.

한참 동안 신호가 울려도 응답이 없는 전화, 좁고 붐비는 주차장, 담당자를 찾지 못하고 우물쭈물하는 모습 등은 고객이 원하는 서비스에 즉시 접속되지 못하는 불편은 다시는 그 업체를 찾지 않게 하는 요인이 된다.

5) 예절

고객 접점에서의 정중함, 경의, 헤아림, 친절, 고객의 재산에 대한 고려, 접촉자의 청결하고 산뜻한 외모를 뜻한다.

물론 예절의 시작은 외모나 태도, 말씨 등 외부에 나타나는 것들로부터 출발한다. 그러나 서비스에 있어서의 진정한 예절은 여기서 그치지 않는다. 비정상 상황이나 긴박한 상황 속에서 그야말로 숙련된 솜씨로 일을 처리하면서도 침착한 자세와 고객에 대한 헤아림을 잃지 않는 태도야말로 가장 가치 있는 예절의 형태라 할 수 있다.

6) 커뮤니케이션

광고, 홍보의 진실성, 서비스 내용에 대한 쉬운 이해와 설명, 고객이 쉽게 이해할 수 있는 어휘 및 언어사용을 의미한다.

임의의 한 회사만을 놓고 보더라도 어떤 한 부서에서 사용하는 어휘를 다른 부서에서는 아주 모르고 있거나 전혀 다른 의미로 사용하고 있는 경우를 발견하게 된다. 하물며 해당 서비스를 받고 있는 고객에 대해서는 일말의 관심도 갖지 않는다.

서비스 제공자가 갖고 있는 일종의 오만 중의 하나는 자신의 서비스가 매우 전문적이라는 판단 아래 고객을 교육하고 선도해야 한다는 생각을 한다는 점이다. 고객은 그러한 교육에 투자할 시간을 돈으로 구매할 뿐이다. 그것은 고객의 선택이며, 서비스 제공자는 이러한 고객의 선택이 옳았다는 것을 확산시켜 주기만 하면 된다.

7) 신용

믿음, 정직, 신뢰, 회사명, 회사의 명성, 접촉자의 개성, 서비스 제공자의 진실성, 정직성 등을 의미한다.

실제로 몇몇 고객의 소리 중에는 어떤 회사의 로고를 부착한 차량의 난폭운전을 지적하거나, 해당 회사 배지를 단 직원의 무례한 행동 등을 항의 하는 내용이 포함되어 있다.

서비스 제공자 개개인은 모두 자신이 소속된 회사를 대표하고 있으며, 이들 한 사람 한 사람에게 고객은 일정한 선입관과 편견을 갖고 있다.

8) 안전성

위험, 리스크, 의심으로부터의 자유, 육체적 금전적 안전, 비밀보장 등을 의미한다. 주목해야 할 점은 실제 서비스 현장에서 고객이 느끼는 안전성은 시설물이나 기재의 성능에서 비롯된다기보다는 그저 자신 주변의 사소한 장치들이 얼마나 깨끗하고 정돈되어 있으며 제대로 작동하고 있는가에 더욱 민감하게 반응한다는 사실이다.

아무리 튼튼한 건물에 입주하고 있는 서비스 업체라도 습기가 스며들어 얼룩진 천장이나 삐걱거리는 의자 등을 방치한 채로는 고객이 안전하다고 느끼게 할 수는 없다는 점을 명심해야 한다.

9) 고객에 대한 이해와 인지

고객에 대한 이해와 인지란 고객 욕구의 이해 노력, 고객의 특정한 요구를 이해, 개별적인 주목, 정규 고객의 인지 등을 의미한다.

모든 고객은 자신이 가장 중요한 고객이라고 믿고 있다. 즉 모든 고객은 대중 속의 한 사람으로 대우받기보다는 한 사람의 vip로 대우받고자 하는 것이다. 이러한 고객의 욕구에 대한 접근은 의외로 단순하고 쉬운 것일 수 있다.

바로 그 고객접점 종업원들의 세심한 배려만 있다면 충분히 해결될 수 있는 사항들이기 때문이다. 그러나 고객의 이러한 요구들은 일반적인 업무절차를 벗어나는 범위의 것들이 많기 때문에, 자칫 무시하거나 간과해도 되는 요구사항으로 간주되는 사례가 일어나게 된다. 그러나 고객은 누구나 특별한 손님으로 대우받고 싶어 하며 자신에게는 그럴만한 충분한 이유가 있다고 생각한다.

서비스 산업에 있어서 정규고객의 인지는 매우 중요한 의미를 지닌다. 20%의 고객이 80%의 매출을 담당한다는 '파레토의 법칙'을 상기할 필요도 없이 해당 회사에 대한 만족도도 높고 앞으로도 재구매할 계획이며 남에게도 권유할 의향이 있는 고객층이 얼마나 되는가의 문제는 현재의 위기상황을 극복하는 몇 안 되는 해결안 중의 하나이다.

10) 유형성

유형성이란 서비스의 물리적 증거, 물리적 설비, 외모, 서비스 제공에 사용되는 도구 또는 장비, 서비스의 물리적 표현, 서비스 시설 내의 다른 고객들 등을 의미한다.

다시 말해 유형성이란 고객의 손으로 만져지는 것들에 대한 기대를 뜻한다. 고객이 널찍한 주차장에 주차하고, 깨끗한 영업장에서 단정한 직원들의 서비스를 받겠다는 것은 누구나 짐작할 수 있는 고객의 기대이다. 그러나 이런 서비스의 물리적 표현과 함께 유형성을 이루는 또 하나의 요소, 즉 서비스 시설 내의 다른 고객들에 대한 관심은 의외로 중요시 되지 않고 있다.

예를 들어 나 자산이 고객이 되어 어떤 식당에 있다고 가정해 보자. 이때 주변의 다른 고객들이 온통 소리 내어 떠들고 툭툭 건드리고 , 왜 건드리나 하고 돌아볼 때 험악하게 쏘아보기까지 한다면 대체 어떤 느낌을 갖게 되겠는가? 물론 일차적으로 나를 건드리는 모르는 사람이 밉겠지만 거의 동시에 나 자신이 선택한 그 식당에 불만이 생기게 될 것이다.

고객이 느끼는 접점 서비스의 문제점

- 고객이 다가가도 인사 없이 쳐다보기만 할 때
- 자주 오는 고객인데도 처음 보는 고객처럼 응대할 때
- 짜증내는 듯한 표정일 때
- 옆직원과 잡담하느라 고객이 와도 모를 때
- 업무지식이 부족하여 자신감 없이 응대할 때
- 옆 창구가 바쁜 걸 보면서도 자기 일만 할 때
- 업무 처리가 늦어 장시간 기다릴 때
- 자세한 설명없이 "저쪽으로 가세요"라고 응대할 때

접점 서비스의 핵심 포인트

- 밝은 표정으로 인사를 하며 고객을 맞이한다.
- 고객의 이름을 기억해서 불러준다.
- 한가할 때 창구로 오시는 고객에게 기립응대로써 더욱 정중함을 표시한다.
- 고객의 입장에서 성의 있게 고객의 말을 끝까지 경청한다.
- 감사합니다. 좋은 하루 되십시오. 하며 감사의 인사를 잊지 않는다.

6 상황별 응대방법

구분	긍정적 첫인상
어프로치	[응대화법] "안녕하십니까? 어서오십시오." [Service Tip] 고객이 오시면 자리에서 일어나 밝은 표정과 적극적인 태도로 응대한다.
니즈파악	[응대화법] "무엇을 도와드릴까요?" "~~~~~말씀이십니까?" [Service Tip] 고객의 목적을 정확하게 파악할 수 있도록 질문한다.
솔루션 제공	[Service Tip] 고객이 원하는 것을 신속하게 처리한다. 양해를 구할 때에는 쿠션어를 사용한다.
만족 확인	[응대화법] "더 필요한 사항이 있으습니까?" "감사합니다. 좋은 하루 되십시오." [Service Tip] 고객이 만족을 느낄 수 있도록 도움을 드린다. 일어나서 감사의 인사말과 함께 정중히 고객을 배웅한다.

출처: 한국안경신문 2012.08.03.

Exercise

1. 진실의 순간(Moments of Truth)의 개념을 서비스 현장에 최초로 도입한 최고 경영자는 누구인가?

① 잭 웰치(제너럴 일렉트릭) ② 얀 칼슨(스칸디나비아 항공)
③ 포드(포드자동차) ④ 레이 크록(맥도날드)

2. 고객접점에 대한 설명 중 적절하지 않은 것은?

① 진실의 순간(MOT)이라 말할 수 있으며 기업의 성공과 실패를 가늠한다.
② 회사에서 직원 한사람이 고객과 만나는 짧은 시간에 회사 전체의 인상이 결정된다.
③ 고객이 특별한 요구를 할 때 회사 내의 규정과 방침을 설명하며 이해를 구한다.
④ 관리자들은 고객에 대한 표준 접점의 대상이 되지 않는다.

3. 다음 중 고객만족 서비스 품질을 결정하는 요소에 대한 설명이 바르지 못한 것은?

① 대응성 : 위험, 리스크, 의심으로부터의 자유, 육체적 금전적 안전, 비밀보장 등을 의미한다.

② 신뢰성 : 약속된 서비스를 정확하게 수행하는 능력을 의미한다.
③ 숙련성 : 서비스를 수행하는데 요구되는 숙련과 지식의 소유, 접촉자의 지식과 숙련, 조직의 연구능력 등을 의미한다.
④ 접근성 : 접근의 용이함, 전화로 쉽게 접근 가능, 전화 대기시간, 편리한 영업시간, 편리한 입지 등을 의미한다.

4. 다음 중 MOT의 3요소를 바르게 설명하지 못한 것은?

① Human Ware적 접점은 직원의 고객지향적인 정신과 고객이 만나는 접점인 인적 요소를 의미한다.
② Human Ware적 접점은 직원의 판단과 행동 양식이 고객의 만족도에 직접 영향을 주게 된다.
③ Soft Ware적 접점은 서비스와 일이 처리되는 속도와 정확성 등 무형요소에 대한 고객의 인상과 평가를 말한다.
④ Hard Ware적 접점은 고객이 느끼는 프로세스를 의미한다.

정답 1. ② 2. ④ 3. ① 4. ④

사례 MK택시

비가 추적추적 내리는 어느날 저녁, 보기에도 행색이 초라한 할머니 한 분이 우산도 쓰지 않은 채 보따리를 이고 택시를 기다리고 있었다. 몇 대의 택시가 할머니의 행색을 보고는 그냥 지나치곤 했다.

30분 정도가 지나자, 어떤 택시 한 대가 할머니 앞에 멈추더니 택시에서 내린 기사가 할머니를 조심스레 택시에 태우는 것이었다. 잠시 후 할머니의 젖은 몸에서 흘러내린 빗물이 시트를 적셔왔다. 할머니는 기사의 눈치를 보면서 영 마음이 편치 않았다. 앞서 다른 택시들도 시트가 젖을까봐 그냥 지나쳤던 것이다. 할머니는 좌불안석이 되었는데 기사는 전혀 아랑곳하지 않고 히터를 올려 택시 안을 훈훈하게 데워주었다.

변두리 달 동네까지 택시가 도착했을 때까지도 비는 멈추지 않았다. 택시기사는 준비해두었던 우산을 펴서 할머니를 받쳐주면서 말했다.

"할머니, 이 우산 쓰고 가세요..그리고 다음에 저희 회사 택시 보시면 그때 돌려주세요..조심해서 가세요~~"

인사를 마친 택시기사는 할머니가 골목 모퉁이를 돌아 사라질 때까지 전조등으로 그 골목 안을 오랫동안 비추고 있었다. 할머니가 쓰고 가셨던 우산에는 'MK택시'라는 글자가 선명했다.

Review

1. 고객 감동의 회사를 만들기 위해서는 직원 전원 참여가 필요하다. 내가 우리 회사를 대표한다는 마음가짐으로 고객응대를 할 때 고객은 감동을 받을 수 있을 것이다.

2. 고객 접점에서의 고객응대는 고객에게 주의를 집중하여 응대하고, 기계적이지 않고 자연스러운 행동으로 열정적으로 응대하고, 고객의 입장에서 깊이 생각하고 응대한다.

3. 접점에서는 직원이 회사를 대표한다.
   접점에서는 고객과의 최초의 접점으로 나의 이미지와 회사의 이미지를 결정하는 곳이다. 고객이 찾지 않는 회사는 존재할 수 없고 나 또한 존재 할 수 없다. 창구에서 활기차고 밝은 표정을 보게 된다면 그 첫인상은 좋은 이미지로 오래 기억될 것이다.
   또한 감사하는 마음으로 공손하고 정중하게 대한다면 고객은 만족감에 밝은 미소로 고마움을 표시할 것이며 우리의 단골 고객이 될 것이다.

4. 접점 직원에게는 관리자가 중요한 것이 아니라 고객이 중요하다. 관리자는 현장에서 고객을 만나는 직원이 서비스가 원활하게 이루어지도록 무엇이 문제인지 연구하고 서비스를 제공하는데 불편 사항은 없는지를 함께 도와주는 사람이 되어야 한다.
   따라서 접점 직원부터 경영자에 이르기까지 조직 전체가 서비스맨이라는 의식을 가지고 한꺼번에 움직여야만 고객만족이 성과를 이룰 수 있을 것이다.

제11장

친절한 사람들의 비밀

Quiz

문제 1 사람의 행동 중 스킨십 등 몸짓이나 눈짓, 표정, 감정, 언어 등 자신의 반응을 상대방에게 알리는 인간의식의 기본 단위를 이르는 말을 우리는 스트로크(Stroke)라고 한다. 이 스트로크에 해당하지 않는 것은?

① 긍정적 스트로크　　② 부정적 스트로크
③ 무반응　　④ 스트로크 기아

(정답 4) 스트로크 기아란 타인으로부터의 스트로크가 지나치게 부족해 고통스러워하는 것을 의미하는 말이다.

문제 2 신체적인 스트로크 중 긍정적인 자극을 주는 스트로크의 행위가 아닌 것은?

① 머리를 쓰다듬는다.　　② 때린다.
③ 손을 잡는다.　　④ 어깨를 두드린다.

(정답 2) 때리는 것은 부정적인 스트로크에 해당한다.

학습목표

1. 친절한 사람들이 가지고 있는 여러 가지 특징에 대해 알아본다.
2. 특징별 다양한 사례와 실험을 통해 사람들의 공통 심리에 대해 학습하고 연구해 본다.
3. 친절한 사람들의 공통점 중 스트로크가 주는 여러 가지 영향과 의미에 대하여 학습한다.
4. 각 상황에 따른 적용사례에 대해 토의해 본다.

나의 체크리스트

1. 잠시 거울에 내 얼굴을 비춰보자. 어떤 표정을 짓고 있으며 나와 만나는 고객에게 나의 표정은 어떤 메시지를 전달할까?
2. 나는 칭찬을 할 때도 상대방의 기본이나 장점을 생각하며 칭찬을 하는 편이다.
3. 나는 다른 사람들에게 항상 배려를 하고자 노력하는 편이다.
4. 친절한 사람들과 만나는 것이 간혹 불편할 때가 나는 있다.
5. 나는 항상 긍정적인 이미지를 주고자 노력하는 편이다. 왜 첫인상이 긍정적일 때 우리가 얻을 수 있는 것은 무엇인가?

1 친절한 사람

얼마 전 모 경제연구소에서 한국의 최고 경영자 527명에게 'CEO가 되는 과정에서 가장 결정적인 지능이 무엇이었나?"를 조사해 발표한 적이 있다. 조사결과, '대인지능'이라는 답변이 1위로 나타났다.

사람의 행동을 예리하게 분석하고 다른 사람을 잘 이해하며 다른 사람들과 쉽게 교류할 수 있는 사람이 리더십을 발휘할 수 있기 때문이다. 그런데 이 대인지능의 차이란 아주 큰 데서 출발하는 것은 아니다.

고객의 기분을 알아차리기 위해 한 번 더 생각하고 난 후 고객에게 전화 한 통을 거는지 여부가 탁월한 인간관계를 유지시켜 나가느냐 그렇지 아니하냐에 달린 문제라 하겠다.

이 일을 하고 있는 나 자신도 때로는 타고난 성격 자체가 이런 세심한 부분을 신경 쓰지 못하고, 이렇게 전화 한 통 하는 것 자체를 아주 힘들어 하는 사람인지라 많은 부분이 이해가 가는 것은 사실이다.

그런데, 직업상 친절하다고 하는 사람들도 많이 만나보고, 또 불친절하다고 하는 사람들도 많이 만나게 된다. 그런데, 그들을 만나 아주 짧은 시간 이야기를 나누고 같이 지내다 보면, 공통점이 있음을 발견하게 된다.

바로 오고 가며 하는 가벼운 인사 한 마디, 칭찬과 칭찬을 하는 방식이 이들에게는 다른 사람들과 구분되는 질적인 차이가 있음을 발견하게 된다.

물론 친절한 사람들이 곧 성공한다는 의미는 아니다. 하지만, 성공이란 의미가 사회적인 성공이 아니라 대인관계에서의 성공이라면 그들이 지니고 있는 비밀들과 공통점들을 한 번 배워볼 필요가 있지 않을까 한다.

2 친절한 사람들의 시크릿

1) 첫인상을 잘 관리한다

■ 실험 1

심리학자 대니얼 카너먼은 한 반의 고등학교 학생들에게 다음과 같은 곱셈 문제를 내주고 5초 안에 그 값을 추정하도록 했다.

A반 : 8×7×6×5×4×3×2×1=?

그리고 다른 반 학생들에게 곱셈에 포함된 숫자의 순서만을 바꿔 그 값을 추정하게 했다.

B반 : 1×2×3×4×5×6×7×8=?

실제 두 곱셈의 값은 같은데도 불구하고, 두 반의 학생들이 값을 추정한 것은 완전 다르게 나왔다. A반 학생들의 추정값은 2,250이었다. 그러나 B반 학생들의 추정치는 512에 불과했다.

이렇게 다른 이유는 A반의 경우는 큰 수부터 측정하기 때문에 크게 값이 나올 거라 생각한 것이고, B반의 경우는 작은 수부터 측정하기 때문에 작게 나올 거라 생각한 것이다.

닻 내리기 효과

사람들이 어떤 값을 추정할 때 초기 값에 근거해 판단하는 것을 '닻 내리기 효과'라고 한다. 닻을 내린 곳에 배가 머물듯이 처음 입력된 정보가 정신적 닻으로 작용해 전체적인 판단에 영향을 주는 현상은 사람을 평가할 때도 마찬가지로 관찰된다.

■ **실험 2**

심리학자 애시는 다음과 같은 실험을 통해 첫인상의 중요성을 설명했다. 그는 두 집단의 사람들에게 어떤 인물에 대한 성격을 여섯 가지 특성으로 설명해 주었다. 두 집단 모두 같은 내용을 들었지만 순서는 완전히 달랐다.

집단 1 똑똑하다 – 근면하다 – 즉흥적이다 – 비판적이다 – 고집이 세다 – 시기심이 많다.

집단 2 시기심이 많다 – 고집이 세다 – 비판적이다 – 즉흥적이다. – 근면하다 – 똑똑하다.

그 후 실험 참가자들에게 조금 전에 들었던 사람에 대한 인상을 평가하게 했다. 성격 특성 중 어떤 내용을 먼저 들었는지에 따라 사람들은 완전히 다른 인상을 형성했다. 긍정적인 내용을 먼저 들었던 첫 번째 집단의 사람들은 부정적 내용을 먼저 들었던 두 번째 집단의 사람들에 비해 소개받은 인물을 훨씬 더 긍정적으로 평가했다.

왜 그럴까? 처음에 들어온 정보가 나중에 들어오는 정보에 대한 해석 지침을 제공하기 때문이다. 좋았던 첫인상은 부정적인 정보를 접하면 쉽게 나쁜 쪽으로 바뀔 수 있다. 그러나 한 번 나쁘게 박힌 첫인상은 웬만한 긍정적 정보로는 좋은 쪽으로 바뀌지 않는다. 결론적으로 말하면, 인상형성 과정에서 부정적인 정보는 긍정적인 정보보다 훨씬 더 중요하다.

이렇게 부정적인 정보가 인상 형성에 더 중요한 역할을 하는 데에는 다음 두 가지 이유가 있다.

첫째, 사람은 원래 긍정적인 정보보다는 부정적인 정보에 민감한 존재로 진화되었다는 것이다.

둘째, 사람들은 대체로 단점을 감추는 대신 장점만을 드러내려는 경향이 있기 때문에 부정적인 정보가 드러나면 그만큼 더 주목을 받게 된다. 그래서 열 번 잘하다가도 한 번만 잘못하면 쉽게 나쁜 쪽으로 인상이 바뀌게 되는 것이다.

그래서 친절한 사람들은 부정적인 이미지가 미치는 영향의 정도를 알기 때문에 보다 긍정적인 이미지를 주기 위해 끊임없이 노력한다.

첫인상에 대한 여러 가지 효과

1. 정보처리 과정에서 초기 정보가 후기 정보보다 훨씬 더 중요하게 작용하는데, 이런 것을 **'초두 효과'**라고 한다.
2. 처음 제시된 정보가 나중에 들어오는 정보의 처리 지침이 되고 전반적인 맥락을 제공하는 것을 **'맥락효과'**라고 한다.
3. 부정적인 정보가 긍정적인 정보보다 인상 형성에 더 강력하게 작용하는 것을 **'부정성 효과'**라고 한다.

인상형성의 3가지 법칙

어떤 사람에 대한 인상은 다양한 정보들에 의해 형성되고 변화된다. 인상 형성 과정을 설명하는 심리학적 법칙은 다음 3가지가 있다.

1. 가산 법칙(additive Model)

상대에 대한 정보들이 단순히 합산되어 전체적인 인상이 형성된다는 원리이다. 예를 들어, 첫 만남에서 정직하다는 인상을 받고 다소 신중하다는 평가를 내리면 전체적으로 처음보다 더 긍정적인 인상으로 변한다.

정직함(+7) + 신중함(+3) = 10점(긍정적 이미지)

2. 평균 법칙(Averaging Model)

상대에 대한 정보들의 단순합산이 아니라 평균치에 의해 인상이 형성된다는 원리이다. 예를 들어, 처음에는 유머감각이 있다는 인상을 받았으나 정직성에서 낮은 점수를 받으면 전체적인 인상은 더 좋아지는 것이 아니라 평균치가 되어 오히려 첫인상보다 나빠진다.

유머감각(+7) + 정직함(+3) = 10/2 =5점

유머감각이 높았으나 정직함이 낮은 점수를 받아서 유머감각도 7점에서 5점으로 낮아짐

3. 가중 평균 법칙(Weighted Average Model)

정보들의 단순 합산치나 평균치가 아니라 특정 정보가 인상형성에 비중을 크게 차지한다는 원리이다.

2) 잘 웃는다

사례

한 백화점 직원들을 대상으로 설문조사를 한 결과, 좋아하는 상사 1위로 '인간적이며 유머감각이 있는 사람'이 꼽혔다. '어떤 여자 동료가 좋으세요?"라는 질문에서 남자 직원들은 '밝은 미소를 가진 사람'을 1위로 꼽았다. 또한 중공업회사 직원들에게 '가장 모범적이고 멋진 사원'을 묻는 조사에서도 '항상 밝게 웃음 짓는 여자 직원'이 1위를 차지했다.

친절한 사람들의 두 번째 비밀은 바로 '잘 웃는다'는 것이다. 아마 웃는 얼굴을 싫어하는 사람은 이 세상에 많지 않을 것이라 생각한다. 사람들은 정치인들보다는 연예인들을 좋아한다. 아마 그 이유는 정치인들은 표정이 굳어 있지만 연예인들의 표정은 웃고 있기 때문이다.

스탠포드 의과대학교 윌리엄 프라이 박사의 조사 결과에 따르면, 6세 정도 유치원생들은 하루 평균 300번 정도 웃는다. 그러나 성인이 되면 그 20분의 1인 15번 정도로 줄어든다고 한다.

이렇게 성인이 되면 잘 웃지 않게 되는데, 친절한 사람들은 이 웃음을 잃지 않고, 또 그들 주변인들에게 웃음을 선사하는 사람들이 많다는 공통점이 있다.

우리 말에 '일노일노, 일소일소' 란 말이 있다. 또 '소문만복래' 라는 말도 있다. 웃는 문으로 만복이 들어온다는 말이다. 이렇게 웃는 사람들은 다른 사람을 기분 좋게 하는 마력을 지녔을 뿐만 아니라, 본인들의 건강에도 좋은 효과가 있다.

이 웃음은 위기 상황을 극복하는 데도 탁월한 효과를 준다.

사례

이스라엘의 무역장관을 지낸 나탄 샤란스키는 구소련의 대표적인 반체제 인사였다. 그 무서운 소련 감옥에서 9년 동안이나 갇혀 있었으며 사형선고를 받고 16개월 동안은 독방에 갇혀 온갖 방법으로 위험을 당했다. 지옥 같은 감옥을 벗어나 서방 세계로 나온 후 그는 "내가 겪은 가장 큰 고통은 죽음에 대한 공포였으며 그것을 극복할 수 있는 유일한 방법은 위협과 죽음에 대해 웃는 것이었다. 웃음은 자유로울 때는 사치스러운 것이지만, 감옥에서는 유일한 무기이다. 그들에 대해 웃을 수 있는 순간, 그들로부터 자유로울 수 있었다"고 회고하고 있다.

또한 힐러리 클린턴은 빌 클린턴 대통령이 그의 외도를 고백했을 때 목을 비틀어 죽여버리고 싶을 만큼 미웠다고 고백했다. 그렇지만, "그럼에도 내가 여전히 그의 곁에 있는 이유는 그만큼 나를 웃게 만드는 사람이 없기 때문이다"라고 이야기하고 있다.

이렇게 위기상황에서 가장 먼저 사라지는 것이 바로 웃음이다. 하지만 아무도 웃을 수 없는 상황에서 웃는 사람이 더 특별한 사람들이라 생각한다.

사실 일을 하고, 사람을 만나다 보면 웃음을 유지하기가 어렵다. 하지만 친절한 사람들은 '그럼에도 불구하고' 의 웃음을 유지하는 공통점들을 가지고 있다.

또 이들은 자신들만 웃고 친절한 것이 아니라 그 웃음과 친절을 다른 사람에게 전염시키는 탁월한 능력의 소유자들이다.

사람들은 대부분 잘 웃는 사람들을 좋아한다. 그 이유는 바로 그런 사람과 함께 있으면 덩달아 기분이 좋아지기 때문이다. 우리는 누군가 못을 박다가 망치로 손가락을 잘못 치는 장면을 목격하면 손가락은 아무 이상이 없는데도 순간적으로 얼굴이 일그러진다.

또 어떤 사람이 우리를 보면서 부드럽게 미소를 짓는다면 우리는 미소로 반응하게 된다. 너무 순간적이라 포착하기 힘든 경우도 있지만 어쨌든 사람들은 서로의 감정을 전염시키고, 전염되고 모방하게 된다.

그래서 친절한 사람들은 잘 웃고, 또 주변인들에게도 잘 선물하는 특징이 있는 것이다. 즉, 몸과 마음에 도움을 주고, 사람과 사람을 이어주는 접착제와 같은 것이다.

웃지 않는 사람들은 웃을 일이 별로 없기 때문이라고 생각하지만, 사실 대뇌에 있는 표정통제 중추와 감정통제 중추는 연결되어 있어 서로 깊은 영향을 주고받는다고 한다. 그래서 일부러라도 웃는 표정을 지으면 정말 웃을 때와 비슷한 화학반응이 일어나며 결과적으로 기분이 좋아진다.

웃음은 이렇게 표정만 바꾸는 것이 아니라 행동을 바꾸고, 감정을 바꾸며, 생각까지 바꾼다. 아마 친절한 사람들도 처음에는 잘 웃다보니 그들의 표정만 바뀐 것이 아니라 행동까지 바꾸고 그들의 생각까지 바뀌게 된 것일 거라 믿는다.

만일 친절한 사람이 되고 싶다면 먼저 웃는 연습부터 하면 어떨까? 분명 나의 인생이 바뀌게 될 것이다.

웃음에 대한 심리학적 실험

1. 사람들 간의 감정은 전염병처럼 전염된다. 이처럼 어떤 사람의 감정 상태가 다른 사람들에게 전파되는 현상을 '정서적 전염'이라 한다.
2. 표정을 바꾸면 감정 상태가 달라진다는 심리학 이론을 '안면 피드백 이론'이라고 한다.
3. 미국의 한 통계자료에 의하면 고속도로에서 과속단속에 걸린 사람들 중 여성들이 남성들에 비해 훨씬 적게 딱지를 떼인다고 한다. 왜 그럴까? 그것은 일반적으로 단속에 걸리면 남성들은 잘 웃지 않고 못마땅한 표정을 짓는 반면, 여성들은 훨씬 더 미소를 띠고 깊이 뉘우치는 기색을 보이게 된다고 한다.

이것은 무엇일까?

비용이 들지 않지만 많은 것을 준다.
주는 이가 가난하게 되지 않으면서도,
받는 이를 풍요롭게 한다.
잠깐이지만 그에 대한 기억은 때로 영원하다.
아무리 부자라도 이것이 필요 없는 사람은 없고,
아무리 가난해도 이걸 못할 만큼 가난한 사람은 없다.
가정엔 행복을 더하고,
사업엔 촉진제가 되고,
친구 간엔 우정을 돈독하게 만든다.
피곤한 자에겐 휴식이 되고,
좌절한 자에겐 용기를 주면,
슬퍼하는 자에겐 위로가,
번민하는 자에겐 자연의 해독제가 된다.
돈을 주고 살 수도 없으며, 빌릴 수도 없고 훔칠 수도 없다.

– 랍비 S.R. 허시

이것 = 미소

3) 칭찬하는 방법이 다르다

호감가는 사람

심리학자 애론슨과 린다는 미세소타대학교의 여학생 80명에게 남들이 자신에 대해서 이야기하는 것을 엿듣게 했다. 그리고 나서 그 이야기를 한 사람에 대한 호감도를 평가하게 했다.

첫 번째 조건에서는 '지적이고, 말솜씨가 좋으며, 호감이 가는 인상을 갖고 있다'는 말로 계속 칭찬하게 했다.

두 번째 조건에서는 '지적이지 못하고, 말 주변도 없으며, 피상적이다'라는 식으로 처음부터 끝까지 나쁘게 말하도록 했다.

세 번째 조건은 처음에는 부정적인 말들로 시작이 되지만 나중에는 칭찬하는 말로 마무리를 하도록 했다.

네 번째 조건에서는 세 번째 조건과 같은 내용이지만 순서를 바꿔 처음에는 칭찬으로 시작하지만 나중에는 비난으로 끝내게 했다.

실험 결과, 시종일관 칭찬만을 하는 첫 번째 조건의 사람을 가장 좋아할 것이라고 생각했던 것과는 달리, 사람들은 부정적인 평가로 시작해 칭찬으로 끝내는 세 번째 조건의 사람을 가장 좋아했다.

출처: 삼성디스플레이 블로그

얼마 전 출간되어 베스트셀러가 된 서적 중 하나를 많이 알 것이다. '칭찬은 고래도 춤추게 한다'는 이야기이다. 맞다. 칭찬은 말을 못하는 고래를 춤추게 만드는 마력이 있다는 것이다.

친절한 사람들의 비밀 중 세 번째는 다른 사람들에게 칭찬을 잘 한다는 것이다. 그런데, 칭찬을 잘 하는 데서 그치는 것이 아니라 칭찬을 하는 방법이 다르다는 것이다.

위의 실험에서도 알 수 있듯이 상식적으로 생각하면 시종일관 칭찬만 하는 사람을 가장 좋아할 것 같은데 실상은 그렇지 않다는 것이다.

첫째, 좋은 말도 자꾸 듣다 보면 식상하듯이 칭찬도 반복되면 그 효과가 급격히 줄어든다.

둘째, 칭찬만 반복되면 신빙성이 떨어져 그 사람의 말을 신뢰하지 않는다.

셋째, 누굴 만나든 칭찬만 하는 사람에게 듣는 칭찬은 그 사람의 습관에 불과하다고 생각한다.

칭찬으로 시작해 비난으로 끝나는 조건은 최악의 점수를 받았다. 그러나 비난으로 시작해 칭찬으로 끝나는 경우 네 가지 조건 중 최고의 점수를 받았다.

좀 흥미로운 것은 이 두 조건 모두 칭찬과 비난이 함께 했으며, 단지 제시 순서만 바뀌었는데도 전혀 다른 평가가 나왔다. 기껏 칭찬을 하고 끝에 가서 비난을 하는 것은 나무에 올려놓고 흔드는 것과 같고, 좋은 말로 시작했다 불쾌한 말로 끝내는 것은 주었던 물건을 다시 뺏는 것과 같다.

반면, 부정적인 점을 지적하고, 칭찬으로 마무리를 짓는 것은 상처에 치료제를 발라주는 것과 같다. 비판을 하고 난 뒤에는 칭찬으로 마무리를 하는 것이 좋다. 구체적인 근거를 제시하면 신빙성이 더해진다.

기대치 위반 효과

칭찬 뒤에 토를 달면 뿌듯하다가도 갑자기 기분이 나빠진다. 이런 경우, 진심을 담은 칭찬이라 할지라도 듣는 사람은 칭찬의 순수성에 의심을 갖게 된다. 그 이유는 긍정적인 기대를 하고 있을 때 부정적인 행동을 보이면 훨씬 더 기분이 나빠지기 때문이다.

이처럼 어떤 행동이 기대치에 어긋났을 때 더 기분이 나빠지는 것을 '기대치 위반 효과'라고 한다.

친절한 사람들의 공통점 세 번째는 칭찬을 하긴 하되 칭찬하는 방법이 다른 사람들과 좀 다르다고 했는데, 이 칭찬의 방법만 약간만 바꾸어도 칭찬의 효과는 아주 달라진다고 할 수 있다.

그렇다면 어떻게 칭찬을 하는 것일까?

(1) 친절한 사람들은 칭찬을 구체적으로 한다

'잘했어'와 같이 모호한 칭찬 표현보다 '자네의 기획안은 간결하고 설득력이 있어. 특히 여기에서...' 처럼 무엇을 잘했는지 구체적으로 언급해야 효과가 크다.

일반적인 사람들은 자기를 칭찬하는 말을 진실이라고 믿는다. 그러나 누구에게나 들을 수 있는 칭찬은 깊은 인상을 주지 못한다. 누군가를 칭찬할 때 그 사람의 앞에서 하는 것이 아니라 제3자에게 칭찬하는 것이 더 효과적인 경우가 많다.

사람들은 다른 사람을 통해 듣는 칭찬은 칭찬받고 싶은 욕구와 자랑하고 싶은 욕구 두 가지를 모두 충족시켜 그 사람의 얼굴 앞에서 칭찬하는 것보다 몇 배의 효과를 발휘할 수 있다.

(2) 친절한 사람들은 당사자 주변 인물에 대한 칭찬을 한다

즉, 우리 회사를 방문하고 거래하는 회원이나 고객도 칭찬을 하는 것도 좋지만, 회원의 자녀를 칭찬해 준 사람에게는 간이라도 빼주고 싶은 게 부모의 마음이다. 자녀나 배우자 등 가족이나 주변 인물에 대한 칭찬은 생각보다 훨씬 더 효과가 크다고 할 수 있다.

(3) 칭찬은 소유물에 대한 칭찬보다 태도나 재능에 대한 칭찬을 한다

예를 들어, "사장님, 옷이 참 멋지네요"라는 말보다 "감각이 탁월하시군요"라는 표현이 훨씬 세련된 칭찬이다.

(4) 친절한 사람들의 칭찬은 가식적인 칭찬이 아니라 진심에서 나오는 칭찬을 한다는 것이다

영화 〈이보다 더 좋을 순 없다〉의 남자 주인공 잭 니콜슨은 강박증 환자이자 유명한 소설가다. 사랑을 찬미하는 소설을 쓰면서도 아무에게나 심한 독설을 퍼붓기 때문에 아무도 그를 좋아하지 않는다. 오직 그가 즐겨 찾는 레스토랑의 종업원만이 인내심을 갖고 그를 상대해 줄 뿐이다.

그녀의 인내와 친절에 감동한 그는 드디어 그녀에게 구애를 하게 된다. 그리고 그 여자는 자기를 사랑하는 남자로부터 찬사를 듣고 싶어한다. 잭 니콜슨은 여주인공 헬랜 헌트의 장점을 언급하는 직접적인 칭찬을 한마디도 하지 않는다. 다만 잭 니콜슨은 진심으로 그녀 때문에 변화하고 싶은 동기가 생겼다고 솔직하게 전했기 때문이다.

친절한 사람들은 칭찬 하나를 해도 다른 사람들과 다른 방법으로 한다. 하지만 그들의 가장 큰 공통점은 모든 사람, 모든 상황을 진심으로 대한다는 것이다. 그렇지 않으면 사람의 마음은 통하기 때문에 형식적인 칭찬, 가식적인 칭찬은 마음이 전해지기 때문이다.

감동을 주는 칭찬 방법

1. 막연하게 칭찬하지 말고 구체적으로 칭찬한다.
2. 본인도 몰랐던 장점을 찾아 칭찬하라.
3. 공개적으로 하거나 제3자에게 전달하라.
4. 차별화된 방식으로 칭찬하라.
5. 결과뿐 아니라 과정을 칭찬하라.
6. 예상 외의 상황에서 칭찬하라.
7. 다양한 방식으로 칭찬하라.

4) 다른 사람을 배려한다

다른 사람을 배려한다

앞을 못보는 사람이 밤에 물동이를 머리에 이고, 한 손에는 등불을 들고 길을 걸었다. 그와 마주친 사람이 물었다.

"정말 어리석군요. 당신을 앞을 보지도 못하면서 등불은 왜 들고 다닙니까?"

그가 말했다.

"당신이 나와 부딪히지 않게 하려고요. 이 등불을 나를 위한 것이 아니라 당신을 위한 것입니다."

-바바 하리다스-

위 글은 책 '배려' 에 나온 하나의 사례이다.

친절한 사람들의 비밀을 알아보고 있는데, 지금쯤 이런 의문을 하는 분들이 있을 것이다. "뭐야, 별 거 없네" 맞다. 친절한 사람들이 가지고 있는 특징을 보면 거창하고 큰 데 있는 것이 아니라 아주 작은 것에서부터 시작되고, 이렇게 작은 것들로 유지되고 있다.

친절한 사람들의 비밀 중 네 번째는 바로 '다른 사람을 배려한다' 는 데에 있다. 이 작은 배려가 고객이나 회원의 마음을 감동시키는 조그마한 불씨가 되는 것이다.

17세의 여고생을 납치해 40일간 감금했던 40대 남자가 잡혀 일본 전역을 경악하게 만든 사건이 있었다. 그런데 피해 당사자인 여고생은 오히려 납치범에 대해 매우 호의적이었다. 이 사건은 〈여고생 유괴 사육사건〉이라는 제목의 소설로 출간되어 베스트셀러가 되고, 영화로도 상영되어 종전의 히트를 쳤다.

또 1973년, 스톡홀름의 한 은행에서 강도사건이 발생했다. 무장 강도들은 네 명의 인질을 6일 동안 붙잡고 경찰과 대치했다. 인질들은 처음에는 공황상태에 가까운 공포감을 느꼈지만 시간이 지나면서 점차 강도들에게 호감을 갖기 시작했다. 심지어 경찰에서 증언할 때 그들을 동정하고 선처를 요구했다. 한 여성은 인질범 중 한 명과 사랑에 빠져 약혼자에게 파혼을 선언했다. 어떻게 이런 일이 일어날 수 있을까?

인질이 된 상황에서 피해자들은 범인들에 대해 극도의 공포심을 갖게 된다. 그런 위협 상황에서 두려움을 제거하거나 작은 친절을 베푸는 사람이 있으면 쉽게 호감을 느끼게 된다.

■ 스톡홀름 신드롬

이처럼 납치범과 같이 공포의 대상에 대해 두려움이나 분노감을 느끼기보다는 오히려 호감을 느끼는 경우들이 있는데, 이를 '스톡홀름 신드롬'이라고 한다.

위의 예처럼 똑같은 행동도 그 사람에 대한 우리의 기대에 따라 평가가 달라진다. 매일 똑같은 친절을 베푸는 것보다 가끔 예기치 않은 작은 배려, 작은 친절을 베푸는 것이 상대방으로 하여금 기대하지 않은 감동을 주게 된다는 것이다.

따라서 친절한 사람들은 다른 사람들이 같은 상황에서 고객이나 회원들에게 형식적인 응대를 하지 않거나, 또 다른 직원들이 신경을 채 써 주지 못하는 회원들에게 친절을 베푸는 경우가 더 많다는 것이다.

뜻밖의 작은 친절과 배려는 예상 밖의 큰 효과를 발휘한다. 작은 친절을 베풀 때 그들은 여러분을 다르게 생각할 것이다. 친절한 사람들은 가장 가까운 사람들에게 뜻밖의 작은 친절을 베푸는 배려의 습관을 갖고 있다는 것이다.

알렉사 선생님께…

"어떤 교사도 저능아로 낙인 찍힌 나에게 관심을 기울이지 않았다.

그러나 4학년 때, 대학을 갓 졸업하고 담임으로 부임하신 알렉사 선생님은 달랐다. 그녀는 생활기록부 내용을 무시했다.

"넌 잘할 수 있다'고 말하면서 다른 선생님들보다 더 많은 것을 기대하고 요구했다. 나는 선생님을 기쁘게 해 주고 싶었다. 선생님이 기대한 것 이상으로 피나는 노력을 해서 난생 처음으로 전 과목 A학점을 받았다.

중학교에 들어간 나는 IQ를 연구하는 심리학자가 되기로 결심했다. 그리고 예일대학교의 심리학 교수가 되었다. 초등학교 4학년 때 만약 다른 분이 담임으로 왔다면 나는 예일대학교 연구실을 차지한 교수가 아니라, 그 방을 청소하는 사람이 되었을지도 모른다"

이 사람은 오늘날 지능 분야에서 세계 최고의 학자로 인정받고 있는 로버트 스턴버그 박사이다. 그가 쓴 책 '성공 지능'의 첫 문장은 단 한 문장의 내용을 담고 있다.

"내 인생의 방향을 바꾸어주신 알렉사 선생님께 이 책을 바친다"

5) 다른 사람에게 긍정적 자극을 많이 준다

사람은 스킨십 등 몸짓이나 눈짓, 표정, 감정, 언어 등 자신의 반응을 상대에게 알리는 인간의식의 기본단위로서 스트로크(Stroke)를 사용한다. 스트로크는 '자극'이라는 의미인데, 자극에는 긍정적인 자극, 부정적 자극, 무자극이 있는데, 친절한 사람들은 다른 사람에게 긍정적인 자극 즉 긍정적인 스트로크를 주는 공통점이 있다.

우리가 고객이 방문하였을 때 환영하는 말이나 반갑다고 인사를 하는 것, 아빠가 아이에게 "이 멍청한 녀석"하고 꾸짖는 것도 모두 스트로크에 해당한다. 유아기에는 주로 부모나 양육자로부터 받는 접촉이나 애무 등의 신체적 스트로크에 의해, 그리고 성장한 후에는 칭찬이나 승인 등의 정신적 스트로크를 통해 자신의 존재감을 확인한다. 따라서 인간은 생존을 위해 음식물을 먹는 것처럼 스트로크를 먹고 사는 동물이라고 할 수 있다.

■ 스트로크 기아

우리의 일상생활 대부분은 모두 긍정적인 자극을 주기도 혹은 받기도 또한, 부정적인 자극을 주기도 하고 받기도 한다. 그러다 사회 생활, 직장 생활, 가정 생활 속에서 느끼는 심리적인 상실감, 심리적인 허탈감, 심리적인 배고픔을 스트로크 기아라고 한다.

실험-고릴라의 새끼를 세 가지 부류로 분리했다

한 부류는 새끼를 낳자마자 어미를 보지 못하게 분리하였다.

다른 부류는 어미는 볼 수 있으나 만지거나 말을 할 수 없게 분리하였다.

마지막 부류는 어미는 볼 수 없으나, 손으로 감촉을 느낄 수 있도록 분리하였다.

실험 결과, 첫 번째는 일주일만에, 두 번째는 보름 내에, 마지막 부류는 한 달 내에 죽고 말았다는 것이다.

결국 사람만이 아니라 모든 감정을 지닌 동물은 이 스트로크의 긍정적인 자극을 많이 받아야 하는 것을 증명해 주고 있다.

긍정 Storke
애정표현, 칭찬, 인정, 보상, 인사, 친근하게 말을 걸어주는 것

부정 Storke
혼내는 것, 관심을 주지 않는 행동, 때리는 행동

이 스트로크가 친절한 사람들과 무슨 공통점이 있나 하는 생각을 하는 사람이 있을 수 있는데, 친절한 사람들은 이런 긍정적인 스트로크 즉 자극을 다른 사람들에게 많이 하는 특징이 있다.

그렇다면, 스트로크의 여러 가지 예에 대해서 알아보기로 하겠다.

6) 스트로크의 여러 가지 예

신체적 정신적 조건 무조건 상대를 인정하는 것 터치 등 직접적 말 등 간접적 행위나 태도에 대해 상대를 인정하는 것이다.

STOKE	신체적	정신적	조건	무조건
상대를 인정하는 것	터치 등 직접적	말 등 간접적	행위나 태도에 대해	존재나 인격에 대해
긍정적 상대가 쾌감을 느낀다. 긍정적인 느낌 좋은 감정이 쌓임	어깨를 안는다. 손을 잡는다. 악수를 한다. 머리를 쓰다듬는다.	칭찬한다. 말을 듣는다. 용돈을 받는다. 상을 받는다. 보너스를 받는다.	"심부름해 줘서 고마워" "이번에 일을 잘 했다며" "잘한 행동이야"	"자네와 함께 일해서 정말 행복해" "길동아, 너를 좋아해" "대단한 사원이야"
부정적 상대가 불쾌감을 느낀다. 부정적인 감정이 쌓임	친다. 때린다. 꼬집는다. 괴롭힌다.	꾸중한다. 노려본다. 경멸한다. 업신여긴다. 턱으로 가리킨다.	"그 일을 하지 않으면 안 돼" "뭐야, 또 계약이 안 됐다구?"	"이별이군" "이혼하자" "회사를 그만두게"

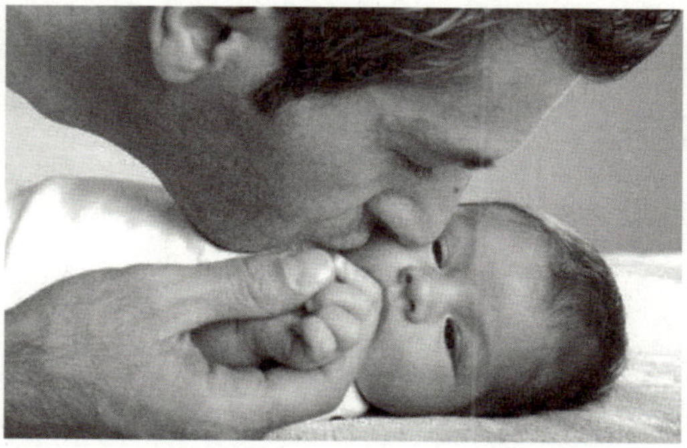

출처 : https://search.naver.com/search.naver

Exercise

1. 사람들이 어떤 값을 추정할 때 초기 값에 근거해 판단하는 것을 무슨 효과라고 하는가?

① 닻 내리기 효과 ② 초두효과
③ 맥락효과 ④ 부정성의 효과

2. 인상형성의 3가지 법칙에 해당되지 않는 법칙은 무엇인가?

① 가산법칙 ② 평균법칙
③ 알파법칙 ④ 가중평균법칙

3. 표정을 바꾸면 감정상태가 달라진다는 심리학 이론은 무엇인가?

① 정서적 전염 ② 안면 피드백 이론
③ 미소 이론 ④ 맥락 효과

4. 칭찬 방법이 아닌 것은?

① 보다 구체적으로 칭찬한다. ② 태도나 재능을 칭찬한다.
③ 형식적으로 칭찬한다. ④ 주변 인물을 칭찬한다.

5. 긍정적 스트로크에 해당되지 않는 것은?

① 쓰다듬어 주는 것 ② 칭찬하는 말
③ 야단이나 꾸중 ④ 보상해 주는 것

정답 1. ① 2. ③ 3. ② 4. ③ 5. ③

Review

1. 좋은 인상을 유지하려면

1) 첫인상은 사진처럼 한 번 박히면 바꾸기가 매우 어렵다는 것을 명심한다.

2) 좋은 행동을 하기보다 나쁜 행동을 하지 않으려 애쓴다.

3) 한 번 나쁜 인상을 주었다면 몇 배의 좋은 행동을 보여준다.

2. 일본인들에게 가장 존경받는 인물은 풍신수길이다.

그는 일찍이 장수 오다 노부나가의 신발을 지키는 신발지기였다. 하지만 추운 날 다른 당번들이 내오는 신발은 차가웠으나, 풍신수길이 당번인 날은 항상 신발이 따뜻했다고 한다. 알고 보니 풍신수길은 항상 신발을 품 안에 소중히 넣고 무슨 보물단지처럼 감싸고 있었던 것이다.

신발을 지키는 것만큼은 천하제일이 되겠다는 굳은 의지였다. 이를 보고 감동한 장군은 풍신수길을 진급시켜 마침내 그의 뒤를 잇게 했다고 한다.

이렇게 다른 사람을 배려하는 사람은 큰 것에서 사람의 마음을 움직이는 것이 아니라, 아주 작고 소중한 것에서부터 시작되는 것을 알도록 한다.

제 12장

최고의 고객 만들기

Quiz

문제 1 서비스 최고 기업의 공통적인 특징이 아닌 것은?

① 고객이라는 한 사람을 섬기는 기업이다.
② 고객이 필요로 하는 것을 만족시킨다.
③ 고객 서비스의 핵심이 있다.
④ 기업의 니즈를 정확하게 파악한다.

(정답 4) 기업의 니즈보다는 고객의 니즈를 세분화하고 정확하게 파악하는 것이 더욱 중요하다.

문제 2 고객의 기대형성에 관련이 없는 것은?

① 과거의 경험
② 고객이 지불한 비용
③ 기업의 서비스 프로세스
④ 서비스를 제공하는 사람의 커뮤니케이션

(정답 3) 기업의 서비스 프로세스는 해당사항이 없다.

학습목표

1. 최고의 고객을 만들기 위해 고객을 섬기는 기업의 특징을 알아본다.
2. 고객에게 관심을 집중시키는 방법을 알 수 있다.
3. 고객 사슬의 의미와 고객사슬의 관계를 고객에게 연결시키는 방법을 알아본다.
4. 최고의 고객을 만들기 위해서는 기업이 서비스에 핵심을 두어야 한다.
5. 고객 서비스 10계명에 대해 알아본다.

나의 체크리스트

1. 나는 고객을 섬기는 마음으로 일하고자 노력한다.
2. 나는 항상 회사를 방문하는 회원의 관심을 집중시키기 위해 노력을 하고 있는가?
3. 고객들은 공통적으로 원하는 서비스도 있지만, 본인만의 특별한 서비스가 있으며 이것이 충족되어야지만 최고의 서비스를 받고 있다고 나는 생각한다.
4. 나는 고객서비스에 대한 나름대로의 규칙을 정해놓고 있다.
5. 나는 고객 사슬의 의미가 무엇인지 알고 있으며, 나름대로의 고객 사슬을 만들 수 있다.

1 최고의 서비스

지금까지 우리는 서비스에 대한 기본 이해부터 어떻게 하면 좀 더 효과적인 서비스를 고객에게 제공할 것인가에 대해 알아보았다. 참으로 해야 할 일도, 넘어야 할 산도 많은 듯해서 공부를 하는 여러분들도 도대체 어디까지 해야만 하는가 고민도 될 것이다.

서비스를 처음 공부하고 배울 때는 서비스에 대한 이론만 알면 되는 줄 알았다.

그러나 하면 할수록 더욱 힘든 것이 바로 이 서비스임을 깨닫게 된다. 왜? 그건 바로 우리가 만나는 고객이 본인 자신이 최고라는 생각이 들게끔 만들어 주어야 되기 때문이다.

많은 서비스의 학자들은 '최고의 서비스'가 특별한 철학과 윤리에서 비롯되며 독특한 전략과 구조, 시스템, 방식, 과정, 사람을 필요로 한다고 이야기하고 있다. 또한 서비스 제공자가 자신의 이익만을 추구하는 잘못된 서비스 윤리는 모든 이해 당사자들의 이익을 추구하는 즉 서로 이기는 서비스 윤리로 대체되어야 한다는 것도 역설하고 있다.

훌륭한 서비스를 자랑하는 회사들은 독특한 경영 방식을 갖고 있다. 이러한 독특함은 처음 그 회사와 접촉하는 바로 그 순간부터 혁신이 이루어지고 있는 것에서 차별성을 느끼게 된다. 무엇보다 서비스를 제공하는 제공자와 고객 사이에 공감과 존중이 있을 때 서비스는 큰 성과를 이룰 수 있다.

가장 훌륭한 서비스 제공자는 고객을 사물이 아닌 사람으로 대하는 지혜를 지니고 있다. 그리고 그들은 진심으로 고객을 걱정하는 '단순한 언어'로서 가장 훌륭한 서비스를 제공한다.

여기에서 말하는 언어는 고객의 입장에서 보게 되는 가치와 속도, 품질, 쉬운 사용법, 구매의 편의성, 제품에 대해 책임지는 자세 등을 뜻한다.

이번 장에서는 지금까지 우리가 배운 것들을 서비스를 잘 하는 기업들이 어떻게 활용하여 최고의 고객으로 만들고 있는 지에 대해 알아보기로 한다.

2 최고의 고객 만들기

1) 한 사람을 섬겨라

최고의 고객을 만들기 위한 첫 번째는 한 사람을 섬기는 것이다. '섬기는 리더십' 은 우리를 필요로 하는 사람에게 최선을 다하는 것으로 이는 고객 서비스의 핵심이다.

사례 스티븐 코비

스티븐 코비는 자신의 저서에서 이런 일화를 이야기하고 있다.

내가 대학에서 강의할 때의 일이다. 수업을 들은 550명의 학생 중 하나가 한 학기의 마지막 수업을 마치고 나를 찾아와 수업 내용에 대한 감사의 말을 전했다. "코비 교수님, 저는 이 분야에서 교수님의 탁월한 업적과 지식을 존경합니다. 하지만 교수님은 아직 제 이름조차 모르시죠" 그의 말을 듣고 많은 반성을 했다.

사실 나는 교육 내용이 중요하다고 생각했지, 그 사람에 대한 존중과 배려가 중요하다고 생각지는 않았기 때문이다.

우리의 고객들도 다를 바 없다. 그들은 자신의 이름을 불러 주기 원한다. 자신에게 진심으로 관심을 가져 주는 회사를 원한다. 따라서 고객의 이러한 요구를 충족시키는지의 여부에 따라 거래가 성사되기도 하고 결렬되기도 한다. 이처럼 인간관계에서는 사소하게 보이는 것이 가장 중요한 요소이다.

(1) 한 사람을 섬겨야 하는 이유

'다수의 핵심은 개인' 이라는 원칙이 왜 중요할까? 이런 원칙이 어떻게 사람의 마음을 열 수 있을까? 그 이유는 마음속의 욕구가 인정되고 충족되기 때문이다. 우리가 고객의 존재를 인정하고 그들에게 다가가려고 노력하는 것은 무언의 표시이다.

한 사람에게 관심을 집중한다는 말은 사물이 아닌 사람에게, 일정이 아닌 관계에, 능력이 아닌 효율에, 자원 관리가 아닌 사람 관리에 집중한다는 뜻이다. 이렇게 서로 섬기는 분위기에서 일의 능률은 오르게 되어 있다.

(2) 고객 한 사람에게 관심을 집중하기 위한 3가지 방법

■ **3가지 방법**

❶ 다른 사람의 이야기를 경청하는 사람, 남을 배려하는 태도나 성향을 가진 사람을 고용하도록 한다.
❷ 개인이 주도적인 사람이 아니라 팀 의견을 존중하고, 남을 무시하거나 깔보는 사람이 없도록 한다. 일은 열심히 하되 관계를 중심으로 일하도록 훈련시킨다.
❸ 모든 직원이 서로 섬기는 마음을 갖도록 문화를 정착시키도록 한다.

2) 고객의 필요를 만족시켜라

단순한 차원의 고객 서비스만으로 이제 더 이상 충분하지 않다. 우리는 포괄적인 고객 지원 전략으로 고객에게 놀랄 만한 감동을 주어야 한다. 즉, '필요를 찾아 만족시키라"는 가장 기본적인 원칙으로, 고객이 필요로 하는 부분을 찾아 만족시키는 것은 역동적인 미래에 경쟁의 우위를 차지할 수 있는 비결이 된다.

그러기 위해서는 조직의 전략적 핵심을 모든 고객으로 확장시켜야 한다. 그리고 모든 직원들이 최종 고객으로 이어지는 '고객 사슬'에 연결되어 있다는 것을 분명하게 인식시켜야 한다. 모든 직원과 고객을 연결시키면 고객의 필요를 만족시키는 과정에서 가치가 부가되는 이점이 생기지만, 그렇지 않으면 직원들은 고객의 필요를 만족시키는 일과 단순히 업무를 수행하는 것을 혼동하기 쉽다.

(1) 고객 사슬을 연결하라

오늘날에도 '명령사슬'이라는 옛 체계가 여전히 유지되고 있다. 관료주의에 물든 옛 체제에서는 리더가 직원들에게 충성을 기대하면 되지만, 업무의 초점은 조직의 내부로 향한다. 그렇게 되면 진정한 고객은 멀어지고, 직장 상사만을 섬기고 경쟁자를 적으로 여기는 분위기가 형성된다.

서비스가 중심이 되어야만 동료를 도와 고객을 섬기고 만족시키는 일에 힘을 집중시킬 수 있다. 그리고 이것은 리더가 이기주의를 배제하고 서비스를 중요하게 여길 때만 가능하다. 이로 인해 상호의존적인 역할을 가진 조직 구성원들이 서로 협력하여 자신의 제품과 서비스를 최종 고객에게 한층 가까이 접근시키는 '고객사슬' 이라는 개념이 생겨난다.

고객사슬은 초점이 분명하고 일관성이 있으며, 상호의존적으로 연결되어 있는 조직 구성원 사이에 교류가 가능하게 된다. 또한 고객 사슬 안에서는 우리는 고객에게만 관심을 집중하면 된다.

보상보다는 서비스에 관심을 기울일 때 더 나은 서비스를 창출할 수 있고 예기치 못한 보상의 기쁨을 누릴 수 있다. 그렇다면 고객 사슬을 순조롭게 고객으로 연결시키려면 다음의 4단계를 거쳐야 한다.

1단계 정확한 고객을 파악하도록 한다.
2단계 모든 업무에 '고객' 이라는 용어를 사용한다.
3단계 고객의 입장에서 생각한다.
4단계 고객의 필요를 연구하고 예측한다.

(2) 고객의 필요를 우선시하는 것이 필요하다

"고객의 필요를 우선시한다는 말' 은 단순히 고객을 우선시한다는 것을 의미한다는 것이 아니다. 고객을 우선시한다는 말은 고객에 대한 맹목적인 복종을 말한다.

"고객은 항상 옳다"라는 격언도 있지만, 고객이 항상 옳지는 않다. 때로 고객은 실제로 자신에게 필요한 것조차 알지 못한다. 예를 들어, 우리 대부분은 새로운 차를 구입할 때 판매원에게, "2000만 원 이하의 차를 구입하고 싶습니다"하고 말하고는 결국 2300만 원짜리 차를 사서 집으로 돌아간다. 결국 궁극적으로 필요한 부분은 저렴한 가격이 아니라 높은 가치인 셈이다.

이처럼 고객들은 항상 옳지만은 않지만 언제나 정확하다. 고객을 섬길 때 고객은 우리에게 내면의 필요를 보여 줄 것이고, 우리는 가능한 해결책을 찾을 수 있다.

고객의 요구를 우선시하기 위해 먼저 다음의 준비 단계를 살펴보자.

■준비단계 1

고객이 진정으로 원하는 것을 인식한다.

■준비단계 2

고객이 필요로 하는 것은 기본적으로 다음 4가지 방법으로 파악할 수 있다.

첫째, 고객이 필요로 하는 것을 직접 말한다.
둘째, 우리가 고객이 필요로 하는 것을 직접 관찰한다.
셋째, 고객이 필요로 하는 것을 물어본다.
넷째, 고객이 필요로 하는 것을 직관적으로 감지한다.

3) 서비스의 핵심으로 가까이

서비스의 질은 섬기는 사람에 대한 우리의 시각과 느낌에 따라 달라진다. 서비스를 제공하는 기업과 직원이 가장 중요하게 여겨야 할 문제는 "어떻게 해야 고객을 위한 최선의 서비스가 가능한 것인가?"하는 문제다. 진정한 서비스는 훌륭한 품성을 필요로 한다.

다시 말하면 우리가 만나고 협력하는 모든 사람을 중요한 필요와 목표, 관심을 가지고 있는 유일무이한 인간으로 보는 훌륭한 품성을 필요로 한다.

훌륭한 서비스는 이러한 비전을 가지고 시작하고, 그 가치관을 행동으로 옮겨 우리가 대접받고자 하는 대로 타인을 대접함으로써 마무리한다.

빈약한 서비스는 종종 다른 사람의 인격을 무시하기 때문에 나타난다. 특히 빡빡한 일정에 허덕이거나 많은 사람들을 대해야 할 때, 또는 고객을 효율적으로 사용해야 할 하나의 도구로 여길 때 빠지기 쉬운 함정이다.

그러므로 사람에게는 능률을 기대하고, 사물을 통해서는 효율을 기대하는 것이 중요하다. 사람에게 효율의 초점을 맞추면 많은 서비스 기회를 상실하게 되기 때문이다.

(1) 서비스의 2가지 수준

유태인 철학자 마틴 부버는 우리가 타인과 맺을 수 있는 2가지 수준의 관계에 대해 이야기를 했다. 그 중 '나-그것' 은 나와 사물의 관계를, '나-너' 는 좀 더 친밀한 인간관계를 말한다.

나는 여기에 중간 단계로 '나-당신' 을 넣고 이러한 3단계가 다른 사람을 보고 대하는 우리의 태도와 연결된다고 본다. 우리가 다른 사람을 인식하는 태도에 따라 그들과 관계를 맺는 방식이 좌우된다고 보는 것이다.

나-그것

직원이 고객을 사물로 인식한다면 자기중심적인 성향이 강하다. 나는 타인을 자원이나 밟고 건너는 디딤돌로 생각한다. 나는 물건처럼 꼬리표를 붙이거나 욕을 하면서 사람을 대한다. 나에게 사람은 물건이나 다름없다. 이러한 피상적인 관계는 친분이나 헌신, 희생이 전혀 필요치 않다. 모든 것이 항상 나와 내 목적에 집중되어 있다. 물론 나-그것 관계는 단기적인 협상과 경쟁에서 유용할 수 있지만 '장기적인 만족' 이라는 목적에는 적합하지 않다.

나-당신

우리의 관계는 대부분 나-당신 관계다. 이 단계의 커뮤니케이션은 자발적이며 공손하고 친절하다. 타인에 대한 우리의 태도는 진실되며, 누가 보든 보지 않든 변함이 없다. 또한 우리의 행위는 성실과 헌신, 인정에 따른다.

(2) 양질의 서비스를 위한 가치

양질의 서비스는 긍정적이고 깊이 있는 인간적 가치를 필요로 한다. 때로 우리의 서비스가 부족할 수도 있지만 다행히도 우리가 진정으로 섬기면 고객을 더욱 만족시킬 수 있다. 까다로운 고객도 마찬가지이다.

양질의 서비스를 위한 가치

- 현재 만나는 사람부터 당장 시작하라.
- 우리가 맺고 있는 관계의 수준을 자각하라.
- 여러분의 주된 원칙을 정확히 파악하는 것이 있다.
- 개인이나 조직은 원칙에 따라 행동한다.

4) 고객 서비스 10계명

노드스트롬과 아메리칸 익스프레스, 월트 디즈니, 맥도날드, 패더럴 익스프레스, IBM의 공통점은 무엇인가? 그것은 바로 고객을 만족시키면 그만한 보상이 돌아온다는 사실이다.

이제는 서비스 시대가 왔다.

미국 GNP의 1/3은 서비스 관련 사업에서 나온다. 시장 포화, 지구촌 경쟁, 비슷한 가격, 차이가 없는 품질, 이런 상황에서 발 빠른 회사는 자신과 경쟁사와의 차별을 도모하고 있다. 그러나 고객의 눈과 기대하는 서비스의 수준은 점점 높아졌고, 노력은 예전처럼 쉽게 나타나지 않는다.

고객은 기대에 미치지 않는 것은 받아들이지 않으려 한다.

포럼 코퍼레이션 조사에 의하면 고객의 80%가 어떤 기업의 제품에 만족했다면 그 중 60%가 그 제품을 다시 구매한다고 한다.

고객만족에 있어 가격이나 품질보다는 오히려 고객 서비스가 결정적 요인으로 작용할 경우가 많다. 따라서 회사들은 그들의 경쟁을 유지하기 위해 고객들에게 양질의 제품과 특별한 서비스를 모두 제공해야 한다. 훌륭한 서비스를 제공하는 회사들에게는 훌륭한 고객 서비스에 관한 수준 높은 이론이 있다.

그들은 아래와 같은 뛰어난 고객 서비스의 10계명을 지키고 있다.

고객 10계명

1. 기업의 모든 구성원은 고객을 위해 일하고, 기업은 고객과 가장 가까운 직원을 지원해야 한다.
2. 기업의 모든 구성원이 최고 수준의 고객만족을 제공하게 만들어라.
3. 모든 고객과 직원에게 손님의 질문에 응답하고 도움을 주며 도움을 주며 불만족한 사람을 다루는 방법에 대해 가르친다.
4. 고객과 대화를 나누고, 고객을 조사하며, 고객의 소리를 들어라. 그리고 신속한 반응을 했는지, 실수가 없는 거래와 고객 만족이 이루어졌는지 조사하라.
5. 새로운 서비스 목표를 설정하고 고객에게 기대 이상의 것을 제공할 방법을 모색하는 일에 직원을 참여시키도록 하라.
6. 직원에게 고객의 문제와 염려를 해결하고 서비스 개선을 열 수 있는 권한을 위임하라.
7. 각 직원에게 현재의 서비스 수준에 관한 피드백을 자주 해 준다.
8. 내부 고객에게 관심을 가져야 한다.

9. 서비스에 대한 고객의 인지도를 개선하려면 아주 작은 기회도 간과하지 말아야 한다. 훌륭한 고객 서비스는 고객의 눈으로 볼 때 관심과 염려로 돕고자 하는 태도를 하는 서비스이다.
10. 뛰어난 직원을 인정하라. 전 직원과 좋은 결과를 공유하는 것이 좋다.

5) 선택된 고객, 선택적 서비스

얼마 전 포춘 지에 이런 기사가 실린 적이 있다.

사례 기업의 성공

어떤 기업이든 성공하기 위해서는 '선택'과 '집중'을 잘해야 한다.

지금은 기업이 파산되었지만, GM은 파산될 수밖에 없다는 이유를 이야기하고 있다. 그 동안 GM은 좀 더 큰 차를 만들기 위해 노력했다고 한다.

하지만, 지금 미국 자동차 시장에서 1위를 달리고 있는 자동차 회사는 바로 일본의 도요타이다. 일본의 도요타는 미국 시장에서 20년을 연구한 것이 바로 '연비'를 절약하는 차를 만드는 것이었다.

도요타는 앞으로 고객이 차를 선택하는 기준은 '연비'일 것이라고 생각해 연비를 줄이는 차를 생산하기 위해 많은 노력을 했고, 지금 고객은 당당히 도요타의 선택이 옳았음을 보여주고 있다.

즉, 기업이 중요한 성패의 요인은 자신의 고객이 미래에 어떤 선택을 할 것인가를 미리 알고, 연구하며, 그것에 집중해야 한다는 것이다.

거기에 장기적인 성공을 위해서는 우수한 고객 서비스가 필수이다. 그런데 회사가 상품과 고객의 조건에서 자신의 능력과 한계, 모든 시장 기회를 제대로 인식하지 못하면 서비스와 수익의 수준은 모두 낮아진다. 그러므로 경영자는 어떠한 시장과 고객에게 서비스를 제공할 것인지 제대로 선택해야 한다.

6) 탁월한 서비스를 제공하라

'뛰어난 서비스' 하면 가장 먼저 생각나는 기업들이 있다. 물론 뛰어나고 지속적인 서비스가 없어도 최고 품질의 제품만 있으면 사업을 이끌어 나갈 수 있다. 하지만, 하루가 다르게 새로운 상품이 개발되고 있는 오늘날, 선두에 있는 기업과 뒷전으로 밀리고 있는 기업의 차이는 바로 '서비스' 라고 말할 수 있다.

미국의 아주 유명한 여론 조사 전문가 J.D 파워에 의하면, 자동차의 품질 수준이 너무 높아져 이제 고물 자동차는 찾아보기 어려워졌다고 한다. 또한 파워는 "결점이 거의 없는 좋은 품질의 자동차는 이제 경쟁우위가 아니라 자동차 시장으로 뛰어들기 위한 필수 조건이 되었다."라고 말했다. 맞다. 이제 좋은 품질은 필수 조건이고, 기업이 장기간 최고의 자리를 차지할 수 있는 비결은 오직 '고객 서비스' 뿐이다.

7) 고객 중심의 경영

성공하는 많은 기업들의 공통적인 특징 중 하나는 바로 고객 중심의 경영을 한다는 것이다.

다음은 4가지 공통점이다.

(1) 고객 중심의 비전을 가진다

비전은 그 기업의 모든 구성원들에게 방향을 제시해 준다는 점에서 아주 중요하다. 이것은 부서와 업무팀, 개인을 미래의 목표를 향해 이끄는 상징이 된다. 따라서 기업에서 가장 중요한 것 중 하나는 고객 중심의 비전을 가진다는 것은 매우 중요한 의미를 둔다.

(2) 비전을 지원한다

고객 중심의 비전이 확실해지면 기업의 경영진은 후원자가 되어 적극적이고 철저하게 지원해야 한다. 단순한 의사 표시나 수동적인 지원은 소용이 없다. 그렇다면 어떻게 지원을 해야 하는가?

- 품질과 관련된 요직에 유능한 경영자와 관리자를 배치한다.
- 품질과 서비스의 성과를 축하하는 행사를 직접 주관하도록 한다.
- 고객 중심의 품질 환경을 만들기 위한 교육 프로그램을 몸소 참관하거나 교육한다.

(3) 저항을 없앤다

고객 위주로 만들기 위한 노력을 하려면 기업은 철저하게 변화를 해야 한다. 그런데 이러한 변화는 쉽지 않다. 분명 저항이 따른다. 따라서 가장 중요한 일 중 하나는 변화하는 조직원에게는 보상을 하고 그렇지 않은 이에게는 그에 따른 책임을 지게 해서 저항을 없애는 일이다.

(4) 고객 중심의 책임감과 관심을 가진다

오늘날 회사의 경영자들은 '이제 시장은 말로 통하지 않는다. 시장이 믿는 것은 행동뿐이다. 왜냐하면 그것은 당장 가시적으로 드러나기 때문이다. 더 이상 아무도 설명하지 않는다. 때문에 우리는 행동으로 옮겨야 한다.

완전한 고객 중심의 회사로 바꾸기 위해서는 책임감과 관심을 가지고 꾸준히 참여하는 지도력이 필요하다. 또한 변화를 창출하기 위해서는 경영자는 변화를 통해 얻고자 하는 결과를 몸소 보여 주어야 한다.

8) 고객의 기대를 읽고 관리에 힘써라

최고의 고객을 기업이 만들기 위해 필요한 것 중 하나는 서비스의 품질을 최고로 만드는 것이다. 서비스의 품질은 '서비스에 대한 고객의 기대와 고객들이 서비스를 받고 나서 그 서비스에 대해 느끼는 수준과의 차이' 로 결정된다.

그렇다면, 서비스를 제공하는 제공자는 서비스 결정 요소 중의 하나인 '고객의 기대를 어떻게 관리할 수 있을까?' 라는 숙제가 남는다. 그 방법 중 하나가 고객을 위해 열심히 땀을 흘린 노력을 표현하는 일이다.

Exercise

1. 고객에게 집중적인 관심을 가지기 위한 방법을 설명한 것이 아닌 것은?

① 다른 사람을 잘 배려하는 사람을 직원으로 고용하도록 한다.
② 개인보다는 팀의 의견을 존중하는 팀원을 고용하도록 한다.
③ 모든 직원이 서로 섬기는 마음을 갖는 조직 문화를 정착시킨다.
④ 일만 열심히 하는 직원을 고용한다.

2. 고객사슬에 대한 설명으로 잘못된 것은?

① 고객사슬을 잘 진행시키기 위해서는 정확한 고객을 파악해야 한다.
② 고객의 입장보다는 기업의 입장을 먼저 파악해 봐야 한다.
③ 고객의 필요를 연구하고 예측해야 한다.
④ 제품과 서비스를 최종 고객에게 가까이 접근시켜야 한다.

3. 고객의 요구를 우선시하기 위한 준비 단계를 위한 4가지 방법이 아닌 것은?

① 고객이 필요로 하는 것은 직접 말한다.
② 고객이 필요로 하는 것에 직접 관찰한다.
③ 기업이 필요로 하는 것을 관찰한다.
④ 고객이 필요로 하는 것을 관찰한다.

4. 고객에게 양질의 서비스를 제공하기 위한 방법으로 아닌 것은?

① 과거에 만났던 고객의 특징을 잘 살펴보도록 한다.
② 현재 고객의 관계의 수준을 정확하게 파악한다.
③ 고객에게 하는 서비스의 주된 원칙을 정확하게 파악한다.
④ 서비스 직원과 조직은 서비스 기업의 원칙에 따라 행동한다.

5. 고객 중심의 경영에 관련된 공통점이 아닌 것은?

① 고객 중심의 비전을 가진다.
② 경영자는 비전을 지원한다.
③ 저항하는 직원을 없애도록 한다.
④ 기업 중심의 확고한 비전을 가지도록 한다.

정답 1. ④ 2. ② 3. ③ 4. ① 5. ④

Review

1. 기업이 최고의 고객을 만드는 여러 가지 방법이 있지만, 고객의 새로운 니즈를 분석하고 고객의 반응을 끊임없이 살펴야 하는 것도 간과할 수 없다.
   고객은 자신들이 기대하는 것 이상의 서비스를 받고자 한다. 항상 최고라는 말을 듣기 위해서는 다른 기업들보다 더 많이 뛰고, 고객에 대해 생각하고, 고민해야 하는 것을 잊지 말아야 할 것이다.

2. 최고의 고객이라고 고객이 여기게 하기 위해서는 기업이 감수를 해야 하는 것도 있다. 고객이 항상 맞는 것이 아니라고 말해서는 안 된다. 고객의 관점에서는 고객이 항상 맞다.

3. 한 번 고객이 최고의 서비스 기업이라고 인정을 했다고, 이것이 평생일 것이라는 생각은 그 기업을 당장 몰락으로 이끈다.

4. 이미 얻은 성과에 만족하지 말라. 경쟁은 움직인다. 고객은 요구한다.

5. 서비스의 정확한 측정을 할 수 없다면 고객을 관리할 수 없다는 것을 명심해야 한다.

제 13장

기업을 성공으로 이끄는 서비스 법칙

Quiz

문제 1 고객이 기업을 떠나는 이유가 아닌 것은?

① 상품 가치에 대한 불확실
② 다른 타인들이 거래하고 있는 기업의 호기심
③ 나쁘지도 않았지만 썩 좋지도 않았다.
④ 인정받지 못해서

(정답 4) 인정받지 못해 기업이 떠나는 이유도 있지만, 더욱 중요한 것은 다른 3가지의 이유이다.

문제 2 내부고객과 외부고객에 대한 설명 중 다른 것은?

① 내부고객은 나를 중심으로 가치를 생산하고 제공하는 모든 직원이다.
② 내부고객은 우리 팀의 직원들에 국한된다.
③ 외부고객은 제품이나 서비스를 제공받는 가치구매에 대한 고객을 말한다.
④ 외부고객은 내부고객이 아니면서 우리 기업을 직접 이용해 주시는 모든 분을 말한다.

(정답 2) 우리 팀의 직원들에 국한되는 것은 아니다.

학습목표

1. 기업이 성공으로 가기 위해서 필요한 여러 가지 요건 중 서비스에 대해 좀 더 관심을 가져야 할 것이 무엇인지에 대해 학습해 본다.
2. 기업의 성공 서비스 법칙 제1은 장사를 하지 말고, 사람을 남기라는 것이다. 고객을 감동으로 이끄는 서비스 법칙이 무엇인지에 대해 알아본다.
3. 고객 가치(Customer Value)에 대해 알아보고, 진정한 고객 가치가 무엇인지에 대해 알아본다.
4. 서비스 핵심 인재의 필요성과 조건에 대해 학습해 본다.
5. 고객의 개념 중 내부 고객과 외부 고객의 개념에 대해 알아본다.
6. 고객 로열티 구축에 대한 방법과 개념에 대해 학습해 본다.

나의 체크리스트

1. 나의 목표 고객은 누구인가? 혹은 목표 고객을 가지고 있는가?
2. 나는 항상 회사를 방문하는 회원의 고객 가치에 대해 생각해보고, 최고의 고객 가치를 느끼게 하기 위해 노력한다.
3. 나는 우리 회사에 있어 꼭 필요한 서비스 핵심 요원인가?
4. 나는 내부고객과 외부고객의 정의를 정확하게 나눌 수 있다.
5. 나는 한 번 맺은 고객은 평생 우리 회사를 오게 할 수 있는 고객 로열티 방법 중 하나는 자신 있게 말할 수 있다.

1 고객의 가치

고객만족(CS) 전문가인 닐 마틴에 의하면, 만족한다고 대답한 고객 중 많아야 8% 정도가 실제로 재구매를 한다고 한다. 거꾸로 불만족한 고객이라고 해서 그 브랜드의 구매를 기피하지도 않는다고 한다. 고객이 마일리지가 쌓여 있다면 다른 카드 회사로 쉽게 옮겨가지 않는 것을 보면 알 수 있다.

이제는 고객 만족(CS)에서 고객습관화(CH : Customer Habituation)에 관심을 가져야 한다. 두뇌가 정보를 처리할 때 많은 에너지가 소모되는데 되도록 그 에너지를 절약하려고 한다. 이를 '인지적 구두쇠' 라고 한다.

사람들은 제품을 구매할 때도 그 제품을 새로이 평가하는 것이 아니라 늘 하던 대로, 즉 습관에 따라 구매한다는 결과도 있다. 즉 언젠가 한 번은 의식적으로 의사결정을 하겠지만, 그 다음부터는 무의식적으로 습관에 따라 구매하는 것이 더 편리한 행동방식인 것이다. 그래서 새로운 습관을 형성시키고, 이를 유지시킬 장치를 마련하는 것이 더욱 중요하다. 마일리지가 그 대표적인 것이라 하겠다.

좋은 디자인도 습관화에 한 몫 한다.

애플의 아이팟이 대표적인 사례라고 하겠다. 크지도 않은 MP3시장에서 이미 선두주자들이 치열한 경쟁을 벌이고 있었다. 아이팟은 앞선 경쟁사의 제품보다 비쌌고 저장 용량은 적었지만, 디자인의 승리였다.

아이팟의 기발한 디자인은 새로운 습관을 숙달시키는 데 결정적인 역할을 하였다. '클릭 휠' 이라는 천재적인 사용법을 채택함으로써 별도의 사용 설명이나 연습 없이도 사용법을 쉽게 익힐 수 있었으며, 그렇게 직관적인 사용법으로 인하여 아이팟의 폭발적인 시장 창출을 가능하게 만들었다.

이렇듯 최근 많은 기업들은 기존의 습관을 파괴하고 있으며, 그들 나름의 성공철학을 만들어 최선의 노력을 하고 있음을 알 수 있다.

이번 장에서는 기업들이 성공적인 서비스 결과를 창출하기 위해서 가져야 하는 '성공 서비스 법칙' 에 대해 알아보기로 하겠다.

사례 스타벅스

스타벅스의 성공요인 중 하나는 좋은 원두와 감성적 접근 때문이라는 분석도 있다. 그렇지만, "편의성을 통한 습관의 형성"이 성공의 핵심 요소라고 할 수 있다.

스타벅스는 강남역 4거리에만도 5개 매장이 있는데, 고객이 길을 건너는 불편을 감소시켜 쉽게 방문할 수 있도록 접근성을 높였다고 한다. 그 결과 찾기 쉽고 접근하기 쉬운 스타벅스 매장에 길들여진 사람들은 습관적으로 스타벅스 매장을 가게 된다. 심지어 하루라도 거르면 마음이 불편해지는 중독성도 생기게 된 것이다. 이는 프랜차이즈 매장들이 서로 가까이 위치시키지 않는다는 통념을 깸으로써 성공한 사례라고 할 수 있다.

고객들의 습관

고객들이 습관에 의해 구매를 결정하는 것을 '오메가 룰'이라고 한다. 또한 습관에 도전하여 의식적인 평가를 하게 되는 순간을 '델타 모멘트'라고 부른다.

2 기업을 성공으로 이끄는 서비스 법칙

1) 이문을 남기지 말고 사람을 남겨라

사례 고객감동

다시 12월 31일을 맞이했다.

지난해 이상으로 몹시 바쁜 하루를 끝내고 10시를 막 넘긴 참이어서 가게를 닫으려고 할 때 드르륵 하고 문이 열리더니 두 사내아이를 데리고 한 여자가 들어왔다.

여주인은 여자가 입고 있는 체크무늬 반코트를 보고, 1년 전 섣달 그믐날의 마지막 손님들임을 알아보았다.

"저…, 우동… 1인분입니다만 괜찮을까요?"

"물론입니다. 이쪽으로 오세요"

여주인은 작년과 같은 2번 테이블로 안내하면서,

"우동 1인분!"하고 커다랗게 소리쳤다.

"네엣! 우동 1인분!"이라고 주인은 대답하면서 막 꺼버린 화덕에 불을 붙인다.
"저, 여보, 서비스로 3인분 내줍시다"
조용히 귀엣말을 하는 여주인에게
"안 돼요. 그러면 도리어 저분들의 마음을 상하게 될지도 몰라요"라고 말하면서 주인은 둥근 우동 한 덩이 반을 삶는다.
20년 전쯤 일본 국회 예산심의 회의실에서 어느 의원이 낭독해서 국회의원들의 눈물샘을 자극했다는 〈우동 한 그릇〉에 나오는 이야기이다.

고객에게 잔잔한 감동을 주는 주인은 진정한 서비스의 '맛'을 알고 있는 사람이다. 고객인 아주머니는 주인의 사람을 배려하는 마음에 '감동'을 느꼈을 것이고, 이 가게 앞을 지날 때마다 진한 감동을 받을 것이다.

〈상도〉라는 책을 보면 조선 시대 거상 임상옥의 장사 철학이 나온다.

"장사는 이문을 남기는 것이 아니라 사람을 남기는 것이다"

바로 이것이 진정한 서비스요, 고객 감동이 아닐까 한다.

지금 약간 손해를 보는 듯하지만, 결국은 그 사람이 사람을 낳고 그러한 잔잔한 감동이 기업을 성공으로 이끄는 서비스 철학이 되는 것이다. 왜냐하면, 결국 기업을 이용하는 것도, 거래하는 것도 바로 사람이기 때문이다.

2) 서비스를 통한 고객 가치를 창출하라

사례 화룡점정의

〈수형기〉에 나오는 남종의 양나라 사람 장승요는 관계에서는 우군 장군과 오흥태수 등을 역임한 사람이지만, 일반적으로는 화가로 더 알려져 있다.

그는 언젠가 벽에다 울창한 숲을 그렸더니, 이튿날 많은 새들이 날아들다가 벽에 부딪혀 죽었다고 한다.

장승요의 화룡점정 이야기는 매우 유명하다.

그는 언젠가 도읍인 남경에 있는 안락사 벽에다 네 마리의 용을 그렸는데, 눈동자를 그리지 않았다. 그래서 사람들이 그 까닭을 묻자, "눈동자를 그리면 날아가 버리기 때문이오"라고 대답했다. 그러나 사람들은 거짓말을 한다며 그 말을 믿지 않고 그려 보라고 재촉하였다. 그래서 그가 용 한 마리에 눈동자를 그려 넣었다. 그러자 갑자기 천둥이 울리고 번개가 치더니 그 용이 벽을 차고 뛰어나가 하늘로 올라갔다는 이야기이다.

또 다른 기록에는 천황사의 벽에 두 마리의 용을 그리고 역시 눈동자를 그리지 않았지만, 수만금의 돈으로써 눈동자를 그리라는 부탁을 받고 눈동자를 그리자 역시 날아올라 갔다는 이야기도 전해지고 있다.

'화룡점정' 은 지금은 문장이나 그림의 중요한 부분을 채워 넣는다거나 어떤 작업의 중요한 부분을 완성시킨다는 의미로 쓰이고 있다.

그렇다면 서비스에 있어서 고객의 마음을 사로잡는 '화룡점정' 은 무엇일까?

그것은 바로 고객의 가치를 높여줄 수 있는 서비스를 제공하는 것이라고 할 수 있다.

(1) 고객가치의 의미

가치(Value)는 매우 다양한 의미를 지니고 있다.

어떤 고객에게는 지불하는 비용에 비해 좋은 거래일 때 가치를 인식할 것이고, 어떤 고객들은 매우 놀라운 혜택을 주는 서비스이거나 기존의 서비스를 뛰어넘는 혜택을 주는 서비스를 받았을 때 가치를 인식할 것이다.

그러나 일반적으로 고객은 지불한 비용을 초과하는 혜택을 느낄 때 가치를 느낀다고 한다. 그러므로 가치에 대한 기본 공식은 '혜택-비용=가치' 이다. 혜택과 비용의 차이가 크면 클수록 고객이 느끼는 가치는 높아진다.

그렇다면 혜택은 무엇인가? 혜택은 '고객이 상품이나 서비스를 이용함으로써 얻게 되는 이익' 을 말한다.

예를 들면, 자동차가 단순한 운송을 위한 것인지 아니면 자신의 사회적 품위나 위치를 위한 것인지에 따라 고객이 느끼는 혜택이 매우 다르게 인식이 된다고 할 수 있다.

만일 우리가 제공하는 제품이나 서비스의 혜택이 경쟁사에서 제공하는 것보다 훌륭하거나 차별화되면서도 동일한 가격이라면 고객에게 더 나은 가치를 제공하는 것이다.

(2) 고객의 경험을 통해 가치를 창출하기

그렇다면 우리 회사를 거래하고 있는 회원들은 어떤 때에 고객 가치를 느끼게 될 것인가? 그것은 다른 회사와 똑같은 조건으로 거래를 했을 때보다 더 많은 가치를 느낄 수 있도록 많은 혜택을 부여해야만 한다.

고객 가치를 창출할 수 있는 좋은 방법은 무엇일까? 그것은 바로, '경험' , 즉 만질 수 없는 것에서 만질 수 있는 것으로 서비스를 추가하는 것이다.

우리가 알고 있는 클럽 메드는 고객의 '경험' 을 창출함으로써 가치 확장을 하는 선구자이다. 클럽 메드는 리조트나 호텔이 아니고 커뮤니티이다. 센터, 극장, 집회 장소가 있는 마을처럼 커뮤니티의 콘셉트로 형성된 것이다.

클럽 메드가 추구하는 것은 다음과 같다.

- 단순한 음식이 아니며 세계 요리의 전시이다.
- 단순히 기구를 타는 것이 아니며 새로운 것을 배우고 도전하는 것이다.

• 클럽 메드는 즐거운 사람들을 만나는 것이다.
• 단순한 나이트 쇼의 관람이 아니라 연속적인 축하와 재미이다.

클럽메드의 고객가치 추구를 우리 레스토랑에 적용해 본다면 다음과 같이 되지 않을까?

• 단순히 음식을 파는 곳이 아니라 가족의 건강을 책임진다.
• 고객이 삶의 현장에서 건강한 인생을 준비하도록 한다.
• 인생을 즐겁게 살기 위한 즐거운 만남의 장소를 제공하는 곳이다.
• 가족들의 즐거운 만남을 제공하고 미래를 꿈꾸는 장소를 제공하는 곳이다.

■혜택을 통해 고객 가치를 증가시키는 세 가지 방법

가치증가	가치연장	가치확장
• 경쟁자보다 더 나은 서비스로 현재의 서비스를 확장한다. • 가치확장을 통한 서비스 리더십 확충	• 제품과 서비스에 사용 전 – 사용– 사용 후의 혜택을 추가한다. • Total Solution	• 보이지 않는 요소를 느낄 수 있는 요소로 추가한다. • Solution을 고객경험으로 전환시킨다.

(3) 기존 고객의 마음을 붙잡아라

위의 표와 같이 고객의 가치를 높이기 위해 여러 가지 방안이 있다고 해도 자선단체가 아닌 이상 무조건적일 수는 없다.

고객이 아무리 감동을 받았어도 재구매를 할 수 없는 형편이라면 또 다른 고객을 형성해야 한다. 이것은 고객을 무시하자는 이야기가 아니라 추가 고객이 필요하다는 말이다.

인터넷이 급속하게 확산이 되고 인터넷을 기반으로 한 비즈니스가 발전함에 따라 온라인 채널을 통한 고객관계관리(eCRM)가 중요한 마케팅 수단으로 자리 잡아가고 있다.

고객관계 관리의 목표는 고객과 기업의 관계를 바탕으로 고객의 평생 가치(Life Time Value, LTV)를 극대화하는 것이다. LTV는 단기간의 수익으로 고객을 파악하는 것이 아니라 장기간에 걸친 거래를 통해 얻어지는 수익으로 고객을 이해하는 것이다. 즉 모든 고객을 기업의 상시적인 자산으로 여기는 것이다.

신규 고객의 마음을 붙잡기보다 기존 고객의 마음을 잡는 것이 좋다. 대부분의 고객은 이동하게 되어 있다. 이렇게 시시각각 이동하는 고객을 따라다니면서 지속적인 관계를 유지하고 가치를 얻기는 현실적으로 어렵다. 또 기업에 불만을 가진 고객 가운데 불과 5% 미만이 자신의 불만에 대해 말할 뿐 대부분의 고객은 아무런 단서를 주지 않고 떠난다.

따라서 기업은 고객 확보뿐만 아니라 확보된 고객을 유지하기 위해 효율적인 방법을 찾아야 한다. 신규 고객을 유지하려면 기존 고객을 유지하는 것보다 5배나 비용이 많이 드는 단점이 있다.

기존 고객의 충성도를 높이는 것은 아주 필요한데 고객의 충성도가 높다는 것은 기업의 미래 수익이 지속적으로 발생한다는 것을 의미한다.

고객 이탈률이 5퍼센트 줄어들면 기업의 수익에 미치는 영향은 25~85%에 이른다는 연구 결과도 얼마 전 나왔다.

사례 신라호텔

신라호텔은 '서비스 드림팀'이라는 의전 담당 서비스 특공대를 선발해서 4개월 동안 명품 서비스를 실현하는데 심혈을 기울여 화제를 모았다.

건장한 청년들도 하기 어렵다는 해병대 훈련으로 정신 무장을 하고, 호텔 지하 교육장에서 발이 부르트도록 훈련 또 훈련을 하면서 쥐가 나는 다리를 부여잡고 고객에게 최고의 명품 서비스를 제공하고자 피나는 노력을 했다.

신라 호텔은 이런 인적 서비스 개선 노력뿐만 아니라 시설개선에도 아이디어를 발휘했다. 신라 호텔의 텔레비전은 투숙객이 객실로 걸려 온 전화를 받으면 자동적으로 음량이 줄어든다. 호텔 서비스 다운 세심한 배려가 아닐 수 없다.

사례 일본의 어느 호텔

일본의 모 호텔의 저녁 코스 메뉴판에는 손님 한 사람 한 사람의 이름이 개별적으로 프린트되어 있다. '모두 같은 메뉴에 이름만 적어 놓은 것이 뭐 그리 대수인가?" 라고 생각할 수 있지만, 그리 대수롭지 않은 아이디어를 수 많은 호텔들은 왜 하지 못하는 것일까? 단순한 아이디어라도 실천하는 것이 중요하다.

이 세상에서 가장 먼 거리가 '머리(생각)에서 손(실천)까지의 거리' 라고 하지 않던가? 아이디어에서 실천으로 이어지는 것이 결코 쉽지만은 않은 일이다.

내 이름이 선명하고 아름답게 프린트된 메뉴판을 식탁 위에 두고 가는 사람은 많지 않다고 한다. 대부분의 사람들이 그 메뉴판을 은근히 집어가게 되는데, 아마 '프라이드' 를 느끼기 때문이다.

그리고 누군가에게 내가 이런 대접을 받고 있는 사람이라는 자랑을 하고 싶기 때문이다.

3) 서비스 핵심 인재를 선발하라

사례 고품질 고객서비스

세계적인 경영학자인 톰 피터스가 미국 지식인의 전형으로 뽑은 리츠칼튼 호텔의 청소부인 버지니아 아주엘라는 필리핀 출신의 이민자로서 고졸 학력의 청소부였는데 '청소' 라는 업무를 표준화해 생산성을 높였다. 그 결과 그녀가 근무하는 리츠칼튼 호텔은 미국의 권위 있는 생산성 품질 대상인 맬컴 볼드리지 대상을 차지하였다.

그녀는 단골 고객의 취향을 파악해서 그에 따라 다른 종류의 잡지를 넣어주는 것을 비롯해서 객실의 침대 시트를 정리하고 욕실을 청소하는 얼핏 보아 자질구레한 작업에서도 효율을 높이고 고객을 만족시킬 수 있는 방법을 끊임없이 개발해 냈다. 그녀에게 청소는 '단순한 허드렛일' 이 아니라 '고품질 고객 서비스' 를 제공하는 최고의 서비스 요원이었다.

(1) 서비스 핵심 인재를 찾기 위한 경쟁

아무리 뛰어나고 분명한 전략이라도 실행이 되지 않으면 아무런 소용이 없다. 기업이 서비스를 최상화하기 위해 실시하는 가장 중요한 일 중 하나는 서비스를 수행하는데 적합한 핵심인재를 채용하는 것이다.

서비스 핵심인재의 가장 중요한 자질 중 하나는 고객이 경험하는 서비스의 품질에 있어 절대적인 요소라고 할 수 있다.

서비스 핵심 인재란, 기업에서 성공하고 승진할 수 있는 능력뿐 아니라 필수적인 덕목까지 갖춘 사람을 의미한다. 기업은 다양한 배경과 일반적 가치관을 지닌 가능성 있는 인재를 찾는다. 그들은 조직의 가치에 부합된 가치관을 지닌 사람을 원한다. 서비스 지원자가 아무리 다른 재능이 많다고 해도, 그의 가치관이 기업의 가치관과 다르다면 채용은 이루어질 수 없다.

(2) 서비스 차별화의 필수 조건

직원들을 통해 탁월한 서비스를 제공하는 기업들이 존경받는 기업으로 부상하고 있다. 따라서 디즈니, 맥도날드와 같은 기업들은 다른 조직에서 인적관리 실행을 개선하기 위한 기준이 된다.

최근 많은 서비스 기업들은 어떻게 채용-훈련 개발 동기부여 및 보상을 하는지 연구하며 자신들의 직원들을 관리하는 새로운 방법을 찾기 위해 자세히 분석한다.

최상의 서비스 인적 관리의 주요점은 다음 두 가지의 서비스의 범주에 근거하여 제공된다고 볼 수 있다.

- 접점의 기간과 빈도　　　　- 상호작용의 강도와 밀도

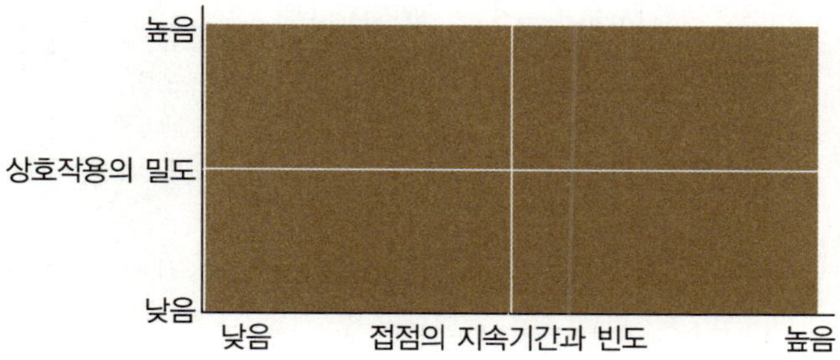

(3) 접점의 지속기간과 빈도

제공되는 서비스에 따라 고객접점이 길게 요구되는 서비스와 짧은 접점이 요구되는 경우가 있다.

예를 들어, 비행기의 스튜어디스의 경우 평균 30초의 접점이 있다. 호텔에 있는 동안 고객은 평균 5분 정도로 구성되어 있다.

접점의 기간이 길고 접점의 빈도가 높을수록 다양한 만남에서 한 명의 직원과 반복이 되어 만나거나 다른 직원과 다른 때에 만나던지 간에 일관성 있는 품질이 유지되어야 한다.

(4) 상호작용의 밀도와 강도

서비스에서 직원과 고객의 만남이 길어져도 상호작용은 밀접하지 않다. 몇 마디와 거래에 따른 간단한 조언과 정보만이 필요할 뿐이다.

고객과의 상호작용이 밀접하지 않은 경우에는 직원에게 상대적으로 표준화되고 안정적인 서비스가 필요하다.

밀도와 기간이라는 두 가지 상호작용의 범위를 고려하면 4가지 서비스 종류를 발견할 수 있으며 각각 종류는 인적자원관리에서 다른 접근이 필요하다.

다음은 4가지의 서비스와 3개의 접점을 상대로 하는 상호작용에 대한 그림이다.

■상호작용과 접점에 따른 서비스의 4가지 유형

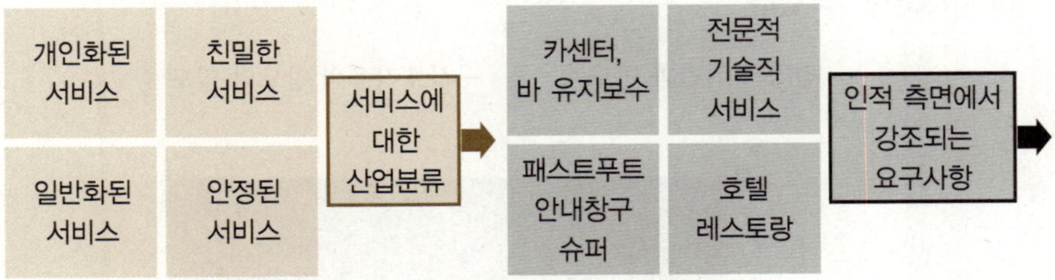

서비스에 유형에 따른 필요 역량

상호작용		
	즉각적 대응 순발력	관계에서 사려 깊은 태도와 배려
	유쾌한 즐거움	거래에서 조언을 해 줄 수 있는
		거래관계

개별화된 서비스

개별화된 서비스는 직원과의 접점이 짧고 거래빈도가 낮은 고객들을 매우 특별한 사람으로 느끼도록 해 준다. 바에서 우울한 기분으로 혼자 술을 마시면서 잡담을 할 사람을 찾을 때 바텐더로부터 개인적 대화하기를 원하는 것처럼 개별화된 서비스는 고객이 바로 자신만을 위해 준비된 것 같은 느낌을 받게 된다. 개별화된 서비스를 제공하기 위해서 고객의 말에 경청을 하고 반응을 보여야 할 부분을 아는 직원이 필요하다.

친밀한 서비스

친밀한 서비스를 제공하기 위해 직원들은 독립적이고 즉시 대응할 수 있어야 한다. 또한 접점과 관계를 통해 고객관계를 발전시킬 수 있어야 한다. 또한 접점과 관계를 통해 고객관계를 발전시킬 수 있어야 한다. 바텐더가 고객과 밀접한 관계를 만들 필요는 없지만 농담을 할 정도라면 좋을 것이다. 고객의 욕구를 듣고, 이해하고 예상할 줄 알며 동정과 공감을 할 수 있는 사회성이 필요하며, 또한 접점의 시간이 늘어날수록 그 위치가 더욱 중요해져야 한다.

일반화된 서비스

일반화된 서비스에서 상호 작용은 매우 짧고 피상적이다. 직원은 서비스나 고객에 대한 지식이 깊을 필요는 없다. 일반화된 서비스 제공을 위해서 숙련된 직원이 필요한 것은 아니다. 서비스 접점의 3가지 중에 상호작용 부분은 시스템의 효율성과 물리적 만남과 같은 다른 분야보다 덜 중요하다. 거래와 물리적 접점에서의 가치에 대한 투자는 상호작용의 향상보다 더욱 많이 고객을 만족시킬 것이다. 테마공원은 이러한 점을 잘 알고 있다.

매력적이고 빨리 대처하는 직원보다는 호화스러운 가구와 식당, 놀이공원에서의 짧은 줄 혹은 잘 정비되어 있는 위생이 더 중요하다.

안정된 서비스

안정된 서비스에서 가장 중요한 것은 장소와 시간에 관계없이 직원행동의 일관성이 제일 취약한 연결부분에서 무너지는 것을 막는 것이다. 마치 체인점처럼 항상 안정되고 일관된 품질이 제공되어야 한다. 모든 직원들은 상품과 회사에 대한 지식을 갖고 있어야 하며 질문에 대답할 수 있어야 하고 그들에게 위임된 문제를 해결할 수 있어야 한다. 또한 현장에서 고객의 불평을 해결할 수 있어야 한다. 서비스 유형에 따라 각기 다른 인적 관리를 해야 한다.

4) 내부고객을 만족시켜라

사례 아스다의

영국 〈선데이타임즈〉가 선정 발표한 '영국에서 일하기 좋은 1백대 기업'은 불황 속에서도 인력 채용을 늘리고 주가 하락세가 덜한 것으로 조사가 되었다.

일하기 좋은 기업은 금전적인 혜택보다는 가족 같은 분위기를 만들어 주는 기업인 것으로 나타났다. 이번 조사에서 1위를 한 아스다는 세계 최대 유통업체인 월마트의 자회사로 초임이 2위인 마이크로소프트 영국 법인의 5분의 1에 불과하다. 하지만 아스다의 종업원들은 회사의 일에 대한 자부심 동료들과 일하는 재미 등에 후한 점수를 준 것으로 나타났다. 80년대 초 파산 위기까지 몰렸던 아스다는 이직률이 2퍼센트에 머물 만큼 종업원들로부터 사랑을 받는 기업으로 탈바꿈했다.

이 회사의 종업원 중 77.6퍼센트는 특히 사내에서 모함을 받을 가능성이 없다고 느끼고 있으며, 일과 사생활이 조화롭다는 응답도 82.5%에 달했다. 3위에 오른 음향기기 제조업체인 리처 사운즈의 창업자인 줄리안 리처는 "명령보다는 동기 부여를 통해 업무를 유도하고 있다' 고 말하고 있다.

돈도 돈이지만 직원에게 자긍심을 심어주는 내부 고객의 필요를 정확하게 파악하고 접목하려는 노력을 할 필요가 있다. 이제는 인재관리가 돈만으로 해결되지 않는다는 것을 알 필요가 있다.

우리나라에도 많은 기업들이 회사에 대한 임직원 가족들의 이해도를 높여 소속감을 강화시키자는 취지로 가족 프로그램을 연구하고 있다.

(1) 내부고객 분석하기

❶ 고객 사슬 분석

나와 최종 고객 사이에 어떤 내부 고객이 있는지 생각해 보자. 내가 최종 고객에 바로 맞닿는 직원이라면 나 이전의 어떤 동료들이 나에게 영향을 미치는지 생각해 보자.

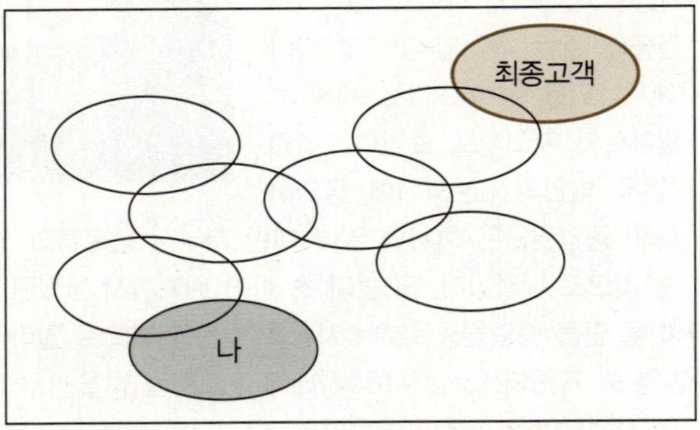

만일 사슬이 끊어진다면 어떤 결과가 발생할까?

❷ 나의 고객 사슬

교육을 하다 보면 이런 질문을 많이 받게 된다.

"서비스 정말 잘 배워야 하는데, 저는 거의 사무실에서 일하고 고객들과 만날 일이 없어서, 정말 안타깝네요"
"저는 현장 직원이 아니니까 인사 연습할 필요가 없으니 시키지 마세요?
"저는 전화 받을 일이 없으니 시키지 마세요, 그런 거는 직원들이 하는 거 아닙니까?"

이 말을 들으면 참 안타깝다. 고객은 외부 고객만이 아니라 내부 고객도 고객이며, 더 중요한 것인지 모르는 분들이 많다.

고객의 개념을 한 번 살펴볼 필요가 있다.

만이 아닌, 열심히 일할 수 있는 환경을 제공하며 나를 회사의 소중한 경쟁요소로 대접해 주는 곳이 아닐까..

최근 삼성연구소에서 발표했던 자료가 있다. 국내 직장인을 대상으로 '직장 생활에서 무엇이 가장 중요한가' 라는 질문을 던진 결과 놀랍게도 '일과 삶의 균형(WLB, Work-Life Balance)' 를 최우선으로 꼽았다. 이렇듯 급여나 승진여부보다 '내 삶의 질' 을 추구하는 직장인이 늘어나고 있는 요즈음 '고객만족' 만을 최우선 과제로, 그리고 직원들을 '매출발생의 수단' 으로 여기던 시대는 지난 것이다.

직원이 회사에 만족하도록, 다시 말해 직원이 자신의 고객을 행복하게 해 줄 수 있는 마음상태를 유지할 수 있도록 하는 일이 회사임원 혹은 간부들의 역할인 것이다.

직원의 인격과 인권을 존중해 주는 것, 이것은 결코 간과할 수 없는 내부마케팅의 중요한 원칙이다.

■나의 사랑하는 내부고객들

나의 내부고객들의 이름을 적어 보자.

그리고 그들에게 해 줄 수 있는 나의 서비스를 계획해 보자.

이름	제공해 줄 서비스

사례 내부고객 서비스

어느 종합병원에 갔다. 의사와의 진료를 끝낸 나는 약국에서 약을 타기 위해 번호표를 제출하고 내 번호가 오기만을 기다리고 있었다.

그런데 창구에서는 한 명만이 바쁘게 손을 움직이며 약을 봉투에 담아 넣고 전광판에 번호를 입력하고 있었다.

직원은 속이 타는 듯 했지만 태연해하는 눈치였다. 나는 그 뒤쪽을 둘러 보았다. 몇 명의 직원들이 약을 조제하느라 역시 정신없이 바쁘게 움직이고 있었다. 그 사람들도 역시 환자들을 기다리게 하고 싶지 않아 보였다. 그런데 약을 봉투에 담고 있는 직원 옆에는 또 다른 창구가 더 있었는데, 거기에는 하나 둘 제출하는 번호표와 처방전을 받아 정리하는 직원이 낙서를 하면서 전화로 잡담을 하고 있었다.

다른 동료들이 얼마나 힘들어하는지, 환자들이 대기하는 심정은 어떤지에 대해 조금만 관심을 가져준다면, 훨씬 좋았을 것이다.

내 앞에 외부 고객이 없다면, 나는 외부 고객을 응대하고 있는 나의 또 다른 내부 고객을 도와주어야 한다.

5) 로열티를 구축하자

고객이 떠나는 데에는 많은 이유가 있다.

다음은 고객이 기업에 로열티를 느끼지 못하는 몇 가지 이유이다.

- 괜찮기는 했지만 아주 좋거나 놀라울 만큼은 아니었다.
- 다른 곳에서 거절하지 못할 만한 매우 좋은 제의를 받았다.
- 다른 곳은 어떻게 하는지 궁금했다.
- 내가 좋아했다 하더라도 한 구매처에 모든 것을 다 걸지 않는 것이다.
- 그 회사에 대해 잊었다.
- 모두들 다른 곳에서 구매하고 있었다.

그렇다면 왜 고객들이 머무르고 싶어하는지를 알기 위해 우리는 다음 로열티 구축을 4가지 체계로 분류를 해 보도록 한다.

자부심	인정	보상	참여

위의 그림에서 보면 고객이 떠나는 이유를 분류해 보면 다음과 같다.

- 상품가치에 대한 불확신
- 다른 사람들은 왜 다른 곳에서 거래를 할까?
- 괜찮았지만 아주 좋지는 않았다.

(1) 로열티를 세우기 위한 자부심 구축하기

많은 고객들 대부분은 자신이 옳은 선택을 한 것인지에 대한 완전한 확신이 없는 것이다. 탁월한 브랜드는 탁월한 구매로 연결이 된다. 알려진 브랜드는 자부심의 촉진제이다. "만약 내가 산 상품 회사의 이름을 모든 사람이 들어본 것이라면 내가 옳은 것이다" 브랜드는 고객들이 공유하고 있는 가치를 대표하고 표현한다고 할 수 있다.

따라서 로열티를 높이는 방법은 바로 '고객이 브랜드에 대한 확신을 지닐 수 있는 자부심을 갖게 하는 것' 이다.

즉, 우리 회사를 거래한다는 것만으로 고객들은 다른 회사에서 거래할 때 느끼지 못했던 자부심을 지니도록 만들어야 한다는 것이다.

차별화, 유니크니스, 탁월성
나에게 가장 적합한 상품 만들기
→ 역동성

브랜드에 대한 자긍심 높이기
업계를 선도하는 선도성
→ 안정성

(2) 인정

인정은 로열티 구축을 위해 오랫동안 사용되어 온 방법이다. 옛날 작은 마을의 소규모 가게와 정육점들은 고객의 이름을 기억하고 고객들에게 적합한 상품을 제안하여 단골고객들에게 가격을 깎아 주었다.

고객으로 하여금 특성에 따라 개별적인 관리를 받는 듯한 느낌이 들게 해 주는 노력을 한다. 즉, 고객으로 하여금 고객들 중에 하나라는 평범한 느낌에서 자신이 최고의 서비스를 제공받는다는 느낌을 받도록 해 주는 것은 로열티를 구축하는 데 아주 효과적이라고 할 수 있다.

두 개의 식당을 비교해 보자.

첫 번째 식당에서는 지배인이 여러분의 이름을 부르면서 인사하고 당신이 가장 좋아하는 테이블에 앉혀주고 당신이 좋아하는 특정 브랜드의 물을 바로 갖다 주면서 여러분이 좋아할 만한 특별 메뉴를 말해 준다.

두 번째 식당에서는 예약이 되어 있는지를 확인하기 위해 이름을 말해 주고, 웨이터에게 내가 누구인지 소리를 질러 말해 주어야 한다. 이 두 개의 식당이 서로 경쟁이 되겠는가?

인정이란 그 안에 소속해 있는 한 부분으로서의 느낌이라고 한다. 따라서 기업에서 로열티를 구축하기 위한 방법 중 인정은 고객들을 그 개인에 따라 특별하다고 느껴지게 하는 것이다. 만일 이 부분을 인정받지 못한다면 고객들의 로열티는 구축되기 어려울 것이다.

(3) 보상

고객 유지와 인정 프로그램을 보충하기 위해 인센티브가 보상제도가 필요한 경우도 있다.

(4) 고객참여

마지막으로 고객의 로열티를 구축하기 위해 필요한 것은 고객을 적극적으로 기업에 참여시켜야 한다.

그렇다면 로열티 구축을 위해 자부심, 인정, 보상, 고객 참여라는 4가지에 대해 이야기했는데, 이제는 이들 중 어느 것을 우리 회사에 적용시킬 것인가의 문제이다.

회사의 지역적인 특성, 성격, 특징 등 많은 요소들의 특징이 있어 어느 것이 적합하다고 이야기를 단정지을 수는 없다.

때문에 회사의 특징 중 가장 적합한 것 한 두 가지를 적용하여 살펴보는 것도 좋은 방법 중 하나라고 할 수 있다.

로열티 구축 질문

- 어떤 방법(자부심, 인지, 보상, 참여)이 우리 회사와 고객에게 가장 좋은 선택이 되겠는가?
- 현재 우리 회사의 로열티 시스템구성은 얼마나 효과적이라고 생각하는가?
- 만일 '자부심'을 선택한다면 우리 브랜드에 대해 고객은 어떻게 인지하고 있을까?
- 만약 '참여'를 선택한다면 어떤 방법으로 접근하겠는가?

Quiz

1. 고객의 가치를 증가시키는 세 가지 방법에 속하지 않는 것은?

① 가치 인정 ② 가치 증가
③ 가치 연장 ④ 가치 확장

2. 서비스 핵심 인재의 의미를 잘 설명한 것은?

① 서비스 접점 부서에서 일하는 직원
② 기업에서 성공하고 승진할 수 있는 능력뿐 아니라 필수 덕목까지 갖춘 사람
③ 인적인 서비스에 능력이 있는 직원
④ 인사 고과 평가가 훌륭한 직원

3. 서비스 차별화의 필수 조건이 아닌 것은?

① 고객과 직원의 접점 기간 ② 고객과 직원의 접점 빈도
③ 상호작용의 강도와 밀도 ④ 직원의 창의적인 서비스 제공

4. 서비스의 4가지 유형이 아닌 것은?

① 개인화된 서비스 ② 차별화된 서비스
③ 친밀한 서비스 ④ 일반화된 서비스

5. 로열티의 4가지 체계가 아닌 것은?

① 자부심 ② CRM
③ 인정 ④ 보상

정답 1. ④ 2. ② 3. ③ 4. ① 5. ④

Review

1. 기업을 성공으로 이끌기 위해 가장 중요한 요소 중 하나는 인적자원에 대한 투자를 아끼지 말아야 한다. 싱가폴항공사에서 승무원 채용시험 시간은 9시간이다.

2. 직원이 고객들에게 행하기를 원하는 것과 다르게 직원을 대하지 않는 것이 중요하다. 대부분 내부고객을 방치한 채 외부고객만을 강조하지만 이것은 잘못된 것이다. 여러분이 직원을 대하는 것이 직원이 고객을 대하는 데에 중요한 영향을 준다.

3. 직원이 역량이 준비되기 전에 자율권을 주어서는 안 된다.

4. 직원이 감당하기 어려운 너무 많은 규정을 만들지 말도록 한다.

5. 고객만족에 대해 할 수 있는 것을 다했음에도 불구하고 고객이 떠나고 있다는 것을 확실하게 알 때까지 그 이유에 대해 고심해 볼 필요가 있다.

제4부

울고 웃는 서비스 커뮤니케이션

제14장

고객과의 맛있는 대화법

Quiz

문제 1 **대화를 잘 하는 사람을 '굿 스피커(Good Speaker)'라 한다. 이것은 어떤 사람을 두고 하는 말일까?**

① 자신의 이야기를 요약 정리를 잘하며 말하는 사람
② 이야기의 주도권을 자기가 가지고 있는 사람
③ 다른 사람의 이야기를 잘 경청하는 사람

(정답 3) 대화를 잘하는 사람들에게는 여러 가지 공통점이 있다. 물론 자기의 이야기를 재미있게 하며, 이야기의 주도권을 자신이 가지고 있는 사람도 있다. 하지만, 무엇보다 중요한 것은 고객의 욕구를 파악하며 마음으로 잘 듣는 것이 중요하겠다.
여기서 고객의 말을 잘 경청한다는 것은 '우선 마음으로 듣는 것'이다. 고객의 걱정, 기쁨, 희망까지도 이해하려고 노력하는 것을 의미한다. 말하는 소리만을 듣는 것이 아니라 고객의 감정과 고객이 진정으로 원하는 것이 무엇인가를 이해하는 것이다.

문제 2 **대화의 포인트에 1, 2, 3화법이 있다. 이를 설명한 것 중 잘못된 것은 무엇인가?**

① 내 이야기는 1번 말한다.
② 상대방의 이야기는 2번 듣는다.
③ 내 이야기는 3번 이상 해야 한다.
④ 상대방의 이야기에 3번 이상 맞장구 쳐라.

(정답 3) 대화에서 가장 중요한 것은 나의 이야기보다 다른 사람의 이야기를 더 많이 들어주려고 노력해야 한다. 특히나, 상대방의 이야기에 핵심이 되는 부분에서 적극적인 공감의 표현으로 맞장구를 해 준다면 좋은 대화로 이끌어 갈 수 있다.

학습목표

1. 대화는 일방통행의 말이 아니라, 고객과 함께 나누는 쌍방향의 커뮤니케이션이 된다는 것을 알 수 있다.
2. 필요한 적극적 경청에 대한 7법칙을 습득할 수 있다.
3. 호감을 줄 수 있는 용어에 대해 습득하고 이해할 수 있다.

나의 체크리스트

1. 나는 첫인상을 좋게 하기 위해 나의 표정을 훈련하고 있다.
2. 나는 고객을 응대하는 직원이 가져야 하는 이미지에 대해 숙지하고 있고, 실천하고 있다.
3. 나의 표정이 좋다고 칭찬하는 고객들이 많다.
4. 나의 표정은 늘 무표정하거나 화가 나 있다.

1 상담하기

가끔 회사에서 제품을 아주 잘 판매하시는 분들을 만나 뵐 기회가 있다. 우리는 같은 상황, 같은 환경임에도 불구하고, 결과물은 다른 경우를 종종 볼 수 있다.

가장 일반적인 예가 바로, 모든 사람에게 주어진 시간은 하루 24시간, 1년 365일 같다. 하지만, 그 시간을 어떻게 활용하느냐에 따라 성과물이 다른 것처럼 같은 회사 내에서 매일 만나는 고객들이 같은데도 불구하고, 잘 판매하시는 분들을 보면 그들 나름대로 고객에게 아주 친절하게 혹은 고객의 관심 사항을 잘 파악하여 공략하는 경우를 볼 수 있다. 그분들의 경우, 한 가지 방법으로만 고객을 응대하여 판매를 성공시키는 것이 아니라고 한다.

고객은 천차만별, 스타일도 저마다 다르기 때문에 어떤 고객에게는 감동을 줄 만한 서비스가 다른 사람에게는 그렇지 않은 경우도 많다. 예를 들면 고객과 상담을 할 때 다정하게 말을 걸어주는 걸 더 좋아하는 고객이 있는 반면, 필요한 말만 해주는 걸 더 좋아하는 고객도 있다. 전자를 관계 지향형 고객, 후자를 독립 성향의 고객이라고 한다.

상담을 잘 하는 달인은 고객이나 회원이 어떤 서비스를 더 좋아하는지 재빨리 파악할 수 있어야 한다고 한다. 이렇듯 고객이 원하는 상담이나 서비스의 패턴은 각기 달라진다.

이번 장은 이렇게 각기 다른 고객이 가지고 있는 일반적인 공통적인 성향과 각기 다른 성향에 대해 알아보고, 좀 더 효과적인 상담 방법에 대해 알아보고자 한다.

2 상담 고객의 2가지 욕구

1) 기본적 욕구

- 고객은 환영받고, 기억되기를 바란다.
- 고객은 무시당하고 싶어하지 않는다.

- 고객은 기대와 욕구를 함께 수용해 주기 바란다.
- '안 된다', '해당이 아니다' 라는 말은 가급적 하지 않는다.
- 고객이 이해하고 납득할 수 있는 거절이 가장 좋은 상담
- 고객은 손해보고 싶어하지 않는다.

2) 실제적 욕구

- 직무에 대한 해박한 지식을 가진 직원과 만나고 싶다.
- 고객이 기대했던 것 이상의 만족을 얻기 원한다.

고객 만족은 1차적으로 고객의 '기본적 욕구'를 충족시키고, 2차적으로 고객의 '실제적 욕구'를 충족시킬 때 가능하다.

3 상담의 3가지 기본원칙

1) 고객의 자존심을 중시하라

예〉 저희 회사를 이용해 주셔서 감사드립니다.

바쁘실텐데, 이렇게 직접 와 주셔서 감사드립니다.(감사의 표시)
고객님께서 구비서류를 완벽하게 준비해 오셔서 제가 일 처리하는데 많은 도움이 되었습니다. 감사합니다.(고객을 인정해 주는 표현)

회사가 존재하는 이유는 바로 '고객'이 있기 때문이다. 그러므로 고객에게 감사함을 표현해 주고 고객 스스로 가치 있고 중요한 사람이라고 느끼게 하는 말과 행동을 표현해야 한다.

2) 공감적으로 경청하고, 적극적으로 응대하라

> **예〉 고객님께서 왜 그렇게 말씀하시는지 이해가 됩니다.**
> 만일 이렇게 해결이 된다면 좀 안심이 되겠네요.
> 고객님께서 말씀하시는 데는 이유가 있을 겁니다.
> 고객님, 매우 실망이 크셨겠네요.(공감의 표현의 예)
> 고객님. 도움되어 드리지 못해 죄송합니다.

고객은 자신의 이야기만을 듣는 데서 그치는 것이 아니라, 자신이 처한 상황 그 자체를 상대방이 마음으로 공감하고 이해해 주기를 진심으로 바란다. 고객의 작은 부분 하나까지도 마음 깊이 이해한다는 표현을 상담 도중 적절히 한다.

3) 의사 결정에 고객을 참여시키도록 하라

> **예〉 혹시 이 부분이 어려울 경우 다른 방법을 생각해 보신 것이 있으십니까?**
> A와 B가 있습니다. 어느 것이 좋으시겠습니까?
> A라는 것이 있는데, 고객님 의견은 어떠십니까?(의사결정 참여 예)

고객에게 다른 대안이나 아이디어를 물어봄으로써 해결과정에 고객을 참여시킬 수 있다. 고객은 자신이 직접 참여해서 만들어낸 해결책에 더욱 만족감을 느낀다.

4 상담의 높은 성과와 낮은 성과

〈상담고객의 여유 시간〉 \ 〈대기 고객 수〉	많음	적음
있음	신속한 업무 처리 및 향후 판매기회 만들기 위한 일반 상담 프로세스 (General Process) ③	전체 상담 프로세스(Full Process)로 업무 처리 ①
없음	기본 상담 프로세스(Basic Process)로 업무 처리 ②	신속한 업무 처리 및 향후 판매기회 만들기 위한 일반 상담 프로세스 (General Process) ③

〈대기 고객 수〉

5 상담 프로세스 4단계

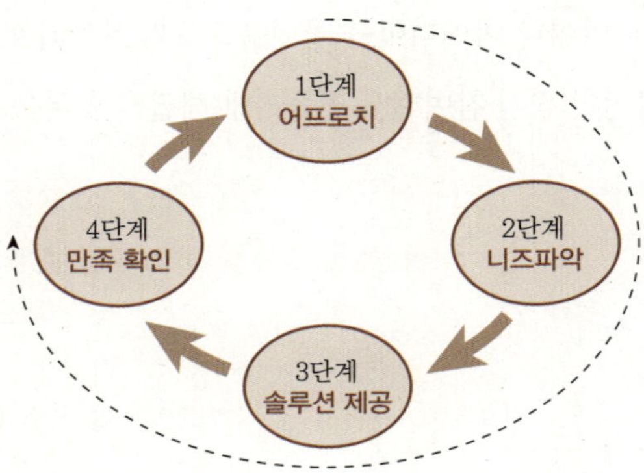

6 전체 상담 프로세스

Approach	니즈 탐색	문제 해결	마무리
• 인사말 • 관계(친밀감) 형성	• 니즈 파악 • 고객 상황 파악 • 니즈 확인 • 추가 니즈 파악	• 니즈 수용 • 상품의 특징과 이점설명 • 증거자료 제시 • 제시한 이점에 대한 고객 동의 여부 확인 • 가입 권유 • 반론(불만) 처리 • 체결 • 교차판매 시도	• 업무처리 내용 확인 • 가입에 대한 칭찬, 축하 • 상담 만족 여부 확인 • 소개 부탁 • 명함, 안내장 전달 • 배웅 인사말 • CRM 입력 • 업무 종료 후 Happy Call

1) 기본 상담 프로세스

Approach	니즈 탐색	문제 해결	마무리
• 환영 인사	• 니즈 파악 및 확인	• 니즈 수용 • 반론(불만) 처리 • 문제 해결	• 업무처리 내용 확인 • 배웅 인사말 • 업무 종료 후 Happy Call

2) 일반 상담 프로세스

Approach	니즈 탐색	문제 해결	마무리
• 환영 인사 • 관계(친밀감) 형성	• 니즈 파악 및 확인 • 추가 니즈 파악	• 니즈 수용 • 추가 니즈에 대한 관련 상품 안내장 전달 • 반론(불만) 처리 • 문제 해결	• 업무처리 내용 확인 • 명함과 안내장 전달 • 다음 방문 시 안내 약속 • 배웅 인사말 • 업무 종료 후 Happy Call

3) 프로세스 1단계 - 어프로치

(1) 어프로치란?

상담의 제1단계는 '어프로치' 단계로서, 고객과의 첫 만남을 의미한다. 어프로치 단계에서 가장 필요한 것은, 예의 바른 매너로 고객을 맞이해야 하는 것이다.

(2) 점검 포인트

❶ 전화 상담 경우

전화는 최대한 빨리 받는다. 늦게 받았을 경우, 사과 멘트를 하도록 한다.

예) 늦게 받아 죄송합니다.

❷ 고객 방문 시

최대한 반기는 표정으로 자리에서 일어나 고객을 맞이한다.

예) 안녕하십니까? 이쪽으로 앉으시겠습니까?

4) 프로세스 2단계 - 니즈 확인

(1) 니즈 확인이란?

고객의 실제적 욕구를 충족시켜 주기 위해 고객이 왜 상담을 요청했는지 그 이유를 파악해야 한다. 때로는 고객의 니즈가 우리가 원하는 방향이 아닐지라도 언제나 이해하고 배려해 주고 있음을 고객이 느끼도록 알려 주어야만 한다.

(2) 점검 포인트

- (고객의 니즈를 파악하기 위해) 질문을 한다.

  예) 고객님, 몇 가지 여쭈어 보도록 하겠습니다.

- (고객의 정보를 주의 깊게) 듣는다.
- 고객의 니즈에 적절한 정보를 제공한다.
- (고객의 정보에 대해) 요약하고 정리한다.

  예) 고객님, 대출 시 구비서류에 대하여 알고 싶다는 말씀이지요?

5) 프로세스 3단계 – 솔루션 제공

(1) 솔루션 제공이란?

고객의 니즈가 명확해진 후에야 우리는 고객의 니즈를 기대 이상으로 충족시킬 수 있는 솔루션을 제공할 수 있다. 대부분의 경우 상황은 일반적이고 일상적이다.

이 경우 신속하고 정중하게 처리함으로써 고객에게 최고의 감동을 줄 수 있다. 그러나 때로는 당황스러운 상황에 당면할 수 있다. 이런 경우 알고 있는 경험과 지식을 동원하여 고객이 기대하고 있는 그 이상의 만족감을 주도록 한다.

(2) 점검 포인트

- 사소한 고객의 욕구라도 세심하게 배려한다.
- 일상적인 경우에는 즉각적인 솔루션을 제공한다.
- 기대 이상의 솔루션 제공으로 고객에게 감동을 줄 기회를 포착한다.
- 고객의 기대에 반하는 경우에는 고객의 동의 후 조치하도록 한다.

  예) 고객님. 이부분은 제가 조금 더 알아봐야 될 것 같습니다.

6) 프로세스 4단계 – 만족확인

(1) 만족확인이란?

고객이 '만족하고 있음을 확인' 하는 것은 매우 중요하다. 만일, 고객이 만족하지 않는다면 상담을 하고 있는 당신은 고객과 헤어지기 전에 그 사실을 알아채야만 한다.

즉, 만족 여부를 확인하는 단계는 고객에 대한 당신의 몰입을 알려 주는 것이고, 동시에 여러분이 직무를 효과적으로 수행했음을 알 수 있게 하는 것이다.

(2) 점검 포인트

- 〈만족한 고객〉 추가문의 확인 후 감사표시 및 다무리인사

  예) 제가 더 도와드릴 일은 없으십니까? (추가문의 확인)
  더 궁금하신 사항은 없으십니까? (추가문의 확인)
  감사합니다. 안녕히 가십시오.(감사 표시 및 마무리인사)

■ 〈불만족한 고객〉 2단계인 [니즈 파악]단계로

예) 혹시 이것은 어떠십니까? (니즈 파악)
혹시 불편하신 사항이나 다른 문의사항이 있으시면 언제든지
연락 주십시오. (필요 연락처 안내)

대화의 쾌적거리

대화를 할 때, 고객과의 거리 때문에 불편하게 느낀 적이 있을 것이다. 처음 만나는 고객과 너무 가까이 앉아 있으면 왠지 불편한 느낌이 드는데 이런 느낌은 대화에 지장을 줄 수 있다. 따라서 대화의 상대가 누구냐에 따라 대화의 상황이 어떤가에 따라 의사소통의 거리를 적절하게 조절하는 것이 필요하다.

인류학자 에드워드 홀(Edward Hall)은 인간의 공간적 요구에 대해 많은 연구를 하여 공간에 따른 인간의 심리 변화를 밝혀냈다. 상대방과 마주보고 얘기할 때 느끼는 심적 거리가 있는데 그 거리를 '쾌적거리'라고 말했다.

- **친밀한 거리** 가족이나 연인 사이의 아주 근접한 거리 (50cm 내외)
- **개인적 거리** 친구와 같이 편안하게 이야기할 수 있는 거리 (1m 내외)
- **사회적 거리** 고객과 직원에게 이야기할 때와 같이 주로 대인 업무를 수행할 때의 거리(1.2~3.7m)
- **대중적 거리** 강의, 프리젠테이션, 연설에서 청중들과의 거리(3.7m 이상)

■ 호감도 가는 화법 체크

번호	비호감 화법	호감 화법
1	아니오/없는데요/그래요	어렵습니다만/곤란합니다만/그렇습니다만
2	안되는데요	회원님(고객님) 곤란합니다만/어렵습니다만
3	-씨/여보세요	○○○회원님/○○○고객님
4	~이네요/~거구요/~했거든요	~입니다/~합니다/~했습니다
5	그게 아니라	회원님~입니다만
6	제가 말씀드렸잖아요.	죄송합니다만, 회원님~입니다.
7	~그렇다니까요	예. ~그렇습니다.

번호	비호감 화법	호감 화법
8	그러니까요	~말씀드린 것처럼
9	~한다니까요	예 그렇게 하고 있습니다.
10	왜요?	회원님! 무슨 일로 그러십니까?
11	네?	회원님! 죄송합니다만, 다시 한번 말씀해주시겠습니까?
12	무엇 땜에 그러는데요	어떤 내용이 궁금하십니까?
13	잠시만요/잠깐만요	고객님, 죄송합니다만, 잠시만 기다려주시겠습니까?
14	제 말씀 좀 들어보세요.	제가 말씀 드려도 되겠습니까?
15	조회해 보겠습니다.	확인해 보겠습니다.
16	일단은 확인해 보고요	먼저 확인해 보겠습니다.
17	고객님 같은 경우에는	회원님은 / 고객님의 경우에는
18	저번 주	지난 주
19	핸드폰에 문자가 찍힙니다.	핸드폰에 문자가 표시됩니다.
20	시간이 좀 걸립니다.	죄송합니다만, 시간이 ㅇㅇ정도 걸립니다.
21	전화돌려 드리겠습니다.	전화 연결해드리겠습니다.
22	그건 저희쪽에서 모르구요.	고객님, 확인이 어렵습니다.
23	규정상 죄송합니다.	내용 확인하여 연락드리겠습니다.
24	제가 알기로는(불확실한 표현)	~내용은 ~입니다.(정확한 상담)

커뮤니케이션 호감도 체크

■ **듣는 법**

- 상대가 이야기하기 쉽게 따듯한 분위기를 몸에 익히고 있는가?
- 이야기를 들을 때 상대방의 눈을 보면서 듣고 있는가?
- 고객의 이야기를 들을 때 선입관이나 편견 없이 들을 수 있는가?
- 고객의 이야기를 중간에 끊지 않고 끝까지 들을 수 있는가?
- 사실과 의견을 바르게 구분하여 듣고 있는가?

- 업무 지시를 받았을 때 복창하고 있는가?
- 적절한 맞장구를 해 가며 대화하고 있는가?

■ **말하는 법**

- 안녕하십니까, 어서 오십시오 등의 인사말을 항상 먼저 하고 있는가?
- 감사합니다 등의 감사와 위로의 말을 먼저 하고 있는가?
- 밝고 상냥하고 즐겁게 이야기하고 있는가?
- 경어를 바르게 쓸 수 있는가?
- 주위 사람들의 장점을 찾아내어 칭찬하고 있는가?
- No라는 말을 해야 할 때 상대방의 기분이 상하지 않는 말을 쓰는가?

MK택시의 사례 : 모든 말은 "예"로 시작하라.

1960년 교토에서 10대의 차를 가지고 창업한 이래 교토의 MK 택시는 창업주인 유봉식이 선두에 서서 혁명적인 아이디어들을 실천으로 옮겼다. 그 결과 택시업계에 돌풍을 일으키면서 현재 교토뿐 아니라 도쿄, 고베, 나고야 등 일본 각지에서 약 1,700대의 택시를 운영하는 업계 최고의 택시회사로 성장했다. 또 1970년에는 고객이 말하는 것에 대답하는 첫 말을 "예"라고 시작하는 운동을 시작하였다. 이 말은 일본인들에게 택시 운전사에 대한 기본 마인드를 바꾸어 놓았고, 더불어 "감사합니다" 운동도 실시했다. 고객에게는 물론 사내에서도 "감사합니다"라고 분명하게 예의를 표시하기 시작했다.

이렇게 MK택시가 다른 택시업계뿐만 아니라 서비스를 하는 요즘 기업들의 귀감이 되는 것은 바로 '작은 것이라도 계속 실천한다는 것"에 있을 수 있다.

직원들에게 인사하는 습관과 고객들에게 감사합니다. 라는 말을 습관들이는 데에만 10년이 걸렸다. 이처럼 작은 것이라도 고객의 마음을 움직이는 대화를 지속적으로 실천해 나가는 것이 필요하다 하겠다.

시간과 노력을 들이면 안 될 것이 없다. 처음에는 불가능해 보이는 일도 지속적으로 한다면 아마 가능한 일로 바뀌어져 있을 것이다.

고객과의 대화를 잘 하는 방법도 어려운 것이 아니라, 작고 사소한 것을 지속적으로 한다면, 여러분도 좋은 습관을 만들 수 있을 것이다.

사례 "예, 잘 알겠습니다."

얼마 전 모 음식점에 거래처 손님을 접대한 적이 있었다.

무척 분위기도 좋고, 유명한 곳이어서 한 번도 방문한 적이 없었지만 평이 좋아 그 곳으로 약속 장소를 정했다.

역시 듣던 대로 직원들의 태도가 너무 훌륭하고 친절했다. 무엇보다도 우선 고객의 요구에 빠르고 흔쾌히 응대를 하는 모습이 좋았다.

특히나 직원들이 고객의 이야기에 아주 경쾌하게 "예"라고 대답하거나 가끔 "고객님, 예. 잘 알겠습니다"라는 말을 적절히 쓰고 있다는 사실을 발견했다.

고객을 위해 최선을 다하려는 마음가짐이 잘 드러나는 표현이었다. 듣는 입장에서는 아주 기분 좋은 말이었다.

가끔 회사에서 고객과의 대화를 살펴보면 마지못해 "예"라고 짧게 대답하거나 귀찮아하는 듯한 표정과 잘 들리지 않는 소리로 "예"라고 대답한다.

이렇게 어정쩡하게 "예"라고 하기보다는 한 마디 하더라도 "예"라고 활기차게 대답하거나 "예, 잘 알겠습니다"라고 할 때 훨씬 더 자신감 있게 보이고 친절하다는 느낌을 받았습니다.

고객을 대하는 대화 태도로는 더할 나위없이 효과적인 자세이다.

"말씨는 마음씨다"
"말씨는 다듬어 만드는 예술품이다"
"말은 마음을 담아내는 그릇이다"

말은 지위나 권력을 얻는 데만 필요한 게 아니라 사교 생활이나 사업에도 큰 도움이 된다. 좋은 대화를 할 줄 아는 사람은 보다 좋은 인상을 줄 수 있고, 바람직한 화법은 겉모습보다 훨씬 깊은 인상을 줄 수 있다.

고객에게 나를 인식시키는 첫 번째 방법이 말을 이용한 대화라고 할 수 있다. 대화를 할 때에는 우리가 전달하려는 의사를 상대방에게 정확히 이해시킴은 물론 그 과정을 통해 친절함과 공손함이 동시에 전달되어야 한다.

그러므로 좋은 말씨의 기본 원칙은 밝고, 상냥하고, 아름답게 말하는 것이다. 하루에 말을 듣는 것이 45%, 말하는 일이 30%, 읽는 일이 16%, 쓰는 일이 9%라는 통계가 있다. 이렇듯 우리의 하루 일과는 말로 시작되며 말로 끝난다.

말씨는 마음 씀씀이의 표현으로서 고객에게 따뜻한 마음이 전달이 되도록 배려를 하는 것이 가장 중요한 조건이다. 준비 없이 고객과 대화를 하게 되면 의도하지 않게 고객의 마음을 상하게 하는 경우도 있다. 이렇듯 고객 응대 때에 나타나는 언어는 곧 서비스의 수준을 나타낸다.

Exercise

1. 적극적 경청의 방법이 아닌 것은?

① 말하는 사람을 주시하라.
② 가끔 상대방 쪽으로 몸을 기울여라.
③ 고객의 이야기 중간에 필요 없는 말일 경우, 잘라 버려라.
④ 당신의 의견을 말할 때 상대방의 표현을 사용하라

2. 경어의 종류를 설명한 것 중 잘못된 것은?

① 존경어 : 상대방을 존경해서 하는 말
② 정중어 : 상대방에 대한 정중함을 표현하기 위한 말
③ 겸손어 : 자기 자신을 낮추어서 하는 말
④ 겸손어 : 상대방을 낮추어서 하는 말

3. 상대방의 이야기를 경청하는 방법 중 옳은 것은?

① 상대의 입장에서 이해하고 듣는다.
② 약간 선입견 있게 듣는 것도 때로는 필요하다.
③ 메모를 하는 것은 결례일 수 있으니 메모는 피하도록 한다.
④ 상투적인 맞장구라도 계속 해 주어야 한다.

4. 맞장구의 유형을 잘못 연결한 것은?

① 동의의 맞장구 : 그렇구 말구요, 저도 동감입니다.
② 놀램의 맞장구 : 설마, 그런가요.
③ 의문을 나타낼 때 : 맞아요, 맞습니다.
④ 다음 말을 끌어 낼 때의 맞장구 : 그래서, 그렇게 말씀하시면,

5. 쿠션어의 표현 중 적절하지 않은 것은?

① 죄송합니다만,
② 번거로우시겠지만,
③ 실례하지만,
④ 아~, 맞습니다.

정답 1. ③ 2. ④ 3. ① 4. ③ 5. ④

Review

1. 좋은 대화란 진심으로 듣고자 하는 관심을 가지고 의사소통에 접근하는 것이다.

2. 대화에서 맞장구는 윤활유라고 할 수 있다.
윤활유이기 때문에 커뮤니케이션은 점점 더 잘 이루어질 수 있다.
따라서 맞장구는 대화에 꽃을 피운다고 할 수 있다.
맞장구를 할 때 표정은 풍부하게, 변화를 주어가며, 민첩하게 반응을 하는 것이 포인트이다.

3. 상대방과의 대화에서 'I Message'를 사용해 보는 것이 좋다. 즉, 고객에게 말을 할 때 '나' 혹은 '우리가'라는 말에 초점을 맞추도록 한다.
예를 들어, "회원님이 모르셨군요"라는 말보다 "제가 미리 말씀드리지 못해 죄송합니다"라는 식으로 문제를 해결하는 태도로 대화를 이끌어 나가 보도록 한다.

4. 대화를 이끌어 가는데 있어 무엇보다 중요한 것은 서비스맨의 정중한 태도가 더욱 중요하다. 아무리 좋은 단어를 잘 사용하고 있어도 로봇처럼 무표정으로 반복하는 형식적인 말씨나 일의 절차를 서둘러 처리하는 듯한 위압적인 말투는 오히려 역효과를 줄 수 있다.
따라서 말과 함께 정중한 느낌을 줄 수 있도록 대화하는 것이 필요하다.

제 15장

전화는 말로 나누는 악수이다

Quiz

문제 1 전화는 보이지 않는 얼굴이라고 할 정도로 기업에서는 중요하다. 전화의 중요한 특성이 아닌 것은?

① 보안이 되지 않기 때문에 잘 들어야 한다.
② 얼굴이 보이지 않기 때문에 회사의 이미지가 결정된다.
③ 오해가 발생할 수 있다.
④ 회사 비용의 전화니까 편하게 사용해도 된다.

(정답 4) 회사 비용의 전화일 수도 있지만 고객이 직접 전화를 거는 경우라면 상황이 달라진다. 이때는 고객의 비용이 들어가기 때문에 우물쭈물하다 전화가 돌려지는 일이 없도록 한다.

문제 2 텔레 커뮤니케이션의 3가지 요소가 아닌 것은?

① 경청 능력　　② 태도
③ 언어　　④ 음성

(정답 2) 물론 텔레 커뮤니케이션에서도 태도는 중요하다. 보이지 않지만 그 사람의 태도는 나타나기 때문이다. 하지만 텔레 커뮤니케이션에서 더욱 중요한 것은 경청능력, 언어, 음성 이 세 가지라고 할 수 있다.

학습목표

1. 보이지 않는 얼굴! 회사의 이미지가 결정되는 전화! 전화 예절의 중요성에 대해 이해할 수 있다.
2. 올바른 전화 걸기와 받기의 프로세스와 적절한 용어를 습득할 수 있다.
3. 상황별 전화 응대의 스크립트를 습득할 수 있다.
4. 불만 전화를 받았을 때의 응대 프로세스를 공부할 수 있다.

나의 체크리스트

1. 나는 전화를 받을 때 전화기 근처에 항상 메모지와 펜을 준비하고 있다.
2. 나는 전화를 받을 때 우리 회사를 대표한다는 생각으로 고객의 전화를 응대하고 있다.
3. 나는 적극적으로 고객의 말을 듣고 있다.
4. 나는 끝맺음 인사말을 하고 있다.
5. 나는 고객보다 먼저 끊지 않는다.

■ 고객에 대한 개념

• 내부 고객

내부 고객이란 나를 중심으로 한 상사, 부하, 동료는 물론 경영자, 관리자, 기술자, 생산자, 판매자, 서비스 요원 등 가치를 생산하고 제공하는 종업원 모두를 말한다.

즉, 당신이 수행한 업무의 결과로 부가가치를 얻을 수 있는 당신 바로 옆의 사람들을 말한다.

• 외부 고객

제품이나 서비스를 제공받는 가치구매 고객을 일상적으로 외부 고객이라 한다.

다시 말해, 외부 고객은 당신의 제품을 사고 서비스를 이용하며, 궁극적으로는 당신이 목표를 성취하고 꿈을 실현시킬 수 있도록 그 동안 배운 내용과 습득한 기술을 적용할 수 있게 한다. 또한 당신의 회사 전체를 순환해서 궁극적으로는 당신의 봉급에서 끝나는 실제 자본을 공급해 주는 사람들이다.

이러한 외부 고객을 우리는 최종 고객이라고 한다. 더 넓은 의미에서는 주주, 협력회사, 지역 주민도 외부 고객이라 할 수 있다.

나의 내부고객을 만족시키자

2005년 미국에서 가장 일하고 싶은 기업 1위로 선정되었던 곳은 '웨그먼스 푸드마켓'이라는 식료품 회사였다. 월마트와 같은 초대형 할인점들과 당당히 맞서며 경쟁하고 있는 이 회사의 경영철학은 독특하게도 '직원이 첫째, 고객은 그 다음'이라고 한다.

서비스가 생명인 유통회사에서 고객은 일단 젖혀두고 우리 직원이 우선이라는 이념을 내세우고 있다니, 일반적인 가치관으로는 쉽게 이해가 되지 않는 말이다. 그러나 "고객에게 최고의 서비스를 제공하려면 우선 직원들을 최고로 대우해야 한다"라는 웨그먼스 푸드마켓 CEO의 말처럼 "일할 맛이 나는 회사'란 급여를 많이 주는 곳뿐

1 전화 응대

얼마 전, 모 기업의 직원과 전화 통화를 하게 되었다.

"안녕하십니까? 저는 ○○라고 합니다. 부장님과 통화를 하고 싶은데 지금 자리에 계신가요?"라고 물었는데, 직원은 답변은 "지금, 자리에 없는데… 나중에 하세요"라며 내가 다시 질문을 하기도 전에 찰칵하며 먼저 전화를 끊어 버렸다.

끊어진 전화를 바라보며, '이 회사는 멀었구나' 하는 생각이 자연스럽게 들었다. 이름만 대면 알만한 대기업이었는데도 불구하고, 불친절한 직원과의 짧은 전화 한 통화로 이미지가 별로인 회사라는 생각이 들고 말았다.

이렇듯 전화는 서로가 보이지 않는 상황에서 대화를 나누게 되지만 전화를 끊고 난 후에도 대화를 나누었던 상대방의 이미지는 그대로 남게 된다. 따라서 사소한 통화에도 신경을 쓰도록 노력하는 것이 중요하다 할 것이다.

이번 장에서는 보이지 않는 전화의 중요성에 대해서 알아보는 시간을 갖도록 하겠다.

2 전화 응대의 중요성

- 전화는 얼굴 없는 만남이며 예고 없는 만남이다.
- 전화는 보안이 되지 않는다.
- 오해가 발생할 수 있다.
- 전화 한 통화로 회사의 이미지가 결정지어진다.

3 전화의 특성과 유의사항

전화의 특성	유의사항
목소리만을 통해 의사가 전달된다.	호감 가는 음성과 말씨, 정중한 표현, 정확한 언어, 적절한 속도
상대방의 표정이나 주변 상황을 알기가 어렵다.	상대방의 전화응대 상황 고려
증거, 정확한 전달 여부를 알기가 어렵다.	중요한 내용은 확인과 메모! 반드시 본인의 이름은 정확히
비용이 든다.	간결한 응대, 용건만 간단히 응대에 필요한 자료 비치, 활용
불시에 전화가 온다.	전화응대에 감정 조절

4 전화 응대의 바른 태도

1) 전화 응대 시 자세는 고객을 마주한다고 생각하고 바른 자세를 할 것

2) 거울에 비친 모습이 고객이라 생각하여 항상 밝은 얼굴로 받을 것

3) 고객과의 전화 통화에 몰입하여 열중할 것

4) 복잡한 용건을 주고받을 때는 반드시 메모하고 확인할 것

5) 고객을 도와주려는 자세로 호의적이고 따뜻하게 친절하게 받을 것

5 전화 응대의 3원칙

1) 신속　　2) 정확　　3) 친절

6 전화 응대를 실패하는 원인

- 전화를 늦게 받았기 때문
- 첫인사, 소속을 명확히 하지 않았기 때문
- 친절하지 않았기 때문

- 상대방이 말하는 내용을 늦게 파악했기 때문
- 억양이나 어투가 좋지 못했기 때문
- 마지막 인사가 불분명하거나 전화를 먼저 끊어 버렸기 때문
- 전화 약속을 지키지 않았기 때문

7 전화 응대! 고객은 이런 점이 불만이다

1) 전화벨이 3회 이상 울려도 받지 않을 경우
2) 바꾸어 주겠다고 한 후 기다리게 하는 경우
3) 전화 문의 시 귀찮아하고 빨리 끊으려고 하는 경우
4) 전화 응대 시 경어를 사용하지 않는 경우
5) 아무런 반응이 없어 잘 듣고 있는지 의문스러운 경우

■ 전화기의 근처에 비치해 두어야 할 것

1) 메모 용지　2) 필기도구　3) 전화번호부
4) 자주 거는 상대방의 전화번호 리스트

■ 전화를 거는 시간

보통의 비즈니스 사회에서는 일과시간에 해당되는 오전 9시에서 오후 6시까지 사이에 거는 것이 좋다.
점심시간은 특별한 경우를 제외하고는 피하는 것이 좋다.

■ 상대를 확인할 것

특별한 연상의 상사나 윗사람에게 전화를 할 경우, 상대방을 직접 전화에 불러내는 것이 결례가 되는 경우가 있으므로 주의하도록 한다.
이런 경우 최초로 전화를 받은 사람에게 용건을 말할 상대방의 형편을 묻든가 전갈을 의미한다. 또 상대방의 업무상 특징이나, 성격을 사전에 파악해 둘 필요가 있다.

전화 응대 1

전화상의 대화도 인사부터!!

"여보세요"

"여보세요. 거기 ○○회사죠? 담당자 좀 바꿔주세요"

우리 주위에서 쉽게 들을 수 있는 통화 내용이다. 그러나 우리가 누군가를 만났을 때 반갑게 인사하며 서로 관계를 맺듯이 전화도 먼저 이름을 밝히며 인사하는 것이 좋을 것 같다.

예를 들어, "안녕하십니까? OO회사 김친절입니다"라고 말한다. 전화로 이야기한다고 결코 기계와 대화를 하는 것은 아니기 때문이다.

이것은 업무상으로 고객에게 전화의 용건에 대해 말하려고 하기 전에 본인이 이 일의 책임자임을 알 수 있도록 정확한 정보를 전달한다는 의미도 있고, 고객에게 신뢰를 줄 수 있게 되기 때문이다.

최근에는 "정성을 다하겠습니다", " 친절히 모시겠습니다" 등으로 전화를 받는 경우가 많다.

또한 전화 벨이 오래 울린 후에 받게 되는 경우라면 다음과 같이 한 마디를 붙여 전화를 받아 보도록 하자.

"기다려 주셔서 감사합니다" 혹은 "오래 기다리셨습니다. OO회사입니다" 아마 기다림으로 지루했던 고객이 호감으로 바뀔 수 있을 것이다.

전화 응대 2

전화는 좋은 끝맺음도 중요하다.

전화는 받는 것도 중요하지만 무엇보다 끝내도 좋은 때에 끝내야 한다. 상대방이 전화 수화기를 먼저 내려놓는 소리를 들었을 때 기분이 별로 좋지 않았을 것이다.

용건이 채 끝나기도 전에 잘못 짐작하여 수화기를 내려놓으면 상대는 기분이 상하게 된다. 그리고 전화를 끝맺을 때는 전화가 시작할 때와 마찬가지로 인사로 끝맺음해야 한다.

"감사합니다"

"좋은 하루 되세요"

"잘 알겠습니다"

"잘 부탁 드리겠습니다"
"즐거운 하루가 되시기 바랍니다"

효과적인 시작과 끝맺음의 대화는 당신이 고객과의 전화 통화를 끝낸 후에도 빠르게 고객들에게 인식이 되어 여러분과 회사의 이미지를 결정하게 된다.

8 전화 응대 서비스 3요소

1) 목소리 조절(Voice Control)

메시지 전달 후에 고객이 받은 어떠한 인상의 원인을 살펴보면 실제 말의 내용보다는 (14%), 억양, 어투, 발음, 톤, 음성표현(86%)에 민감하게 반응하는 것을 알 수 있다.

2) 통화태도(Attitude)

전화 통화를 하다 보면 전달되는 목소리만으로도 상대방의 심리 상태, 자세, 지적 수준까지 가늠할 수 있다.

3) 통화 예절(Manners)

고객은 나에게 도움이 되는 존재이며 이익이 되는 존재라는 생각으로 응대하면 통화 예절은 당연히 지킬 수 있다.

9 ART 전화응대 방법

A : 적극적으로 응대하기(Active Listening)

고객의 이야기를 같은 수준에 맞춰주는 것

〈"OOO해서 OOO하시겠군요"〉

R : 공감적 수용하기(Received Empathy)

보다 구체적으로 감정을 존중하며 맞춰주는 것

〈"특히, OOO 때문에 OOO하시겠군요"〉

T : 신뢰관계 형성하기(Try to Intergrade)

확장하거나 혹은 그 이상으로 맞춰 주는 것

〈"그래서, OOO하는데 OOO하시겠군요"〉

10 전화 받기

이번 장에서는 올바른 전화 받기 예절에 대해 알아보도록 한다.

1. 수화기를 든다.	〈service tip〉 전화벨이 3번 울리기 전에 응대한다. 메모 준비를 하고, 자세를 바르게 한다.
2. 첫인사	〈응대화법〉 "안녕하십니까? OOO입니다" "늦게 받아 죄송합니다. OOO입니다" 〈service tip〉 밝고 정중한 첫인사로 고객을 맞이한다. 정확한 인사말과 성명, 소속을 안내한다.
3. 고객문의를 경청	〈응대화법〉 "네 그러셨군요" "네, 맞습니다" / "아, 그러셨군요" 〈service tip〉 고객의 문의내용을 경청하고 호응한다.

4. 니즈파악 (문의내용)	〈응대화법〉 "~을 확인하고자 하십니까?" "문의하신 내용이 ~ 맞습니까?" 〈service tip〉 고객의 문의 내용을 요약 정리하여 확인한 후 니즈를 정확하게 파악하도록 한다.
5. 솔루션 제공	〈service tip〉 고객의 니즈를 파악하여 필요한 정보를 제공한다. 공감적 표현으로 고객의 불만을 이해하고, 신뢰를 줄 수 있도록 응대한다. 이해하기 쉽고, 상세한 안내로 고객의 눈높이에 맞는 응대를 한다. 고객이 문의하기 전에 추가적으로 제공 가능한 내용을 안내하여 상담을 한다.
6. 만족확인	〈응대화법〉 "더 궁금한 사항이 있으십니까?" "전화주셨는데, 도움이 되어 드리지 못해 죄송합니다" 〈service tip〉 응대 내용에 대한 만족 여부를 확인한다. 고객의 요구대로 처리가 불가능한 경우 양해를 구한다. 다른 궁금한 사항이 있는지 문의한다.
7. 끝인사	〈응대화법〉 "고맙습니다. 좋은 하루 되십시오" 〈service tip〉 정중한 끝 인사로 상담을 종료하며, 종결 의사가 먼저 느껴지지 않도록 한다.
8. 수화기를 내려놓는다.	〈service tip〉 고객이 끊는 것을 확인한 후 수화기를 살짝 내려놓는다. 단, 다른 고객을 응대 중일 때는 종료 인사 후 2초의 여유를 갖고 오른손으로 '훅' 을 누르고 수화기를 살짝 내려놓는다.

11 전화 걸기

이번 장에서는 올바른 전화 걸기 예절에 대해 알아보도록 한다.

1. 통화계획 사전점검	〈service tip〉 상대의 시간, 장소, 상황을 고려하여 용건과 말하는 순서를 메모한 후 전화번호와 성명을 확인한다.
2. 첫인사	〈응대화법〉 "안녕하십니까? 회원님 OOO 회사, OOO입니다" 〈service tip〉 인사말을 정중하게 한 후 자신의 소개를 명확히 한다. 통화하고자 하는 고객을 확인하고 정중하게 부탁한다.
3. 니즈파악	〈응대화법〉 "고객님, 지금 통화 가능하십니까?" 〈service tip〉 고객의 입장에서 통화 상황을 파악하여 가능 여부를 확인한다. 통화 허락에 대한 감사인사를 한다. 일방적인 통화가 되지 않도록 주의한다.
4. 요점정리 및 확인	〈service tip〉 주요 결정 사항에 대한 복창, 확인을 한다. 숫자, 시간, 장소, 이름, 연락처 등 반드시 복창하여 확인한다.
5. 끝인사	〈응대화법〉 "바쁘신데 시간 내 주셔서 감사합니다" 〈service tip〉 통화에 대한 감사 인사를 한다. 상황에 따른 적절한 끝인사를 한 후 고객이 끊은 것을 확인하고 수화기를 살짝 내려놓는다.

■ **전화 응대 체크리스트**

체 크 항 목	Yes	No
1. 벨이 2회 이내 울릴 때 받았습니까?		
2. 메모 준비는 되어 있었습니까?		
3. 바르게 자신의 이름을 말했습니까?		
4. 상대방을 확인했습니까?		
5. 전화를 신속하게 바꾸어 주었습니까?		
6. 찾는 사람이 없을 때 적절히 처리했습니까?		

■ 전화 응대 체크리스트

체 크 항 목	Yes	No
7. 용건을 들으며 메모를 했습니까?		
8. 요점을 복창했습니까?		
9. 전언을 부탁받았을 때, 상대에게 자신의 이름을 알렸습니까?		
10. 전화를 쓸데없이 여기저기 바꾸어 주지는 않았습니까?		
11. 전문용어를 쓰지 않았습니까?		
12. 너무 기다리게 하지는 않았습니까?		
13. 알기 쉬운 말로 배려하면서 전화를 받았습니까?		
14. 확실하고 밝은 목소리였습니까?		
15. 경어는 적절했습니까?		
16. 끝맺음의 인사를 했습니까?		
17. 상대방이 끊고 나서 전화를 끊었습니까?		

■ 메모 전달 시 유의사항

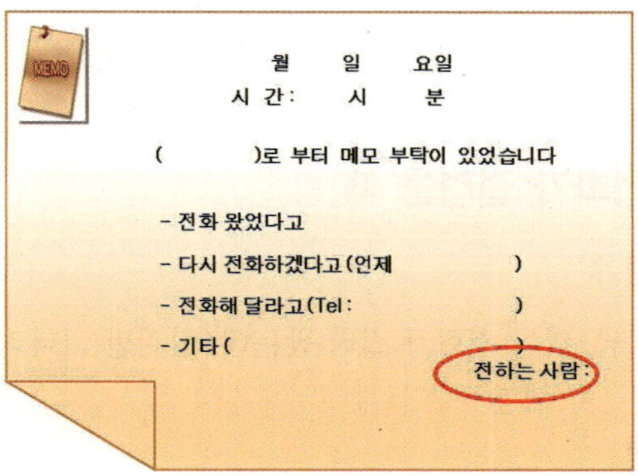
MEMO

월 일 요일
시 간: 시 분

( )로 부터 메모 부탁이 있었습니다

- 전화 왔었다고
- 다시 전화하겠다고(언제)
- 전화해 달라고(Tel:)
- 기타( )

전하는 사람:

12 상황별 전화 응대

1) 통화 중에 고객이 찾아왔을 경우

■ 통화 상담이 길어질 경우, 전화 고객에게 양해를 구한 후

"고객님, 죄송합니다. 통화가 다소 길어질 것 같은데, 잠시만 더 기다려주시겠습니까?"

■ 통화 종료 후

"오래 기다려주셔서 감사합니다.바로 처리해 드릴께요."

■ 주의사항

업무상 통화를 하고 있기 때문에 당연히 고객이 기다려 주리라 생각을 하지만 고객에게는 먼저 관심받고자 하는 심리가 있다. 이때, 가볍게 목례와 눈인사를 하는 것이 좋다.

2) 통화 도중에 전화가 끊겼을 때

"고객님, 죄송합니다. 전화가 끊겼습니다. 다시 한번 말씀해 주시겠습니까?"

3) 상담 도중 전화벨이 울릴 경우

"고객님, 죄송합니다. 전화 좀 받겠습니다."

"고객님, 잠시 실례하겠습니다."

4) 통화 중 다른 전화가 걸려올 때

■ 통화 중인 고객에게

"죄송합니다. 고객님, 다른 전화가 걸려 왔는데, 잠시만 기다려 주시겠습니까?"

■ 전화 건 고객에게

"안녕하십니까? ○○회사 ○○○입니다."

■ 통화 중인 고객에게

"죄송합니다. 오래 기다리셨습니다."

출처 : http://blog.naver.com/tbtehf009?Redirect=Log&logNo=220...

5) 전화받을 사람이 부재중일 때

"지금 자리에 안 계십니다. 메모 남겨드릴까요?"

6) 전화받을 사람이 통화 중일 때

"○○○과장님은 지금 통화 중입니다. 잠시만 기다려주시겠습니까?

■ 기다리는 시간이 길어질 경우

"죄송합니다. 통화가 길어지는데, 메모를 남기시면 전해드리겠습니다."

7) 전화가 잘못 걸려왔을 경우

"여기는 ○○○입니다. 전화번호를 다시 한번 확인해 주시겠습니까?"

8) 담당자 연결 시

■ 연결을 할 경우

"네, ○○○과장님 말씀이십니까? 혹시 끊어지면 ○○○-○○○○번으로 다시 전화주세요. 연결해 드리겠습니다. 감사합니다."

(이름을 복창할 때에는 성과 이름, 직위를 같이 복창한다)

■ 담당자 수신 시

"전화바꿨습니다. ○○팀 ○○○입니다."

9) 잘 들리지 않을 경우

■ 목소리가 잘 들리지 않는 경우

"고객님, 회원님, 잘 들리지 않는데요. 죄송합니다만, 좀 더 크게 말씀해주시겠습니까?"

■ **통화상태가 좋지 않은 경우**

"죄송합니다. 전화상태가 좋지 않아 잘 들리지 않습니다. 다시 전화해 주시겠습니까?"

13 불만 전화를 응대하는 요령

1. 먼저 사과한다.

"불편을 끼쳐드려서 대단히 죄송합니다."

2. 우선, 고객의 불만 내용을 끝까지 참고 듣는다.

(고객의 감정을 상하지 않도록)

※ 고객의 내용을 부정한다든지 의심하는 말은 삼간다.

3. 진실을 확인하고 변명하지 않으며 불만사항에 대하여 정중히 사과한다.

※ 단순한 사과보다는 설명부족 부분, 사무착오적인 부분 등 그 원인에 대해 명확히 사과하는 것이 효과적이다.

4. 불만의 원인을 조사한다.

※ 그 즉시 확인이 불가능할 때는 적당히 판단하지 말고 상사나 동료, 담당자에게 확인한다.

5. 최선의 해결책을 제안한다.

※ 회사의 성의가 충분히 담겨있고 고객이 납득할 수 있는 신속한 처리 방법을 제시한다.

"이렇게 해 드리면 어떨까요?"

6. 그래도 설득이 안 될 때는 상황을 바꿔서 처리한다.

※ 같은 사람이 끝까지 응대하는 것보다는 책임자 혹은 상급자가 나서서 해결하는 것이 효과적이다.

7. 책임감을 갖고 전화를 받는 사람의 이름을 밝혀 고객을 안심시킨다.

※ 끝으로 한 번 더 사과하는 말과 함께 소속과 이름을 말한다.
"고객님, 불편하게 해 드려 다시 한 번 거듭 사과드립니다. 오늘도 좋은 하루 되십시오."

■ 커뮤니케이션의 3요소

대인 커뮤니케이션		텔레 커뮤니케이션		성공적 커뮤니케이션	
시각	55%	---		---	
언어	7%	언어표현	15%	말하기	10%
청각	38%	음성품질	85%		
		경청능력		듣기	30%
				생각하기	60%

텔레 커뮤니케이션의 3요소 - 음성품질

1. 목소리(톤) & 억양

■좋은 목소리

- 말의 길이와 높낮이, 강약 조절 생동감
- 내용의 정확한 전달과 이해 신뢰감
- 회화적인 음률의 변화 등이 자연스러운 목소리

■억양

- 열정적으로 생동감 있게
- 침착하고 자신감 있게
- 고객을 이해하고 도와주는 마음으로

2. 말의 속도

전화상의 대화는 시간제약이 있으므로 일반 대화보다는 약간 빠른 속도로 말한다.

- 고객과 보조를 맞춰 속도를 결정한다.
- 고객 유형에 따라 속도에 변화를 준다.
- 인사와 소속, 이름을 밝히는 첫 멘트는 정확하게 하도록 한다.

3. 발음 & 강조하기

- 명확한 발음으로 입 모양을 크게 벌려 활용한다.
- 같은 말이라도 강조하는 곳에 따라 전혀 뜻이 다르게 나타난다.

번호, 금액, 수량, 일시, 장소 등을 강조하고 또박또박 말한다.

■ Voice with Smile!

세계적인 한 통신회사의 광고 문구이다. 이는 미소를 띠고 얘기하면 그것이 전화선을 타고 상대방에게 전달된다는 생각에서 비롯되었을 것이다.

누구나 목소리만 들어도 상대의 표정을 충분히 읽을 수 있다.

그래서인지 어느 호텔의 경우, 거울을 놓고 전화벨이 울리면 먼저 미소부터 짓는다고 한다. 전화 응대의 기본은 밝은 얼굴에서 시작됨을 다시 한 번 명심하자.

말하는 동안 미소를 짓고 항상 밝은 목소리로 응대한다.

얼굴표정뿐 아니라 어떻게 앉아 있느냐에 따라 음성의 명확함, 강도, 생동감이 달라진다. 바른 자세로 밝은 얼굴로 말하면 전화는 항상 긍정적인 톤으로 끝나게 됨을 명심하도록 하자.

Exercise

1. 전화응대 태도를 설명한 것 중 잘못된 것은?

① 전화응대 시 자세는 고객을 마주 대한다는 생각으로 바른 자세를 취하도록 한다.
② 고객과의 전화 통화에 몰입하고 열중해야 한다.
③ 복잡한 용건을 주고받을 때는 반드시 메모하고 확인한다.
④ 얼굴이 보이지 않으니까, 목소리만 신경 써서 받는다.

2. 전화 응대에서는 상대방에게 어떻게 언어를 표현하느냐도 중요하다. 다음 중 바르지 않게 설명한 것을 고르시오.

① 전문 용어보다는 이해하기 쉬운 용어로 선택한다.
② 시종 일관 상담 용어로만 사용해서 전문화를 주어야 한다.
③ 부정형보다는 긍정형으로 사용한다.
④ 플러스 대화법으로 활용하도록 한다.

3. 불평 전화를 받았을 때 응대가 잘못된 것은?

① 일단 고객의 말을 끝까지 듣는다.
② 사실을 확인하기 전에 먼저 사과하고 불만 사항을 해결한다.
③ 일단 상황을 먼저 듣도록 한다.
④ 상황이 종료된 후에도 해피 콜을 하도록 한다.

4. 전화가 주는 업무 능력을 설명하지 않은 것은?

① 시간이 효율화될 수 있다. ② 경비가 절감될 수 있다.
③ 정보가 효율화될 수 있다. ④ 행동이 바뀔 수 있다.

5. 전화 응대의 ART 응대 방법에 대해 잘못 설명한 것은?

① A : 태도를 정중하게 응대하기 ② R : 공감적으로 수용하기
③ A : 적극적으로 응대하기 ④ T : 신뢰관계 형성하기

정답 1. ③ 2. ④ 3. ① 4. ③ 5. ④

Review

1. 전화 응대에서는 정확하게 표현하는 것이 좋다.
즉, 바른 음성으로 말끝은 명확하게 해야 하며, 고객이 이해하지 못할 전문용어는 피하도록 한다. 또한, 상대방에게 정확하게 전해졌는지 확인하고 필요할 때는 복창하도록 한다.

2. 전화 응대에서는 고객의 말을 가로채거나 혼자서만 말하는 것은 좋은 습관이 아니다. 항상 고객의 심리를 이해하여 기분이 상하지 않도록 한다.

3. 전화 응대에서 중요한 것 중 하나는 바로 좋은 목소리와 억양이다.
좋은 목소리는 생동감과 신뢰감이 있어야 하며, 억양은 열정적이며 생동감 있게, 때로는 침착하고 자신감 있게 고객을 이해하고 도와주려는 마음으로 해야 한다.

제5부

고객불만을
고객감동으로

(정답 3) 고객불만은 잠재적으로 회사의 입장에서는 위험이 되기도 하지만 기회가 되기도 하며, 추후 회사의 개선 및 발전에 좋은 영향을 주며, 고객에 대한 서비스의 질을 향상시키는 역할을 한다.

문제 3 고객불만에 대해 가지는 몇 가지 선입견이 있는 O, X로 알아보도록 한다.

고객이 불만을 표시하지 않는다면 당신의 고객은 만족하고 있다는 것인가?

그렇지 않다. 만족을 느끼지 못한 고객의 대부분은 불만을 표시하지 않는다. 하지만 더 이상 우리 회사와의 거래를 원하지 않을 수 있다.

한두 명의 불만족 고객에까지 신경을 써야 하는가?

그렇다. 만족하지 못한 고객은 불만 사례를 다수의 타인에게 전파하기 때문에 그 불만고객과 더불어 상당수의 잠재고객까지 함께 있을 수 있다.

불만고객은 문제가 해결된 이후에도 부정적인 이미지 때문에 우리의 고객으로 남지 않을 것이다.

그렇지 않다. 문제가 해결되면 신뢰감이 회복됨과 동시에 오히려 문제가 없었던 고객보다 더 충실한 고객이 된다.

고객들은 불평불만을 제기하는 것을 즐긴다.

그렇지 않다. 불평불만을 제기하는 것은 시간도 걸리고, 번거로운데 누가 즐기겠는가? 오히려 우리 회사에 애정이 있는 고객이 불만을 표현하는 것이다.

불평불만을 이야기하기 어렵도록 만들면 사소한 문제로 골치가 아픈 일은 없을 것이다.

그렇지 않다. 연구조사에 의하면 고객의 불평불만을 긍정적으로 생각한 회사는 그렇지 않은 회사보다 고객 유지율이 40% 정도 높았다.

학습목표

1. 불만고객의 발생 원인을 살펴보고, 불만고객 응대가 왜 중요한지 알 수 있다.
2. 불만고객의 유형별 심리 상태를 이해할 수 있다.
3. 불만처리 방법과 단계별 응대 방법을 모색한다.
4. 회사 내에서 발생하는 불만사례를 활용하여 불만고객 응대화법을 습득할 수 있다.

나의 체크리스트

1. 나는 업무처리가 미숙하거나, 혹은 업무처리 지연으로 인해 고객에게 불만을 자주 듣는다.
2. 나는 고객의 무리한 요구 사항에 대해서 회사 규정상 안 된다는 말을 자주 언급한다.
3. 나는 고객의 계속되는 질문에 귀찮아하는 경우가 자주 있다.
4. 나는 동일한 사항에 대한 문제점을 반복적으로 지적당하는 경우가 있다.
5. 나는 고객불만이 발생할 경우 감정 컨트롤을 스스로 할 수 있다.

1 고객 불만

1961년 기상학자 에드워드 로렌츠는 기상 관측을 하다가 중국 베이징에 있는 나비의 날갯짓이 다음 달 미국 뉴욕에서 폭풍을 발생시킬 수도 있다는 나비효과 이론을 발표했다. 이는 현재는 아주 작고 사소한 것으로 보일지라도 나중에는 엄청나게 큰 사태를 몰고 올 수 있다는 대 자연의 법칙을 보여준 것이다.

변화무쌍한 날씨를 예측하기 힘든 이유를 지구상 어디에서인가 일어난 조그만 변화 때문에 예측할 수 없는 날씨 현상이 나타날 수도 있다는 예를 들어 설명한 것이다.

이렇듯 아무렇지도 않게 행한 행동이 다른 한쪽에 아주 큰 영향을 미칠 수 있다는 예에 적용을 할 수 있다.

즉, 직원이 고객에게 보인 작은 실수와 불만은 그런 일을 당한 고객이 누구인가에 따라 나비효과처럼 엄청나게 폭발적인 영향을 미칠 수 있다는 것이다. 그러므로 조직이 지금 잘 나가고 있으니 괜찮다는 것이 아니라, 언제 나비 한 마리(고객)가 날아들어 조직이 한순간에 무너질지 모르니 정신 바짝 차리고 작은 불만이라도 정성을 다하여 만족으로 바꾸는 능동적인 자세가 필요하다.

이번 장에서는 혹시 모를 불만을 사전에 예방하고, 불만의 발생원인을 알아보고, 불만고객 응대방안에 대해서 살펴보도록 한다.

2 불만 고객의 분류

1) 서비스 불만족 고객이 취하는 행동은 4가지로 유형화할 수 있다

❶ 기업에 직접 말하는 고객이다.(37%)

❷ 수동적인 고객이다. 자신의 불평을 적극적으로 처리하지 않는 경우다. 이것을

가멘(gamen)이라고도 하는데, 이는 불평하지 않고 소비의 결과를 운명의 결과로 생각하는 것이다.(14%)

❸ 분노하는 고객이다. 즉 실질적인 불평의 정도가 정도를 넘는 경우라고 할 수 있다.(21%)

❹ 불평뿐 아니라 적극적으로 불평행위를 취하는 고객이다.(28%)

대부분의 불만족한 경우(86%)는 불평을 외부에 표출하게 되는데, 이렇게 불평하는 고객의 유형은 크게 3가지로 구분된다. 첫째, 해당 업체에 직접 항의를 한다. 즉 기업에 직접 배상을 요구한다. 둘째, 친지나 가족, 개인적으로 관계가 있는 소비자에게 자신의 불만 사항을 이야기한다. 즉 자신과 관련이 있는 소비자에게 경고하거나 구매 중지나 구매 보이코트 등 사적인 행동을 취한다. 셋째, 전혀 자신과 관계없는 삼자에게 불만을 토로하는 것이다. 즉 공식기관(소비자보호원, 정부기관 등)이나 조직(민간단체 등)에 불평을 토로함으로써 자신의 불만을 해소하거나 배상을 요구하는 것이다.

호텔의 경우에는 불만을 표출하는 고객 중, 호텔 측에 직접 배상을 요구하는 경우가 가장 많은 편이다.

2) 고객의 성격 유형별로 다음과 같은 태도로 맞이한다면 좀 더 적절한 응대가 가능하다

- '빨리빨리형' 의 고객 → 시원시원한 응대로, 신속하게
- '이것저것 트집을 잡는 까다로운 형' 의 고객 → 경청하고, 맞장구 치고, 추켜세우고, 설득해가는 방법
- '뽐내는 거만형' 의 고객 → 정중하고 깍듯하게
- '싹싹하고 쾌활한 명랑형' 의 고객 → '예스, 노' 를 분명히
- '온순하고 얌전형' 의 과묵한 고객 → 정중하고 온화하게
- 의심이 많은 고객 → 분명한 증거나 근거를 제시
- 어린이 동반 고객 → 적절한 찬사를 섞어서

3 불만의 정의와 발생원인

1) 불만의 정의

고객이 회사에서 제공하는 솔루션에 만족감을 얻지 못한 경우 발생되는 모든 상황을 말한다.

2) 불만의 발생원인

(1) 고객과의 불충분한 커뮤니케이션

고객의 요구 및 회사가 제공하는 서비스에 대하여 명쾌하고 완전하며 정확하게 커뮤니케이션을 하지 못할 경우

(2) 기대 이하의 서비스를 제공받았을 때

- 서비스의 결함
- 고객관리의 결함

(3) 고객의 지나친 요구로 인하여 발생하는 경우

고객은 회사가 제공 가능한 서비스 수준 이상을 기대한다.

불만 고객에게 감사해야 하는 이유

① 회사의 개선 및 발전에 영향을 준다.
② 고객이 원하는 것이 무엇인지 알 수 있다.
③ 어떠한 문제점이 있는지를 파악할 수 있어 귀한 정보를 얻게 된다.
④ 고객의 불만에 대한 응대를 성의껏 잘하면 고정고객으로서 지속적이고 우호적인 관계가 유지된다.

4 기업에 대한 고객의 불평 원인 분석

	기업	고객
업무적	• 직원의 업무 지식 부족 • 설명 불충분, 의사소통 미숙 • 업무처리 미숙, 지연 • 고객감정에 관한 배려부족 • 서비스 정신 결여	• 회사 업무에 대한 지식 부족 • 착오, 과실 • 감정 • 고의, 악의
심리적	• 바쁘다.(귀찮다) • 회사의 규정을 어길 수 없다. • 특별한 대우를 할 수 없다. • 사무처리에 하자가 없다. • 자신이 전문가라는 우월감	• 업무처리 지연에 대한 초조감 • 고객이 왕이라는 우월감 • 제품이 여기뿐이냐는 비교심리 • 하자에 대한 항의 • 자존심 손상 • 열등의식

5 고객불만의 부정적 측면 & 긍정적 측면

부정적 측면	긍정적 측면
• 10명의 고객이 불만족을 느꼈을 경우 그 중 3명은 아주 심각할 정도의 불만족을 가지고 있다. • 1명의 불만족 고객은 평균 11명한테, 11명은 5명한테 불만족 이야기를 전하는데, 결국 한 명의 불만족 고객은 무려 260명에게 전파하게 된다. • 불만족 고객의 4%만이 불만을 토로하고 그 기업을 찾는다. • 새로운 고객 유치 비용은 기존 고객 유지의 6배에 달한다.	• 자사 상품 및 서비스를 평가하는 유용한 자료 • 서비스를 향상시키는 역할 • 신속한 고객 불만 처리는 회사의 이미지 향상으로 연결

6 고객이 거래를 중단하는 이유

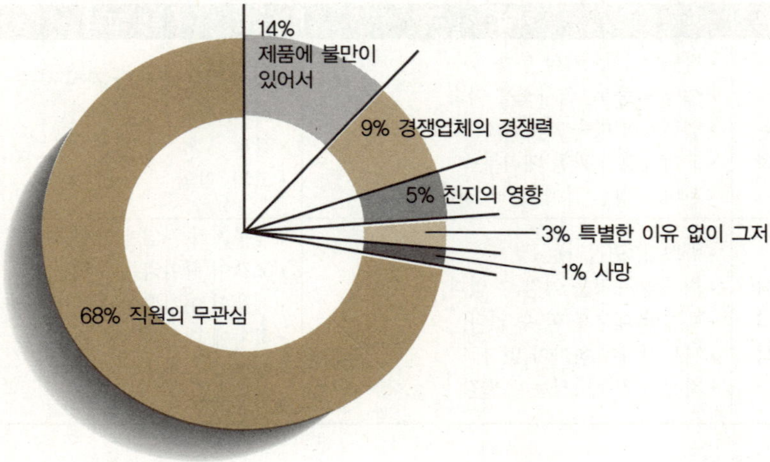

1% 사망

3% 특별한 이유 없이 그저

5% 친지의 영향 – 당신은 당신 친척의 부탁을 거절 못하고 자동차 보험을 다른 회사로 바꾼 적이 있을 것이다.

9% 경쟁업체의 경쟁력 – 예상 외로 적은 %임을 상기하라.

14% 제품에 불만이 있어서 – 경쟁업체의 제품과 서비스가 좋아서 거래가 끊기는 것보다 자사 제품에 대해 불만을 가질 때, 그리고 그것이 잘 해결되지 않을 때, 당신의 고객이 떠난다는 것을 기억하자.

68% 직원의 무관심 – 당신을 고객으로 대우해 주지 않을 때, 당신은 마음 속에서 끓어오르는 분노를 참았던 기억이 있을 것이다.

7 불만 고객의 유형별 심리

1) 불만 표현형 고객의 심리

–감정적이고 목소리의 톤이 평소보다 두 옥타브 올라간다.

–말을 더듬거나 두서가 없다.

–가끔 반말을 하거나 심지어는 욕을 하는 경우도 있다.

-표현이 비이성적이고, 비논리적이며 체계적이지 못하다.

-요구조건이 많고 불쾌해 있다.

2) 포기형 고객의 심리

-자존심이 매우 강하다.

- "내가 한번 손해보고 말지 뭐! 다음에 안 오면(안 사면, 거래 안하면) 될 거 아니야."

- "당신이 나에게 이야기해 보라고 하는데 이야기하면 당신이 해결할 수 있어?"

8 컴플레인 처리요령

1) 처리원칙

고객의 불만은 고객이 회사를 위해서 시간과 돈을 제공해주는 귀중한 정보다.

- 불만 상담 창구는 동일하다.
- 고객의 입장에 서서 응대한다.
- 끝까지 경청한다.
- 회사를 대표하는 마음으로 한다.
- 반드시 경영자에게 보고한다.

2) 기본 응대 자세

- 한발 양보하는 자세
- 정확한 원인을 파악하고 분석하는 자세
- 즉시 신속하게 처리하려는 자세
- 적극적으로 해결한 다음 그 결과를 검토하는 자세
- 고객에 대한 선입견 배제
- 불성실하고 부주의한 자세는 금물
- 고객의 불평, 불만의 전반적 사항 이해
- 불평사항 메모하는 적극적이고 성의 있는 태도

9 컴플레인 처리단계

1) 신속한 접수

고객의 실수이든 본인의 실수이든 일단 고객이 불만을 토로하면 귀담아 들어야 한다. 고객불만을 신속하게 접하는 것에 있어서 제도적인 부분도 필요하지만 더 우선적인 것은 고객이 "저 분위기에 내 불만을 이야기해 봤자지"란 생각이 들지 않도록 분위기를 언제든지 고객불만을 수용할 수 있는 자세로 만들어야 한다.

2) 사죄의 표현

고객의 불만에 대해 본인이 옳다고 생각하여 사죄를 하지 않는 것은 잘못된 행동이다. 고객의 불만을 이야기하려 할 때 문제를 해결하려는 의도보다는 용건을 알려는 정도로 느껴지면 불만고객을 더욱 언짢게 만들게 된다. 우선적으로 "죄송합니다"로 시작하여 잘 해결하려는 긍정적인 인상을 전달하도록 해야 한다.

3) 경청과 메모

고객이 불만을 이야기하면 반드시 메모하면서 말이 다 끝날 때까지 정중히 경청하는 모습을 보여주는 것이 문제 해결에 상당한 영향력을 준다. 자신의 의견을 경청해 주는 것만으로도 불만이 반으로 줄어드는 효과가 생길 수 있다.

4) 문제 파악

문제를 업무적인 면, 심리적인 면, 복합적인 면으로 정확하게 파악한 후에 매우 객관적인 입장으로 고객에게 설명하며 설득할 수 있도록 한다.

제 16장

"죄송합니다"를 효과적으로 사용하라

Quiz

문제 1 **자사의 잘못으로 고객불평, 불만처리가 발생했을 경우 유의사항이 아닌 것은?**

① 고객의 입장이 되어 성의 있는 태도로 대한다.
② 사실 중심으로 명확하게 설명한다.
③ 감정의 표현 및 노출을 피하고 일보 후퇴하여 냉정하게 검토한다.
④ 상대방의 입장에 반론하면서 적극적인 자세로 임한다.

(정답 4) 불만고객을 응대할 경우 신속하고 적극적인 자세로 문제를 해결해야 한다. 상대방의 입장에 반론을 제기하기보다는 동조하면서 긍정적으로 듣고, 가급적이면 변명은 하지 않고, 솔직하게 사과하고, 성의 있는 태도로 응대해야 한다.

문제 2 **불만고객에게 감사해야 하는 이유 중 잘못된 것은?**

① 고객이 원하는 것이 무엇인지 알 수 있다.
② 고객의 불만에 대한 응대를 성의껏 잘하면 고정고객으로서 지속적이고 우호적인 관계가 유지된다.
③ 불만고객은 회사의 개선 및 발전에 악영향을 준다.
④ 어떠한 문제점이 있는지를 파악할 수 있어 귀한 정보를 얻게 된다.

5) 해결책 제시

내용파악을 한 후 고객에게 정중히 대안을 제시하며, 다른 방법을 찾도록 도와주는 것이 바람직하다.

"된다.", "안 된다."의 표현을 사용하는 것보다는 고객의 의견을 묻는 것이 보다 효과적이다. 고객의 의견 속에 해답이 있다는 걸 명심하고 항상 경청한다.

10 고객의 불평, 불만 처리시의 MTP법

Man	Time	Place
• 누가 처리할 것인가? 예) 담당직원, 책임자 등	• 어느 시간에 처리할 것인가? 예) 상황, 냉각시간이 필요한가?	• 어느 장소에서 처리할 것인가? 예) 서서(앉아서) 이야기, 응접실

1) 고객의 노여움이 심할 경우

- 연장자나 상급자가 처리하는 것이 효과적
- 고객의 말을 중요하게 여기고 있다는 것을 간접적으로 표현

2) 문제발생 장소를 이동

- 조용한 상담실이나 책임자실로 안내
- 고객이 객장에서 큰 소리로 불만을 얘기할 경우 다른 고객에게 미치는 부정적인 영향을 방지

3) 잠시 혼자 있는 시간을 두고 차 접대와 함께 사과

- 고객이 감정을 가라앉히고 생각을 정리할 여유 제공

고객이 따지고 들거나 불평을 할 때 응대

"회사규정이니 할 수 없죠" 등의 무책임한 말을 하거나
"그것은요"하고 즉각적인 반론을 펴서는 곤란하다.
이런 경우, 우선 그 이유를 재빨리 감지하여 고객이 오해를 하고 있다면
"고객님 말씀에도 일리가 있습니다만 …"
"고객님의 심정을 충분히 이해하고 있습니다만" 식으로 고객의 입장을 인정해준 후 고객을 설명하여 이해시켜야 할 것이다.

유용한 동감어!!

- 정말 화가 나실 만 하군요.
- 정말 뭐라 말씀을 드려야 할지 모르겠습니다.
- 저도 고객님의 말씀이 옳다고 생각합니다.
- 예, 지금 고객님이 하시는 말씀이 무슨 뜻인지 잘 알고 있습니다.
- 정말로 고생 많으셨습니다.
- 좋은 의견 말씀해 주셔서 감사합니다. 저희가 고려(시정)하도록 하겠습니다.
- 많은 것을 배웠습니다. 저희가 더욱 더 노력하겠습니다.
- 고객님의 지적 말씀이 저희에게는 매우 소중합니다.
- 이렇게 말씀해 주신 것이 저희에게는 중요한 계기가 될 것입니다.
- 고객님~! 이런 사항에 대해 말씀해 주셔서 감사합니다.

11 컴플레인 금기사항

1) 고객에게 모든 책임을 전가한다. 2) 사과만 한다.

3) 무례하게 대응한다. 4) 고객을 인터뷰한다.

5) 고객을 의심한다.(거의 그럴 확률이 높다고 해도)

6) 아무런 반응도 보이지 않는다. 7) 책임을 다른 사람에게 전가한다.

12 불평 고객이 바라는 것

- 내 화난 기분을 알아주란 말이야….
- 빨리 사과하란 말이야….
- 내가 화난 이유를 잘 모르는 것 같아.(정확한 원인 파악)
- 잘못을 바로 잡겠다는 약속을 받기를 바란다.

13 불만 고객 응대 방법

히트(HEAT)는 고객이 너무 많이 화를 내거나 흥분한 고객을 응대하는 가장 효과적인 방법이라고 할 수 있다.

히트는 고객의 기본적 욕구를 충족시킨 후에 실제적 욕구까지 충족시킬 수 있다는 장점이 있다.

HEAT

- 끝까지 들어준다.(Hear them out)
- 공감해준다.(Empathize)
- 사과한다.(Apologize)
- 행동에 책임을 진다.(Take responsibility for action)

불만고객은 상담 초기부터 화를 내거나 불만을 이야기하는 편이다. 이런 경우 즉시 히트(HEAT)를 적용함으로써 고객을 진정시킬 수 있고, 상호작용을 재빠르게 '니즈파악' 단계로 진전시킬 수 있다.

1) HEAT는?

(1) H(Hear them out) : 끝까지 고객의 이야기를 들어준다

- 화난 고객은 이미 흥분된 상태라고 할 수 있기 때문에 아무리 옳은 이야기라도 반론을 제기하게 되면 고객은 더욱 화를 내게 된다.
- 화가 난 고객이 하고 싶은 말을 하게 두면 오히려 진정이 빨리 된다.
- 고객의 말을 끝까지 경청하면 불만의 원인도 파악되고, 해결의 실마리도 찾을 수 있다.

(2) E(Empathize) : 공감해준다

- 적극적인 태도로 고객의 말을 경청하면 고객이 말하는 사실을 파악할 뿐 아니라 고객의 현 상황을 이해하고 있음을 보여준다.
- 고객이 말하는 사실에 대하여 적절히 응대어를 사용하여 반응해야 하며 고객의 느낌에 대해서도 공감을 표현한다.

(3) A(Apologize) : 사과한다

- 오해나 착각에 의한 것일지라도 “고객이 몰라서 그런다.”, “그건 오해이다.”라고 직설적으로 지적해서는 안 된다. 또한 책임 전가도 하지 말아야 한다.
- 설명 도중 고객이 다시 화를 내기 시작하면 HEAT의 H로 돌아가서 고객의 이야기를 성심성의껏 듣는다.

(4) T(Take responsibility for action) : 행동에 책임을 진다

- 이는 고객응대 프로세스 중 ‘솔루션 제공’과 ‘만족 확인’ 단계로 돌아와서 문제를 해결하는 부분이다.
- 우리 스스로 분명한 해결책을 가지고 있다 하더라도 고객의 생각을 들어보는 것이 매우 중요하고, 고객의 의견이 없다면 적절한 정보를 제공하여 고객으로 하여금 최종 선택은 본인이 한다는 느낌을 주도록 해야 한다.
- 해결방안을 찾으면 즉각 실행하도록 한다.

14 고객불평, 불만처리 시의 유의사항

1) 회사의 잘못인 경우

- 상대방의 입장에 동조하면서 긍정적으로 듣는다.
- 변명은 하지 않는다.
- 고객의 입장이 되어 성의 있는 태도롤 대한다.
- 감정의 표현 및 노출을 피하고 일보 후퇴하여 냉정하게 검토한다.
- 솔직하게 사과한다.
- 사실 중심으로 명확하게 설명한다.
- 신속하게 처리한다.
- 적극적인 자세로 임한다.

2) 고객에게 문제가 있는 경우

- 고객이 무엇이든지 전부 말을 할 수 있도록 해준다.
- 고객이 말하는 도중에 변명을 하지 말고 주의를 기울여 오해를 풀어주는 진지한 자세가 필요하다.
- 오해의 원인이 무엇인지 상대의 입장에 불만의 요소를 생각해보고 그 대응책을 세우는 것도 필요하다.

15 고객불만에서 배우는 서비스

❶ 불만을 몽땅 구입해 버려라.

❷ 고객은 불만 대응에 민감하다.

신속한 응대와 성의가 그 생명임을 명심하라.

❸ 불만불감증을 조심하라.

서비스, 회사 이미지가 반드시 썩어간다.

❹ 불평불만을 끌어내라. 찾으려면 끌어내야 한다.

병도 밖으로 나타나면 경상, 스며들면 중상이 된다.

❺ 고객불만은 회사에 이익을 가져온다.

나쁜 정보일수록 신속히 피드백하라. 가장 큰 이익이 된다.

❻ 불평을 환영한다.

고객만족은 마음의 만족이며 서비스의 비결에 있다.

❼ 고객은 항상 옳다는 것을 명심하라.

고객을 어리석게 봐서는 절대 안 된다.

❽ 고객이 싫어하는 것은 그저 줘도 소용없다.

고객의 불만이 어디에 있는지 고객에게 물어라.

❾ 우리는 고객의 불평을 배운다. 그 불평 없이는 개선도 없다.

❿ 고객은 항상 존중되어야 하며 당연한 권한을 행사하는 것이다.

고객만족이야 말로 진정한 당신의 사명이다.

Exercise

1. 불평고객을 응대하는 요령 중 적절한 것은?

① 고객의 불평과 불만은 회사 직원 개인에 대한 불평과 비난이므로 주관적으로 받아들이도록 한다.
② 메모에 집중하면 건성으로 듣는 것처럼 보이므로 고객 앞에서는 절대 메모하지 않는다.
③ 고객의 요구사항 중 어려운 것은 먼저 정중하게 말하고 가능한 것은 나중에 책임지고 해결해 드리겠다고 설명한다.
④ 고객을 이리저리 돌리는 것은 상황에 따라 필요하다.

2. 불평고객을 응대하는 요령 중 MTP기법에 해당되지 않는 것을 고르시오.

① 담당직원에서 책임자로 바꿔 응대한다.
② 환불을 요구할 경우 서로 절충해서 해결한다.
③ 조용한 장소로 옮기고 편안하게 앉을 수 있게 한다.
④ 처음부터 변명하거나 대꾸하지 않고 잘 들은 다음 진정할 때까지 기다린다.

3. 다음은 고객의 불평, 불만처리 4단계에 대한 설명이다. 순서가 맞는 것은?

1. 신속한 접수를 한다.	2. 정확하게 문제파악을 한다.
3. 고객의 불만사항을 경청한다.	4. 죄송하다는 표현을 한다.
5. 해결책을 제시하고 효과를 검토한다.	

① 1 - 2 - 3 - 4 - 5　　② 1 - 4 - 3 - 2 - 5
③ 1 - 3 - 4 - 2 - 5　　④ 4 - 1 -3 - 2 - 5

4. 고객의 불평을 중요하게 인식하여야 하는 이유로 적절치 못한 것은?

① 발생 가능한 문제를 일찍 발견하여 해결할 수 있다.
② 고객들의 종업원에 대한 불평을 청취하여 관련 대상자들을 징계한다.
③ 불평을 직접 이야기하는 고객은 그렇지 않는 고객보다 회사에 대한 애착이 크며 재이용률이 높다.
④ 부정적인 구전효과를 최소화할 수 있다.

5. 불평하는 고객이 얻고자 하는 심리적인 것이 아닌 것은?

① 자신이 정당한 불만을 갖고 있다는 것에 대한 인정을 받고 싶어한다.
② 잘못된 부분에 대한 정확한 설명을 듣고 싶어한다.
③ 확실한 보상에 대한 답을 얻을 때까지 큰 소리로 행동을 하고 싶다.
④ 정중한 사과와 정당한 보상을 받고 싶어한다.

정답 1. ③ 2. ④ 3. ① 4. ③ 5. ④

Review

1. 실수가 오히려 고객의 마음을 사로잡는 기회가 된다.
고객들에게 실수 없이 일해 본 직원은 드물 것이다. 그러나 고객들에게 실수를 했을 때 자신이 저지른 실수를 만회하는 사람이 있는가 하면 은근슬쩍 외면하는 사람들이 있어 더 큰 문제가 되는 것이다. 실수를 하면 바로 사과하고 원상회복을 하여 실수를 또 다른 기회로 삼을 수 있어야 한다.

2. 표현되지 않은 고객의 불만을 알고 기업에 대한 부정적 소문이 퍼지지 않게 하려면 기업은 고객의 불만을 적극적으로 찾아서 해결하려는 능동적인 자세가 필요하다.

3. 고객의 불만은 신속히 처리하자.
고객은 자신이 처음 문제제기를 한 시점부터 계산해서 불평을 처리하는 시간이 얼마나 걸리는지를 계산한다. 고객이 제기한 불평은 고객의 입장에서는 무척 긴급한 것이다. 빨리 해결할 수 없다면 담당자 연락처, 중간 보고일, 예상 종료일을 정확하게 고객에게 다시 알려줘야 하며, 고객과의 약속은 꼭 지켜야 한다. 불만이 빨리 해결될수록 고객은 결과에 더 만족해진다.

4. 처음에 제대로 하라.
고객이 처음으로 불만을 제기했을 때 그것을 처리하는 과정에서 직원의 태도가 못마땅하거나 직원이 적절한 조치를 해 주지 않는 경우에 2차 불만이 생길 수 있으므로 최초의 불만제기 시 고객이 기회를 줬을 때 제대로 응대를 해야 한다.

5. 감정을 다스려라.
불만고객을 응대 시 직원은 고객이 화를 낼 만하다고 생각하고 상대를 인정하여 자기 나름대로의 하난 감정을 승화시킬 수 있는 마인드 컨트롤을 할 수 있어야 한다. 격한 감정을 가라앉힐 수 있도록 심호흡을 길게 하거나 아무리 고객이 화를 내더라도 "나는 잘할 수 있다"는 강한 자신감 마인드 훈련이 되어 있다면 더 좋은 결과를 얻을 수 있을 것이다

6. 고객불만 응대 시 긍정적으로 마무리해야 한다.
고객이 차후에 거래를 하지 않는다고 하더라도 뒷마무리를 잘하는 적정한 서비스를 제공하여 개선의 기회로 삼아야 한다.

제 17 장

분노한 고객 VS 불만이 없는 고객

Quiz

문제 1 분노한 고객을 우리의 편으로 만드는 방법이 아닌 것은?

① 고객을 이해한다는 신호를 보낸다.
② 고객의 이야기를 잘 경청한다.
③ 분노한 고객은 고객서비스 전담부서에서만 전담해야 한다.
④ 전문가다운 카리스마를 잃지 않는다.

(정답 3) 분노한 고객을 회복시키는 가장 중요한 것은 고객 서비스 전담부서만이 아니라 관련 부서에서 유기적으로 재빨리 관리해야 한다.

문제 2 불만고객에 대한 설명을 나열했다. 아닌 것은?

① 불만을 제기한 고객보다 제기하지 않은 고객들이 더 많이 있다.
② 불만을 이야기한 고객들 중 해결이 된 고객은 재방문의 경우가 많다.
③ 불만고객의 불만 사항은 그 즉시에서 해결되었을 때 만족감이 더 크다.
④ 불만을 말하지 않은 고객은 불만이 없다고 봐야 한다.

(정답 4) 불만을 말하지 않은 고객은 불만을 말하지 않았을 뿐, 불만이 없었던 것은 아니다.

학습목표

1. 분노한 고객과 불만이 없는 고객의 특성에 대해 알 수 있다.
2. 분노한 고객을 개선하는 방법에 대해 알아보고, 불만고객이 기업에 주는 영향에 대해 알아본다.
3. 분노하기 전에 고객 스스로가 불만을 지혜롭게 표현하는 방법을 알아본다.
4. 분노한 고객을 잘 대응하는 기업의 사례를 알 수 있다.
5. 고객불만에 대해 고객관계 부서뿐만 아니라 전사적 차원에서 해결을 빠르고 신속하게 해결하는 제시책을 알아본다.

나의 체크리스트

1. 회사를 방문하는 회원과 고객 중 과연 몇 %가 불만족한지를 알고 있다.
2. 우리 회사의 고객불평의 의사소통 채널이 철저하게 고객입장에서 가능하다고 생각하고 있는가?
3. 불만고객이 자신의 방식대로 불만을 제시할 수 있도록 시스템을 갖추고 있는가?
4. 나의 불만고객에 대한 프로파일과 발생원인에 대한 근본적인 대책을 가지고 있는가?
5. 나는 불만을 토로하지 않은 고객에게도 불만이 있다고 생각하는가?

1 불만고객 응대

지난 장에서 우리는 불만 고객을 진정시키는 방법에 대해 알아보았다.

화난 고객의 분노를 재빠르고도 효과적으로 해결하는 것은 쉬운 일이 아니다. 고객의 분노는 일반적이고 평범한 것이 아니라, 화가 난 고객에게는 화를 낼만한 이유가 있다.

우리는 가끔 분노한 고객과 마주치면 대부분 여유를 잃고 정신적인 공백 상태에 빠지게 된다. 이때 자신이 내뱉는 말의 효과에 대해서는 생각하지 않고 맞서 싸우거나 도망치기 쉬운데 이는 상황을 더욱 악화시킬 뿐이다. 화가 난 고객을 상대하는 비결은 행동하기 전에 '먼저 해결하는 것' 이다.

이렇게 고객불만을 효과적으로 처리하기 위한 시스템과 프로세스의 개선을 위한 투자야말로 최고의 투자이다. 고객불만을 잘 해결하면 여러 가지 이점이 있다.

- 기존고객들과의 좋은 관계를 만드는 것은 새로운 고객을 획득하는 것이 힘든 경쟁환경에서 더욱 중요하다.
- 고객불만을 효과적으로 처리하고 회복시키는 시스템들은 추가 매출증진과 회사의 이미지를 향상시켜 준다.
- 고객회복 시스템에 투자하는 50~400%의 ROI(Return on Investment : 투자대비 수익)를 갖고 있으며 다른 투자와 비교할 수 없는 탁월한 투자이다.
- 고객불만은 서비스의 품질향상을 도와줄 수 있는 고객에 의해 제공되는 '무료' 의 고급정보이다.

이런 이점들만 보더라도 고객불만을 도와줄 수 있는 최적의 시스템을 만드는 데 필요한 투자는 매우 중요하다.

그런데, 우리가 불만고객을 다루는 데 있어서 간과하고 있는 것 중 하나는 고객불만 기록방법들에 있어 공식적으로 제기된 불만사항과 고객 서비스 부서에 접수된 고객불만들에 대해서만 고려하기 때문에 대부분의 회사들은 고객불만의 상황을 제대로 파악하지 못하는 것들이 있다.

우리가 불만고객을 다루면서 유의해야 할 것 몇 가지가 있다.

첫째는 불만을 제기하는 고객도 중요하지만, 불만을 제기하지 않았던 고객들도 살펴보아야 할 부분이라는 것이다.

둘째, 회사는 자신의 불만을 제기하기 위하여 시간, 노력, 에너지라는 고비용을 제공하는 헌신적인 고객을 잃을 수 있다. 사실 만약 우리가 고객에 대한 데이터를 좀 더 세밀하게 관찰한다면 이런 손실은 비교적 쉽고 저렴하게 방지할 수 있으며 화가 난 고객을 우리의 좋은 파트너로 변화시킬 수 있다.

2 불평하는 고객은 적이 아니라 친구이다

1) 서비스의 부족이 고객을 잃게 한다

물론 불만족한 고객들은 문제가 없었던 사람들에 비해 구입을 할 확률이 낮을 것이다. 불만족한 고객들 중 아주 적은 수의 사람들만이 불만을 제기한다.

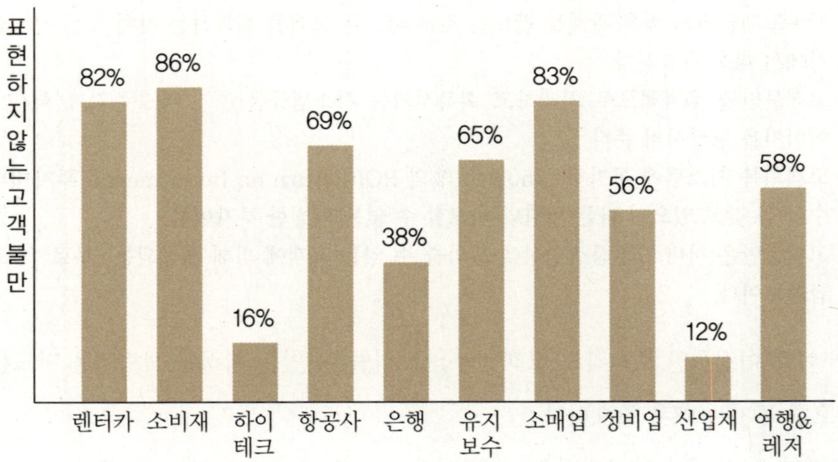

자료 : 분야별 고객불만(TARP Europe 1995)

2) 불평고객이 적합한 조치나 개선이 없을 시

불평하는 고객의 대부분은 아무 말 없이 다른 곳으로 가던지 그냥 무시하는 형태를 보이게 된다.

이렇게 행동을 하는 데에는 몇 가지 이유가 있다. 고객들은 문제점을 고치도록 도와주는 것이 자신의 일이 아니라고 믿거나 혹은 자신의 불만이 경청되지 않을 것이라고 믿고 있다. 대부분 고객들은 자신이 잘못했다고 생각하지 않기 때문에 논쟁하는 것을 원하지 않는다.

문제들에 대해서 불평을 하는 고객들은 문제가 있으나 불평하지 않는 고객들보다 재구매할 확률이 높다. 불평을 하고 반응을 받지 못한 고객의 재구매율도 37%이다. 반대로 문제점에 대해 불평을 하지 않은 고객의 9%만이 재구매를 한다. 사실 불평을 하는 고객들은 회사나 제품에 대해 매우 높은 로열티를 지니고 있다. 특히 불만을 제기한 고객이 만족스러운 응답을 받았다면 회사나 제품에 대한 로열티는 더 높아질 것이다.

다음에서 보이듯 불평을 하는 고객들의 로열티의 평균은 50%이다.

■ **서비스 문제 / 고객불만의 피라미드**

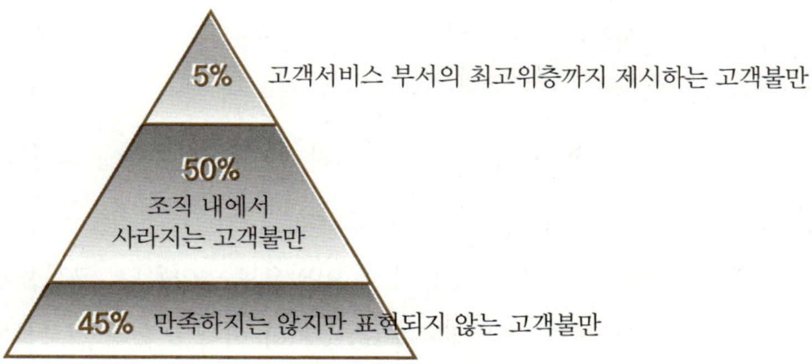

위의 피라미드에 나타난 것처럼 최고관리자에게까지 전달이 되는 5% 내의 대부분 고객불만들은 불만족 사례를 공식적인 문서로 전달하거나 전화로 전달하기 전에 이미 같은 문제에 대해 평균적으로 2번 이상 호소하였던 고객으로부터 나왔다.

이런 고객의 경우를 추론해 보면 아마 처음에는 일반적으로 연락을 하는 회사에게 불만을 제시하고 그 다음에는 상사에게 자신들의 불만에 대하여 좀 더 강력하게 요구하였을 것이다.

한 항공사에서 고객 서비스 부서를 개혁하고자 결정하였을 때 다음과 같은 사실을 알게 되었다.

British Airway

1. 1/3의 고객들은 BA의 서비스에 불만족스러웠다.
2. 하지만 불만족 고객의 69%는 불만을 등록하지 않았다.
3. 이들 그룹 중 23%만이 BA직원에게 고객불만을 구두로 전했다.
4. 결국 8%만이 고객관계부서에 공식적으로 제기를 했다.

게다가 불만을 표현하지 않은 불만족고객의 절반이 이 항공사를 떠났고 불만을 호소한 고객은 단 13%만이 변심을 했다. 그 결과로 BA는 고객을 잃게 되었고 총수입도 감소하게 되었다. 이런 조사 결과에 대해 BA는 즉각적으로 조치를 행동으로 실천을 했다.

공식적으로 고객불만을 호소한 8%의 고객에게 12주가 걸리던 고객응답을 5일로 단축을 시켰다. 구두로만 제기되었던 23%의 불만에 대해서 즉시 대응을 높이기 위해 일선직원들에게 권한을 주었으며, 나머지 69%의 침묵하는 고객들이 무엇을 생각하는지 알기 위해 경청 구역까지 만들었다.

이런 시스템에 대한 투자는 일 년 안에 이익으로 돌아왔다. 고객불만이 들어오는 것이 150%로 증가하였다. 즉, 나머지 60%가 더 이상 조용히 침묵하지 않았다. 또한 반응 속도는 금전적인 보상의 필요를 8% 감소시켰다.

■ 고객유출로부터 발생된 수익의 감소

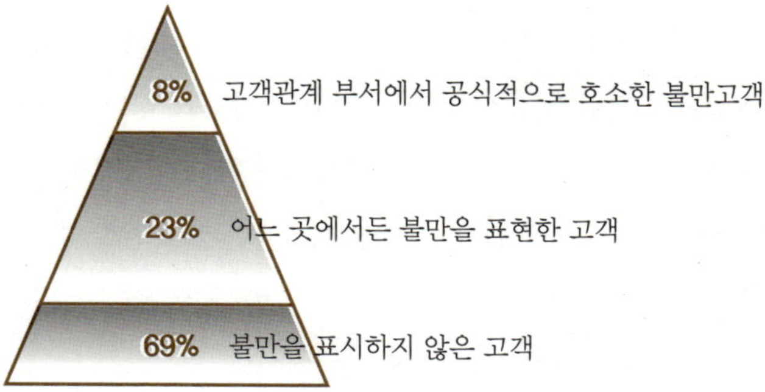

3 분노한 고객을 다루는 우선순위

1) 고객접점에 임파워먼트를 통해 즉시 대응성을 높여야 한다

고객불만의 기회는 계속해서 경청하도록 요구하는 5%에 있는 것이 아니고 한두 번 불평을 하다 포기하는 50%의 고객에게 있다. 그러므로 가장 좋은 고객반응 시스템은 고객불만이 바로 처리되고 처음 접촉하였을 때 바로 처리되도록 하는 것이다.

비즈니스에서는 이런 것은 "Fix it now" 접근법이라고 한다. "Fix it now" 프로세스는 고객과 접점에 있는 모든 직원들이 독창적으로 해결하고 그렇게 할 수 있는 권한이 주어지는 것을 필요로 한다.

15개 국가에 800개의 점포가 있는 소매안경 회사에서는 "10가지의 직원관리' 로 다음의 내용이 있다.

"당신은 고객을 만족시키기 위해서라면 사전 허락 없이 무엇이든 할 권리가 있다"

이런 경우, 때에 따라서 이것을 악용하는 직원이나 고객이 있을 수 있으나 악용의 모험이 많이 없을 경우 이 임파워먼트를 과감히 시도해 보는 것도 좋다.

2) 고객이 불만을 할 수 있도록 만들어라

불만족 피라미드에서 만족스럽지 못하지만 불만을 표현하지 않는 45%의 고객은 아마도 경쟁자의 비즈니스를 향상시킬 것이다. 이들과 불만을 한번 표현하고 포기한 50%의 고객들이 불만을 호소하도록 만들어야 한다.

첫 번째 방법으로는 고객이 어느 곳에서든 불만을 표현할 수 있도록 한다. 고객 불만을 표현하는 과정을 최대한 쉽게 만들어야 한다.

이런 조치 중 하나가 경청 지역을 만드는 것이다.

대규모 식당체인업을 하는 회사에서는 모든 냅킨에 CEO의 주소와 이름이 적혀 있다.

델 컴퓨터는 모든 고객에게 구입한 4개월 이후 전화를 하는 것을 시작했다. 델 컴퓨터는 문제만 해결한 것이 아니고 불만족했던 고객을 델과 델 상품의 홍보요원으로 전환시켰다.

디즈니는 '1일 5상호작용' 이라는 프로그램을 모든 직원들에게 소개했다. '1일 5상호작용' 프로그램은 테마공원과 호텔에 있는 모든 직원들이 다섯 명의 다른 고객과 상호작용을 하도록 강력하게 추천하는 것이다.

직원들은 거의 대부분 긍정적인 상호작용과 칭찬을 받는 것에 놀랐으며 문제점을 바로 찾을 수 있었다.

불만 표현에도 요령이 있다

우리나라의 경우에는 칭찬에도 인색하지만, 불만을 이야기하는 방법에 있어서도 많이 서툴다. 상대를 모욕하거나 소리를 높여서 주위 사람을 놀라게 하는 경우가 많다. 그것은 불만을 그때그때 이야기하지 않고 마음속에 쌓아두었다가 한꺼번에 폭발시켜서 그런 것이다.

이런 경우 나중에 한꺼번에 불만이 표현되면 감정적인 문제가 더욱 커지는 경우가 다반사이다. 이런 것을 누적된 불만이라고 하는데 누적된 불만은 어느 순간에 눈덩이처럼 불어나게 된다.

일단 불만은 표출이 되어야 한다. 그래야 고객으로서 제대로 된 대접을 받을 수 있고 차후 서비스 품질도 좋아진다. 서비스의 품질을 저해하는 요인 중 하나는 '에에, 다음에 안 오면 되지. 이번에 참자'라는 생각이다.

한국소비자보호원에서 발표한 자료에 의하면 변호사의 서비스를 이용해본 사람 중 72%가 불만을 느낀데 반해 이들 중 4.6%만이 민원 기관에 의뢰하거나 소송을 제기했고, 32.3%만이 불만을 이야기하는 데 그쳤다고 한다.

그러니까 많은 사람들이 변호사의 서비스에 불만을 느꼈음에도 별다른 항의 없이 수임료를 지불했다는 것이다.

불만 표현에도 요령이 있다. 불만 표출의 목적은 '문제 해결'인데 그 방법이 서툴러서 감정의 골이 깊어지면 전혀 엉뚱한 결과를 초래할 수도 있기 때문이다. 불만을 표현해서 보상을 받았음에도 그 과정에서 고객이 상처를 입을 수도 있다는 것이다.

고객의 입장에서도 불만을 표현하는 데 요령이 있어야 한다.

첫째, 품위 있게 불만을 이야기하는 것이 중요하다. 만약 이렇게 해도 해결이 안 되면 그 다음에 윗사람을 찾아도 늦지 않다.

둘째, '상황'에 대한 불만을 이야기하는 것이 좋다. 책임을 전가하거나 직원을 책망하는 식의 불만의 토로는 문제를 해결하지 못하고 서비스의 효과도 반감된다. 그 이유는 서비스의 잘못을 떠나 일단 감정을 다치면 관계가 악화하기 때문이다.

따라서 불만은 표현하는 것이 좋다. 단, 불만을 말하는 중에도 고객으로서의 예의를 지키는 것이 좋다. 사람이 아닌 상황을 지적하고 적절한 칭찬과 정확한 불만 표현은 서비스에 있어서 아주 중요한 요소 중 하나이다.

3) 공식적으로 불만을 제기하는 5%를 기쁘게 하라

공식적으로 불만을 호소하는 고객들은 공식적으로 자신의 불만을 평균 2번 정도 시도하였다.

자신의 비용과 노력을 투자하면서 이런 노력을 하는 근본적인 이유는 회사와 계속 거래를 하고 싶기 때문이다. 그래서 이들은 문제로 보이거나 문제가 되는 것을 풀도록 도와주기 위해 지속해서 노력을 한다.

이런 고객들은 나머지 95%보다 '더 빠르고', '더 개인적인 반응'을 요구한다. 여기서 말하는 빠르다는 것은 전화를 통한 불만에 대해 24시간 대처를 하는 것, 불만에 대한 답례 서문의 수령증, 우편으로 받은 불만에 대한 기준은 1주일이다.

리츠칼튼 호텔은 '24/48/30규칙'을 정하고 있다. 수령, 답례를 하는데 24시간, 책임을 취하는 데 48시간, 문제를 해결하는 데 30일을 뜻한다.

고객에게 불만을 공식적으로 표현하기 전에 물어보아야 할 것인가? 아니면 기다려야 할 것인가? 물론 물어보아야 하지만, 질문의 목적은 고객이 맞는지 틀리는지를 묻기 위한 것이 아니다. 문제를 해결하기 위해 혹은 고객의 질문에 대해 대답하기 위해 현재의 사실을 발견해야 한다.

고객불만에 대한 개선의 첫걸음은 현실적으로 몇 명의 불만족 고객이 있는지를 정확하게 파악해 보는 것이다. 몇 개의 불만을 받았는지, 언제, 어디서, 어떻게 고객들이 불만을 표현하였는지 알아본다.

두 번째, 고객들이 현재의 고객응대시스템에 대하여 얼마나 만족하고 있는지를 부분별로 나누어서 평가하고 측정해야 한다.

세 번째, 고객응대 시스템에 접해서 응답을 받은 집단과 그렇지 못한 집단 간의 구매행동을 조사하고 분석하도록 한다.

네 번째, 불평에 대답하는 것, 의견을 받는 것의 비용에 대한 현재 시스템과 임파워먼트 시스템에 대해 비교해 본다.

다섯 번째, 효과적인 고객응대 시스템으로 인해 얻을 수 있는 잠재적 이익을 평가해야 한다.

마지막으로 다음에 대한 실행계획을 만들어야 한다.

- 의사소통 통로를 연다.
- 즉시 반응한다.
- 고객 불만에 대하여 빠르게 대응할 수 있는 내부 피드백 시스템을 향상
- 효과적인 방법으로 빠르고 비용대비 효과를 고려한 방법을 고려한다.
- 화난 고객들을 홍보사절로 바꿈으로써 고객으로부터 증가된 의견, 응답에 대한 만족 증가, 판매 증가가 회사 이미지에 대한 결과를 측정한다.

1. 공식적으로 불만을 표현하는 고객들	브랜드 로열티 13년간 동안 회사제품을 사용
2. 고객들이 불만을 표현하는 곳	고객 접점 직원, 부서
3. 불만을 표현한 고객의 기대는	배려, 확실한 해결책, 빠른 응답
4. 불만을 표현한 고객이 얻게 되는 것은?	78%가 응답에 대해 만족 못함
5. 4의 결과로 고객의 행동	14%가 1년 이내 이탈 40%가 1년 이내 이탈 계획 32명이 문제를 제기하려 함
6. 회사의 손실은?	4% 세일즈 감소, 수익 감소
7. 고객불만을 개선하는 데에 필요한 비용은?	6억
8. 비용에 대한 회수기간	2개월 이상

화가 난 고객을 내 편으로 만드는 전략

1. 이해한다는 신호를 보내라.

- 진지한 표정
- 공손한 자세
- 사과의 말

단, 전문가다운 카리스마는 잃지 않는다.

2. 고객을 진정시키기 위해 자연스러운 행동이 이어져야 한다.

일단 서 있는 고객을 앉게 한다. 여러 사람과 함께 있는 경우에는 다른 장소로 자연스럽게 이동하는 것이 좋다. 다른 고객 앞에서는 체면 때문에 쉽사리 누그러들지 않기 때문이다. 고객의 말을 경청하면서 문제를 해결하도록 한다.

3. 시간을 적절히 조절하라.

화가 난 고객을 상대할 때는 시간을 적절히 조절해야 한다.

성급한 고객에게는 속도가 최고이다

우리나라 고객들이 제일 많이 쓰는 말이 무엇일까? 1위는 '빨리빨리'이고, 2위는 '책임자 바꿔!'라고 한다. 이렇게 우리나라 고객들은 참고 기다리는 데 인색한 편이 사실이다. 성격이 급한 고객에게 가장 중요한 것은 무엇보다 속도가 중요하다는 것이다.

그런데 속도를 빠르게 하다 보면 서비스의 질이 떨어질 우려가 있기 때문에, 서비스의 질을 떨어뜨리지 않으면서도 속도가 빨라야 함을 잊지 말아야겠다.

따라서 고객 중 성격이 급하신 경우, 아무 말 없이 10분 만에 일을 해결하기보다는 중간중간 고객에게 이야기를 하면 12분이 걸렸어도 오히려 시간은 얼마 걸리지 않은 걸로 느낄 수 있다. 여기에 산만한 부연 설명보다 핵심 내용만 이야기하고 말을 빨리 하며 행동을 민첩하게 하고 고객의 시간을 소중히 여긴다는 진지한 표정을 지어주는 것이 무엇보다 중요하다.

4 클레임 매니지먼트

최근 들어 다양한 고객 불만이 제기되고 있는 배경에는 많은 정보를 사람들이 짧은 시간에 입수할 수 있기 때문에 '스톡 효과'(Stock effect : 고객이 서비스에 대한 지식과 경험이 풍부해 그 차이에 민감하게 반응하는 것)가 높고 그에 비례하여 고객의 자기주장 역시 강하게 표출되고 있는 것이다.

따라서 기업으로서는 가능한 예견되는 모든 상황을 사전에 파악하여 대응해야 하며, 아예 불만이 나오기 전에 예상되는 것을 체크하고 고객 만족도를 높일 필요가 있다. 이런 노력이 계속되어야만 고객의 재방문을 통한 기업의 성장을 기대할 수 있으며 그것을 관리하는 것이 바로 '클레임 매니지먼트'이다.

이 클레임 매니지먼트는 사업 규모가 크면 클수록 더욱 중요하다. 그 이유는 고객의 불만이 발생했을 경우 그 보상 역시 기업의 규모에 비례하기 때문이다. 따라서 '이 이상의 것은 없다' 혹은 '이 이상은 불가능하다'고 생각되는 것을 철저히 검토함은 물론 '고객과 직원 모두에게 좋은 환경이 기업의 성장을 가져온다'는 사고를 각인시킬 필요가 있다.

존구드만 법칙

고객이 평소에 이용하여 아무런 문제를 느끼지 못한 상황에서는 일반적으로 10% 정도의 재방문율을 보이지만, 만약 불만사항을 말하러 온 손님에게 진지하게 대응했을 경우 고객의 65%가 다시 이용하러 온다는 것이다.

즉, 고객이 직원의 대응을 극단적으로 재방문율이 높아진다는 것이다.

이 때문에 많은 기업들은 불만사항에 대한 고객의 요구를 진지하게 받아들여 문제를 해결하고자 하는 노력을 하고 있다.

무엇보다 직원 한 사람 한 사람의 실력을 향상시켜 고객의 직접적인 신뢰를 얻을 수 있도록 실천하고 있다.

불만고객의 확산

와튼 스쿨이 2005년 크리스마스 전후로 쇼핑을 한 미국 소비자 1,186명을 대상으로 실시한 〈2006년 불만 고객 연구 보고서〉에 의하면 고객 100명이 불만을 느끼면 32~36명이 다시는 재방문하지 않는 것으로 나타났다. 불만을 느낀 고객 중 단 6%만이 기업에 정식으로 불만을 제기한다고 한다.

그런데 불만을 참지 못하고 가족. 친지, 직장 동료에게 적극적으로 알리는 고객은 31%에 달했다. 31% 고객 중 8%는 1명에게, 또 다른 8%는 2명에게 자신의 나쁜 경험을 이야기했다고 한다. 78%는 3~5명에게, 나머지 6%는 6명에게 자신의 험담에 대해 이야기했다.

결과적으로 100중 31명의 고객이 적어도 90명에게 이야기하는 것으로 나타났다.

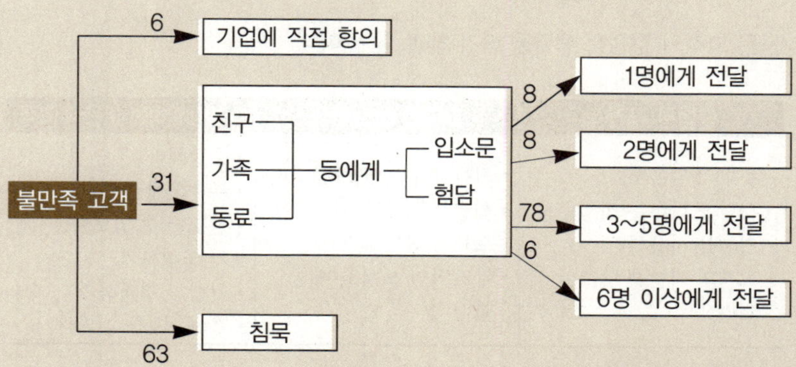

고객 감정 빛깔에 따라 다르게 대처해 보기

문제마다 해결책이 다르듯 고객의 감정 상태의 빛깔에 따라 문제를 복구하는 것도 다르다. 고객들의 반응에 따라 다음과 같은 세 종류의 감정적 빛깔로 분류하는 것이 좋다. 덤덤한 푸른색, 고약한 오렌지색 그리고 노발대발하는 붉은색

1. 덤덤한 푸른색 고객

이런 고객은 화가 난 상태에 대해 결정적인 단서를 제공하지 않는다. 어떤 고객들은 서비스가 불만족스러워도 덤덤하게 받아들이고 신경을 쓰지 않는다. 하지만 겉으로는 아무렇지 않게 보이는 고객들도 서비스 직원들이 심각하게 대해 주지 않는다면 감정이 고조될 수 있다.

2. 고약한 오렌지색 고객

이런 고객은 자신의 기대에 미치지 못하면 기분이 상해 짜증을 낸다. 가볍게 대하거나 화난 것을 알아주지 않으면 급격히 고조되어 적색경보가 발동된다.

3. 노발대발하는 붉은색 고객

이런 고객들은 엄청난 분노와 좌절감을 나타내 보인다. 이들은 서비스 장애로 인해 자신이 희생이 되고 상처를 입었다고 느낀다.

세 고객의 차이점을 알아보기 위해 일이 지연되는 동일한 상황에서 고객의 감정적인 빛깔이 어떻게 다르게 나타나는지 본다.

덤덤한 푸른색 일이 지연되지만, 내 일에 지장이 없다면 큰 문제가 없다.
고약한 오렌지색 일이 지연하게 되어 다른 일을 못하게 되는 지 염려한다.
노발대발하는 붉은색 일이 지연되어 본인이 해야 할 일의 계획에 차질이 생기게 되면 굉장히 화를 낸다.

다음은 고객의 감정적 색깔을 따라 해야 할 일이다.

덤덤한 푸른색	고약한 오렌지색	노발대발하는 붉은색 고객
• 뜻밖의 일을 하기 • 사람을 다루는 적절한 기술을 사용하라. • 고객의 기분을 맞추어 줘라.	• 긴박감을 보여주기 • 해결책을 찾아내는 일에 고객을 참여시키기 • 부가적인 보상을 제공한다.	• 공감해라. • 분출하게 두어라. • 진정할 수 있도록 분위기 조성하기 • 열심히 경청하기 • 후속조치를 계획하기

열받는 고객도 생각하기 나름

몇 년 전, 국내 모 방송사에서 일본의 한 음식점에 몰래 카메라를 촬영하여 방영해 준 적이 있었다. 연기자들은 주문한 음식이 나오자 음식에 대한 불만을 늘어놓으면서 귀찮게 여러 번씩 직원들에게 심부름을 시켰다. 서빙 직원은 부드러운 표정과 정중한 태도로 묵묵히 고객의 불만을 듣고 수용하면서 고객이 원하는 대로 서비스했다. 한번쯤은 귀찮은 표정이나 언짢은 말을 할 것도 같은데, 한결같이 미소를 잃지 않는 직원의 태도에서 존경심마저 들었다. 결국 촬영 팀은 몰래 카메라였다고 실토하고 어쩌면 이렇게까지 친절할 수 있는지 물었다.

제작진은 아마도 직원이 "귀찮게 하는 고객 때문에 속으로는 화가 났다"라고 말하지 않을까 예상했지만 대답은 의외였다. "오늘은 참 재미있는 분이 오셨구나라고 생각했지, 화는 나지 않았어요.

여러분이라면 어떠했을까? '오늘 정말 이상한 고객 때문에 미치겠군. 정말이지 장사 못 해 먹겠네' 라며 귀찮아하지 않았을까? 아니면 '대충 먹고 가면 되지, 대체 왜 이리 깐깐하게 구는 거야' 라고 생각하지 않았을까?

출처 : https://search.naver.com/search.naver?sm

5 당장의 손해가 장기적인 이익이 될 수 있다

사례

언젠가 동료와 함께 회사 근처에 있는 돈가스 전문점에 갔다. 점심시간이라 그런지 사람들로 북적대서 차례를 기다려야 했다. 빈자리가 나서 자리에 앉자 바로 도톰한 돈가스와 마카로니가 나왔다. 그런데, 마카로니를 씹는 순간 너무 물렁거리고, 상한 맛이 느껴졌다. 직원에게 마카로니가 상한 것 같다고 했더니 죄송하다고 하면서 다시 가져오겠다고 했다.

그러나 마카로니가 나온 것은 식사가 거의 끝나갈 때가 되어서였다. "오래 기다리셨죠? 다시 삶아서 가지고 오느라 늦었습니다." 화가 난 상태였으나, 직원이 정말로 미안해하는 눈치여서 별말 없이 일어서긴 했으나, 센스 없는 식당이라고 느껴졌다.

계산을 하기 위해 카운터로 갔다. 계산을 하면서 식당 이용 고객 마일리지 카드를 함께 내밀었다. 주인은 직원에게 마카로니에 대한 얘기를 언제 들었는지 "불편을 드려 정말 죄송합니다."라는 말과 함께 마일리지 카드에 남아 있는 빈칸 일곱 개를 도장으로 쾅쾅 찍는 것이다.

그 식당에는 고객 카드 열 칸에 도장이 찍히면 돈가스를 공짜로 먹을 수 있는 혜택이 있었다. 성의 있게 자신의 실수를 바로 만회하려는 친절함 덕분에 어느새 마카로니 때문에 불쾌했던 감정은 사라졌다.

그날 저녁 회사 동료들과 그곳에서 회식을 했다. 그 식당은 작은 실수를 했지만 손해를 감수하고 도장을 찍어 줌으로써 오히려 더 많은 고객을 얻게 되었다. 순간의 손해가 오히려 이익이 된 것이다.

6 침묵하는 고객에게 주의를 기울이자

"나는 정말로 좋은 고객입니다."

나는 어떤 종류의 서비스를 받더라도 불평하는 법이 없습니다. 음식점에서는 조용히 앉아서 종업원들이 주문받기를 기다리며 그 사이에 절대로 종업원들에게 주문받으라고 요구하지도 않습니다.

종종 나보다 늦게 들어온 사람들이 나보다 먼저 주문하더라도 나는 불평하지 않습니다. 나는 기다리기만 할 뿐입니다.

나는 언젠가 정비사업소에 들른 적이 있는데 정비사는 아끼는 내 차에 담배를 물고 기름 묻은 채로 시트에 앉아서 별거 아니라는 듯 한마디 내뱉습니다. 그러나 내가 누굽니까? 이런 서비스에도 절대 불평하지 않았습니다.

나는 절대로 흠잡거나 잔소리하거나 비난하지 않습니다.

시끄럽게 불평을 늘어놓지도 않는 멋지고 착한 고객입니다.

여러분 내가 누군지 궁금하지 않으십니까?

바로 나는 '돌아오지 않는 고객' 입니다.

Exercise

1. 고객이 서비스에 대한 지시고가 경험이 풍부해 그 차이에 민감하게 반응하는 것을 무엇이라고 하는가?

① 서비스 가치 ② Stock effect
③ 고객접점 임파워먼트 ④ 서비스 패러독스

2. 존 구드만 법칙을 설명한 것을 찾으시오.

① 고객이 평소에 이용하여 아무런 문제를 느끼지 못한 상태에서는 일반적으로 10% 정도의 재방문을 보이지만, 만약 불만사항을 말하러 온 손님에게 진지하게 응대했을 때 고객의 65%가 다시 온다는 법칙
② 고객 만족도 지수를 설명한 것
③ 기업의 경쟁력은 고객에게 있다고 이야기한 것을 말한다.
④ 기업과 조직이 직접 위기에 직면하기 전 미리 대응해야 한다는 법칙이다.

3. 불만고객을 효과적으로 대응하는 방법이 아닌 것은?

① 고객의 불만을 직접 듣도록 한다.
② 고객이 불만을 이야기할 수 있도록 경청 지역을 설치한다.
③ 접점 직원에게 권한을 부여한다.
④ 제기된 불만만을 해결한다.

4. 감정을 색깔화하여 분류할 때 무덤덤한 푸른색의 고객에 대한 설명으로 옳지 않은 것은?

① 화가 난 결정적인 단서를 표현하지 않는다.
② 고객의 기분을 맞추어 주도록 한다.
③ 일이 잘못되어 자신의 계획에 차질이 생긴다면 무척 화를 낸다.
④ 고객의 기분을 알아주지 않을 때, 무척 서운해 한다.

5. 고객불만 해결의 가장 좋은 시스템은 고객불만이 바로 처리되고 처음 접촉하였을 때 바로 처리되도록 하는 것이다. 이것을 무슨 시스템이라고 하는가?

① Fix it now ② CSI
③ 데미지 컨트롤 ④ 리스크 매니지먼트

정답 1. ② 2. ① 3. ④ 4. ③ 5. ①

Review

1. 경청지역을 눈에 잘 띠지 않는 장소에 설치하는 것은 좋지 않다.
2. 고객접점의 직원이 현장에서 문제를 즉시 해결할 수 있도록 하는 데에 과소투자 하지 말라.
3. 고객을 만족시키고 회사의 이익을 보호하는 것에 대한 직원의 능력과 태도를 과소평가해서는 안 된다.
4. 고객불만이 제기된 문제를 해결하지 않고 불만족한 고객들이 지속적인 구매를 할 것이라는 기대를 하지 말라.
5. 고객불만을 처리하는 것을 고객관계부서에서 단순히 응답하거나 엽서를 쓰는 것이라고 생각해서는 안 된다.
   무엇보다 회사의 입장이 아닌 고객의 입장에서 편리한 방법으로 불만이 제기될 수 있도록 의사소통채널을 만들어야 한다.

제18장

즐거움을 전하는 일터

Quiz

문제 1 경영전략 중 차별화와 저비용을 통해 경쟁이 없는 새로운 시장을 창출하려는 전략을 전문 용어로 무엇이라고 하는가?

① 레드 오션 ② 퍼놀러지
③ 블루 오션 ④ 펀 경영

(정답 3) 경쟁이 없는 새로운 시장을 개척하려고 하는 전략을 우리는 블루 오션 전략이라고 한다.

문제 2 21세기에는 여러 가지 마케팅 전략들이 많이 나오고 있다. 21세기에 필요한 혁신적인 전략이 아닌 것은 무엇인가?

① 기업 중심의 경제 전략 ② 감성 마케팅
③ 소통 마케팅 ④ 브랜드 마케팅

(정답 1) 앞으로 다가오는 21세기에는 기업 중심이 되어서는 안 되고 고객중심이 되어야 할 것이다.

학습목표

1. 고객들에게 최고의 즐거움을 전하는 회사가 되기 위한 방법을 연구해 본다.
2. 직원들이 재미있게 일하는 일터가 되기 위한 방법을 알아본다.
3. 재미있는 일터로 일하고 있는 기업의 사례를 벤치마킹을 통해 본다.
4. 재미있는 일터가 되기 위한 것은 신뢰를 바탕으로 해야 된다는 것을 살펴본다.
5. 고객에게는 즐거움을 전하고, 직원에게는 재미있는 일터가 되기 위한 방법에 대해 연구해 본다.

나의 체크리스트

1. 나는 회원들이나 고객들이 "이 회사는 즐거운 곳이구나"하고 느끼도록 방문할 때마다 최선을 다해 근무한다.
2. 나는 고객에게 최선의 곳이 되기 위해 환경적인 부분도 항상 체크를 하는 편이다.
3. 나는 우리 회사에서 함께 일하는 동료들이 있어서 일찍 출근하는 편이다.
4. 나는 고객이나 동료의 가장 중요한 것은 신뢰관계가 밑바탕이 되어야 한다고 생각한다.
5. 나는 우리 회사에서 일하는 것이 너무 행복하다고 느낀 적이 많다.

1 블루오션 전략

세계적 광고 회사 사치 &사치의 CEO인 케빈 로버츠는 그의 저서에서 '브랜드는 러브마크' 라고 주장하고 있다. 지금까지 브랜드 전략의 주류는 차별화였다. 그러나 워낙 많은 정보가 쏟아져 나오고, 소비자들이 훨씬 스마트해진 오늘날에는 단순히 차별화만으로는 브랜드 전략을 성공시킬 수 없다. 소비자들의 감성을 사로잡는 브랜드, 그리고 소비자들의 열렬한 사랑을 받는 브랜드, 즉 '러브마크' 만이 살아남을 수 있다. 러브마크는 고객과 함께 신비감, 꿈의 공유, 약속 지키기 등을 함께 만들어야 한다.

최근 경영전략으로 부상하고 있는 블루 오션 전략과 그 의미를 함께 한다.

블루 오션이란 문자 그대로 푸른 바다를 상징한다. 반대말은 레드 오션, 즉 피바다이다. 시장점유율 경쟁이 치열해지고, 그리고 최종적인 승부수는 가격이 되고, 결국 대부분 망해 버리는 악순환의 반복이라고 한다. 이의 반대편에는 남들과 다른 개념으로 고객에게 접근해서 경쟁이라는 것 자체가 존재하지 않도록 만드는 블루 오션이다.

블루 오션을 창출한 대표적 기업은 서키드솔레라는 서커스 회사이다. 이 회사는 창립 20년 만에 세계 제일의 서커스 기업으로 자리를 잡았다. 서키드솔레가 성공을 거둔 이유는 다름 아닌 서커스가 아이들만 볼 수 있다는 고정관념에서 탈피하여 주 고객을 어른으로 정의를 하면서 브로드웨이의 뮤지컬과 경쟁하겠다는 마음으로 새로운 시장을 창조한 것이다.

우리나라에서는 피로회복제 드링크 박카스, 그 아성은 40년 이상 그 누구도 깰 수 없었다. 그런데, 중소제약회사의 비타 500이라는 상품이 등장해서 박카스를 곤

혹스럽게 만들고 있다. 이 제품은 사실 박카스와 경쟁하려고 했던 것은 아니다. 그저 새로운 시장을 창출하고자 했을 뿐이다.

이제 우리도 고객과 회원에게 새로운 블루 오션이 되어야 한다. 단순한 회사가 아닌 즐거움을 전하는 '러브마크' 로서의 회사를 만드는 것이다.

2 즐거움을 전하기 위한 방법

1) 최고가 되기 위해 환골탈태해야 한다

잘한다는 소문이 무성해서 지인들에게 추천받아 갔던 음식점이 의외로 음식 맛이 그냥 그럴 경우가 있다. 반면에 별로 기대하지 않고 우연히 들렀는데 단골이 되는 경우도 있다.

과거의 소비자들은 기능이나 가격을 기준으로 상품을 선택했다.

그러나 현대의 소비자들은 제품이나 브랜드가 제공하는 효용성은 기본이고, 그 제품이나 브랜드가 어떤 느낌을 주는지, 무슨 경험을 해주는지에 따라 선택을 한다.

존 나이스 빗은 21세기는 호감을 줄 수 있는 기업이 성공하게 된다고 이야기하고 있다. 호감을 주는 것은 기본이고, 호감을 줄 수 있는 능력을 개발하는 것이 중요하다고까지 이야기하고 있다.

이제는 고객과 상대하고 고객의 결정에 좌우되는 시대이다. 이런 시대에는 과거의 잘못된 습관들은 환골탈태하지 않으면 살아남을 수 없다.

이제는 젊은 고객층도 적극적으로 형성해야 하는데 2030세대는 '체험과 감성마케팅의 시대' 라고 할 수 있다. 그들에게는 상품을 알리려고 하기보다는, 신선하고 재미있는 경험을 하면서 긍정적인 만족감을 가지도록 감성마케팅을 펼쳐야 한다.

미래 전략 보고서들을 보면 퍼놀러지(Funology)를 21세기를 규정짓는 키워드로 꼽고 있다. 퍼놀러지는 재미를 뜻하는 Fun이라는 단어와 Technology라는 기술의 합성어로 앞으로는 재미있는 요소를 담은 기술의 전성시대가 올 것이라는 평이다.

이제는 우리 회사도 철저하게 환골탈태해야 할 것이다. 즐거움을 전하는 회사로 고객들에게 남기 위해서는 고객이 주인이 되는 환경조성을 하는 것이다. 그러기 위해서는 '고객 만족'을 이루어야 한다. 즉 고객을 행복하게 해 드리는 기업의 목표로 정해야 하는 것이다.

2) 고객이 1등이 되는 기업을 만든다

우리 회사가 고객에게 즐거움을 전하는 곳으로 되기 위해서 우리가 해야 할 것은 회사가 1등이 되는 게 아니라 고객이 1등이 되는 것을 더욱 중요하게 여기는 회사, 항상 고객에게 만족을 주고 즐거움을 주기 위해 노력하는 회사, 그래서 고객에게 1등보다 더 큰 사랑을 받는 회사가 되어야 할 것이다.

즉, '기업이 고객'에게 무엇을 해준다기보다는 '고객에게 사랑 받는 기업' '고객이 사랑해 주는 기업'라는 관점으로 주체 자체를 바꾸는 개념이다.

3) 고객이 느끼도록 하라

고객에게 즐거움을 전하기 위해서는 다음의 3가지를 핵심적으로 지켜야 할 필요가 있다.

첫째는 브랜드 콘셉트를 확고히 해 주어야 한다. 브랜드 콘셉트란, 고객의 마음속에 경쟁 기업과 비교하여 우리 회사의 상품이 차지하는 차별적 우위를 뜻한다. 다시 말한다면 고객에게 우리 회사에 대한 믿음을 전달하는 것이며, 어떤 약속을 하고 있는지 고객에게 브랜드에 대한 믿음을 전하는 것이고, 어떤 약속을 하고 있는지 표현하는 것이다.

둘째는 경영자의 리더십이다. 제록스의 경영자 존 실리 브라운은 오늘날 CEO들의 리더십은 돈을 얼마나 많이 버느냐가 아니라 어떤 의미를 전달하느냐에 달려 있다고 할 수 있다.

셋째는 브랜드 커뮤니케이션이다. 이것은 직원 모두가 대내외적인 공감대를 형성하고 임직원들의 적극적인 참여를 끌어내야 할 과정이 필수적이라는 것이다.

기업브랜드	전략	내용
기업브랜드	상품 전략	고객의 개별적 니즈를 반영한 상품 개발
	영업전략	고객의 감성을 극대화시키고, 특별한 경험을 선사하는 이벤트 전개
	커뮤니케이션 전략	조직원과 사회 모든 부분에 이미지를 통일성 있게 추구
	품질서비스 전략	브랜드 품위를 높여 대중 명품을 지향
	기술전략	고객의 불만이 생기기 전 서비스 제공 전부터 제대로 된 서비스를 제공하겠다는 전략을 만들자

고정관념을 깨라

나이키는 무엇을 팔고 있나?

나이키는 운동화를 파는 게 아니라, '열정'을 판다고 한다. 즉, 나이키가 판매하고 있는 것은 스포츠 제품이 아닌, 그 속에 내재되어 있는 열정이라는 것이다. 때문에 나이키의 모든 광고는 열정을 담아내고 있고, 고객들은 나이키를 신으면 열정을 느낄 수 있는 것이다.

서비스의 후발 주자는 여러 면에서 힘이 든다. 이미 1위 시장이 구축이 되어 있는 상황에서 존재의 이유를 고객에게 밝히지 못하면 아무런 소용이 없다. 가격을 더 싸게 하고, 구매를 더 편하게 하고, 디자인을 더 예쁘게 한다고 해서 하이트가 당시 막강하던 OB맥주를 누를 수 있었을까? 아니다. '깨끗하다'라는 존재의 이유를 중심으로 고객과 대화를 나누었기 때문이다.

후발주자는 기존의 고객 만족에 대한 고정관념을 깨고 경쟁의 축을 바꿈으로써 핵심을 관통하는 존재의 이유를 고객들에게 밝힐 수 있어야 한다.

커피의 즐거움을 전하는 스타벅스

스타벅스가 세계적으로 성공한 브랜드가 된 비결은 어디에 있을까? 사람들의 가슴속에 단순히 커피 이상의 새로운 의미를 갖도록 하는 데에 성공했기 때문이다.

스타벅스는 '커피는 마시는 것'에서 '커피는 문화 혹은 패션'이라는 의미를 만들었다. 그것은 커피 역사 1000년을 뒤엎는 혁명적인 변화였다.

이제 사람들은 들고 다니는 커피에 한 끼 식사비를 들이면서 스타벅스를 소비하고 있다. 사람들은 스타벅스의 커피 맛뿐만 아니라 스타벅스의 느낌과 경험을 소비하는 것이다. 이처럼 감각적인 체험을 통해 사람들의 감성을 자극한 것이 스타벅스가 성공한 원인이다.

오늘날 가장 성공한 브랜드는 가장 독특한 체험을 제공한다. 고객에게 다양하고 감각적인 경험을 제공하면 놀랄 만큼 효과적인 고객 만족을 거둘 수 있다.

스타벅스의 CEO인 하워드 슐츠는 다양하고 감각적인 경험을 통해서 고객과 사랑을 나누는 방법에 대해 이렇게 말했다.

"우리가 손님들에게 인사를 하고, 그들과 대화를 몇 마디 나누고, 그들의 기호에 딱 맞는 음료를 제공하면 손님들은 다시 오고 싶어 한다."

4) 진정으로 직원을 사랑하는 경영자

우리가 알고 있는 세계적인 경제전문지인 포춘, 비즈니스 위크, 포브스의 표지를 가장 많이 장식한 것은 무엇일까?

그것은 브랜드 가치가 세계 1위라는 코카콜라의 빨간색 로고도 아니고, 빌 게이츠가 CEO로 있는 마이크로소프트의 나비로고도 아니다. 그것은 바로 CEO의 얼굴이었다. 이것은 로고보다 CEO가 기업의 상징이 되고 있음을 말해주는 사례이다.

지금 세계적인 기업들은 CEO의 이미지를 브랜딩하는 데 몰두하고 있다. 잭 웰치, 빌 게이츠, 리처드 브랜슨, 칼리 피오리나 등이 성공적인 CEO 브랜딩 사례이다.

CEO 브랜드는 주주, 임직원 그리고 일반 고객들에게까지 그 영향력을 주고 있다. 고객이 기업브랜드를 믿고 제품을 선택하는 것처럼, CEO 브랜드는 조직구성원의 믿음이 필요한 위기상황에서 그 힘을 발휘한다.

따라서 고객들에게 즐거움을 전하기 위해 각자의 CEO들이 브랜드가 되어 고객과 회원들에게 믿음과 신뢰를 주어야 함을 잊어서는 안 될 것이다.

5) 비전을 공유하라

즐거움을 전하는 곳으로 고객들에게 환골탈태하기 위해 필요한 것 중 하나는 '비전을 함께 공유해야 한다' 는 것이다.

지금 각자의 회사가 어떤 목표를 향해서 가고 있으며, 지금까지의 진행 상황은 어떠한가, 그리고 직원들은 각자 어떤 식으로 사고하고 행동하여 우리 회사의 발전에 기여할 것인가는 매우 중요한 문제 중 하나이다. 이를 위해서 제일 먼저 선행되어야 할 것 중 하나는 바로 비전을 공유하는 것이다.

〈미래, 진화의 코드를 읽어라〉의 저자이자 유렵 최고의 미래학자 마티아스 호르크스는 '21세기 변화의 물결은 미래형 인간이 주도할 것' 이라고 예견한 바 있다. 그렇다면 미래형 인간과 보통 인간의 다른 점은 무엇일까? 여러 가지가 있겠지만 한 마디로 요약하면 '관점' 이라고 할 수 있다.

우리가 고객만족이라고 핏대를 세우며 이야기하는 것은 단순한 숫자의 경영이 아니라 고객 만족으로 경쟁하는 기업이 되어야 한다는 것이다.

'코피티션(Co-petition)' 이라는 말이 있다. 코피티션은 협력(Cooperation)과 경쟁(competition)의 합성어로, 치열한 경쟁 상황에서도 공통의 관심과 이익을 위해 협력을 도모하는 것을 이야기한다.

결국 고객만족은 외부고객만이 아니라 내부고객 모두를 만족시키는 서로에게 협력과 경쟁이 되어야 한다는 것이다.

티벳 격언 중에 '호랑이의 줄무늬는 밖에 있고, 인간의 줄무늬는 안에 있다' 라는 격언이 있다. 내면적 가치가 얼마나 중요한 지를 상기시키는 말이다.

기업경영도 겉만 그럴 듯하게 하거나, 상대방의 약점을 이용해서 일시적 성과를 내는 데 초점을 맞춰서는 안 된다. 기업의 내재적 가치, 즉 근본적인 경쟁력을 발전시켜 그것으로 평가받을 수 있어야 한다.

6) 조직이 변해야 기업이 산다

'미국의 대표적인 백화점이자 유통업체인 시어즈 로벅의 일화'는 우리 기업의 구성원들의 마음가짐이 회사 경영에 얼마나 중요한 영향을 주는지 말해 주고 있다.

시어즈 로벅은 오랫동안 업계 최고의 위치를 지켜왔다. 그러는 동안 회사 임직원들은 점점 나태해졌다. 대충만 해도 1등은 항상 우리 차지라는 자만심을 갖게 되었다. 그러자 고객들 사이에서 시어즈 로벅이 불친절하다는 불평이 터져 나오기 시작했다.

그 틈을 노려 노드 스트롬이 친절을 무기로 약진하고, 월마트와 K-마트의 대형 할인점들이 틈새 시장을 공략해 왔다. 위기를 느낀 '시어즈 로벅'은 '시어즈의 브랜드는 고객입니다'라는 캠페인을 대대적으로 전개했다. 그들은 이 캠페인을 통해 고객의 목소리에 공손히 귀를 기울이고, 환불이나 제품 교환을 모두 고객이 원하는 대로 해드리겠다는 약속을 했다. 캠페인이 시작되고 얼마 뒤, 시어즈 로벅은 고객의 반응을 조사해 보았는데, 캠페인을 시작하기 전보다 이미지가 더 나빠져 있는 것이었다.

캠페인에서는 고객이 환불이나 제품 교환을 요청하면 무조건 따르겠다고 홍보를 했지만, 실제 매장에서 발생한 환불과 교환 건수는 캠페인 시작 전보다 오히려 줄어든 것으로 나타났다. 결국 환불이나 교환을 거절당한 고객들은 불만이 높아질 수밖에 없었다. 고객들은 시어즈 로벅이 거짓말을 하고 있다고 생각했다. 이 때문에 엄청난 돈을 들여서 대대적으로 벌이는 캠페인은 전혀 효과를 보지 못하고 오히려 역효과만 불러왔다.

시어즈 로벅의 사례는 두 가지 중요한 사실을 우리에게 알려주고 있다.

첫째, 기업이 변하려면 조직 구성원이 변해야 한다는 점이다. 회사의 이름이나 슬로건을 바꾼다고 회사가 달라지는 것이 아니라, 업무를 수행하는 구성원들의 생각과 행동이 바뀌어야 하는 것이다.

둘째, 고객에게 진정으로 사랑받는 기업이 되기 위해서는 브랜드나 광고가 전하는 메시지와 실제 행동이 같아야 한다는 것이다. 고객과의 약속을 아예 하지 않았으면 모르겠지만 일단 약속을 했으면 지켜야 한다. 약속을 하고도 지키지 않는 모습을 발견할 때 고객이 느끼는 배신감은 훨씬 클 수 있다.

대접을 받아 본 사람이 제대로 대접할 수 있다

일본의 미야자키 시 교외에 알라딘이라는 레스토랑이 있다. 개업 초기에는 "이렇게 주택지에서 떨어져 있으니 하루에 손님이 30명밖에 안 오는 거다"라는 말을 들을 정도로 입지가 좋지 않았다.

그럼에도 불구하고 지금은 평일 약 280명, 주말에는 400~600명의 손님이 이 레스토랑을 찾는다. 알라딘은 가게 면적이 41평이고 총 좌석수가 51석 밖에 안 되는데, 이렇게 많은 손님이 찾아온다는 건 놀라운 일이 아닐 수 없다. 도대체 무슨 이유에서 손님들은 이 레스토랑을 찾는 것일까?

이처럼 폭발적인 인기의 비밀은 충실한 메뉴와 직원들의 따뜻한 서비스에 있었다. 직원들의 자연스러운 미소와 활기에 넘치는 태도가 고객들의 마음을 완전하게 사로잡은 것이다. 백화점과 슈퍼에서 견학을 올 정도라고 하니 그 수준을 가히 짐작할 수 있을 것이다.

특별한 서비스 매뉴얼이 있는 것도 아닌데 이처럼 철저한 서비스가 가능한 것은 사장의 경영 방침이다.

바로 알라딘에서 일하는 한 사람 한 사람의 행복이다. 이것이야말로 고객에게 최고의 서비스를 제공할 수 있는 원동력이 아닐까 한다.

색다른 경험은 오래 머물고 싶은 마음을 낳는다

제품은 같아도 경험이 다르면 전혀 다르게 느껴진다. 고객들은 색다른 경험이 증가하면, 전혀 다른 제품으로 인식한다. TGI Frigay는 종업원이 무릎을 꿇고 주문을 받았는데, 그것은 기존의 패밀리 레스토랑에서는 전혀 볼 수 없었던 방식이었다. 이는 고객들에게 놀라움과 새로움을 주기에 충분했다.

고객은 주인공이 되고 싶어 한다. 그리고 자신이 주인공이 되어 받은 특별한 경험은 그 브랜드 전체에 대한 평가로 이어진다. 그래서 경쟁이 심해질수록 경험의 요소는 더욱 중요하다.

■ 나의 일터 진단

다음 문항은 평소 자신의 일터 모습을 알아보기 위한 것이다. 해당 문항을 읽으면서 나의 일터에 가까운 것에 체크해 보자.

1. 나의 일터는 언제나 웃음이 넘친다.
2. 나의 일터는 상하 간에 커뮤니케이션이 활발하다.
3. 나의 일터는 누가 먼저 할 것 없이 밝게 인사한다.
4. 나의 일터는 칭찬이 넘친다.
5. 나의 일터는 크고 작은 축하활동이 많다.
6. 나의 일터는 공동체 의식을 높이기 위한 재미있는 이벤트가 많다.
7. 나의 일터는 회의 때, 서로의 생각을 존중하며 긍정적인 피드백이 많다.
8. 나의 일터는 어려운 점도 재미있게 토론하는 분위기이다.
9. 구성원들은 서로를 즐겁게 대하기 위해 노력한다.
10. 구성원들의 업무성과는 다양한 방법으로 인정받는다.
11. 나의 일터 구성원들은 표정이 밝다.
12. 구성원들은 힘든 일도 서로 진심으로 격려하며 도와준다.
13. 구성원들은 업무에 대해 서로 성장할 수 있도록 적극적으로 지원한다.
14. 구성원들은 자기 일에 대해 재부심이 높다.
15. 나의 일터는 상하 간에 신뢰가 넘친다.

재미있는 일터의 특징

- 수평적 관계는 물론 수직적 관계에서의 협력의 수준이 높다.
- 구성원의 자부심과 주인의식이 높다.
- 즐거운 마음으로 일을 할 수 있기 때문에 일에 대해 몰입이 쉽다.
- 업무에 헌신할 수 있어서 개인과 조직의 성과도 높다.

재미있는 일터는?

- 새로운 경영의 추세이다.
- 고성과 조직의 공통된 특징이다.
- 구성원 간의 협력을 촉진한다.
- 구성원들의 몰입과 헌신을 촉진한다.
- 조직에 대한 구성원의 로열티가 높다.
- 활력이 넘친다.

Exercise

1. 고객에게 즐거움을 전하기 위한 3가지 핵심 전략에 해당하지 않는 것은?

① 브랜드 컨셉 ② 지속적인 광고로 인한 효과
③ 경영자의 리더십 ④ 브랜드 커뮤니케이션

2. 기업의 브랜드를 높이기 위한 전략에 해당하지 않는 것은?

① 상품 전략 ② 영업 전략
③ 커뮤니케이션 전략 ④ 홍보 전략

3. 협력과 경쟁의 합성어로 치열한 경쟁 상황에서도 공통의 관심과 이익을 위해 협력을 도모한다는 합성어는 무엇인가?

① 퍼놀러지 ② 프레스티지
③ 코피티션 ④ 코퍼레이션

정답 1. ② 2. ④ 3. ③

Review

1. 변화에는 저항이 따르게 마련이다.
   그런 '저항의 에너지'를 '긍정의 에너지'로 전환하는 역할을 수행하는 첫 단추가 바로 공감대 형성이다.
   그리고 공감대가 형성이 되면 변화의 속도는 한결 빨라지게 되어 있다.

2. 변화는 CEO가 명령하고 이리저리 뛰어다닌다고 해서 일어나지 않는다. 전 직원의 자발적인 결의와 헌신, 희생을 통해서만 가능한 것이다.

3. 고객을 만나는 자세를 바꾸면 고객도 달라진다. 정중하게 대하고 고객의 입장을 배려하면 고객도 파는 사람의 입장을 이해해주기 마련이다.
   상생의 원리는 강한 사람, 앞선 사람, 높은 사람이 먼저 배려해야 한다.

4. 리더는 말로만 지시하는 존재가 아니다.
   확실한 비전을 제시하고 함께 비전을 이루고자 노력해야 한다. 그러기 위해서는 모든 조직원이 기량을 맘껏 발휘할 수 있도록 제대로 된 기업 문화를 만들어 주어야 한다.

참|고|문|헌 ›››

- 이것이 고개 서비스이다, 현대 미디어(기업 CS연구팀)
- 친절하면 행복합니다, 생활지혜사(서자원 저)
- 서비스는 힘이 세다, 룩스북(박영실 저)
- 서비스맨의 이미지메이킹, 백산출판사(박혜정 저)
- 서비스 경영론, 현학사(MARK E. PATTON)
- 깨진 유리창 법칙, 흐름 출판(마이크 레빈 저)
- 끌리는 사람은 1%가 다르다, 더난출판(이민규 저)
- 서비스 달인의 비밀 노트, 세종서적(롬 젬키 저)
- 매너는 인격이다, 현실과미래(서성희, 박혜정 저)
- 고객의 영혼을 사로잡는 50가지 법칙, 거름(안미헌 저)
- 새마을금고 고객응대서비스 매뉴얼, 새마을금고
- 서비스기업의 성공조건, 김영사(삼일회계법인)
- 유엔미래보고서, 교보문고(박영수, 제롬글렌 외 저)
- 순간의 고객감동 비결, 깊은사랑(김진익)
- 미래가 보이는 25가지 트렌드, 더난(크리스토퍼 바넷)
- 서비스강사 지침서, 새로미(김숙희)
- 울고웃는 고객이야기, 연암사(이유재)
- 심리학 콘서트, 스타북스(다고 아키라 저)
- Better Than Good, 베이스캠프(지그 지글러 저)
- 광기의 리더십, 학고재(나시르 가에미 저)
- 블루오션 전략, 교보문고(김위찬, 르네 마보안 저)
- http://blog.naver.com/sjt7019
- 근로복지공단 희망누리
- http://blog.naver.com/4stay
- 센스있는 용모복장(대림비서)
- 매경이크노미 제1889 신년호
- http://www.google.co.kr
- 한국안경신문(2012. 08. 03)
- 삼성디스플레이 블로그
- http://search.naver.com
- http://blog.naver.com

저|자|소|개 >>>

■ 김 진 수

- 경기대학교 대학원 관광학박사
- 그랜드인터컨티넨탈호텔 서울(F&B, Front Desk) 근무
- 라스베가스 Nevada College 서비스&매너과정 수료
- 하와이주립대학교 KCC(Hotel & Restaurant Dept.) 연구교수
- NCS 숙박서비스 접객서비스 부문 대표 집필(산업인력공단)
- 호텔업 등급결정 전문가평가요원(한국관광공사)
- 동원대학교 호텔외식경영과 교수

현) 부천대학교 호텔외식조리과 교수
한국관광서비스평가원(KTSEC) 원장
한국서비스평가사협회(KOTMA) 회장

[자격사항]

- 2012 창업맞춤형지원사업 신성장동력분야 선정(중소기업청)
  (한국관광서비스평가원설립, MMS특허 출원)
- NCS 개발보완 퍼실리테이터
- 국외여행 인솔자
- 마스터소믈리에 와인컨설턴트, 커피바리스타, 커피로스팅
- 프랜차이즈경영컨설턴트, 소상공인지도사, 외식경영지도사
- 조주기능사, 컨벤션기획사 출제/면접위원
- 호텔서비스사, 국내여행안내사 출제/면접위원
- 호텔관리사, 호텔경영사 면접위원
- 한국관광레져학회 NCS관광레져서비스 이사
- 한국호텔전문경영인협회 자문위원
- 한국환경사회정책연구소 연구위원

고객경험을 통한 **서비스 실무사례**

2017년 2월 20일 초 판 발행
2021년 8월 20일 1판 3쇄 발행

저 자 김 진 수
발행인 한 인 환
발행처 도서출판 **기 문 사**
등 록 1978. 8. 9. NO. 6-0637
주 소 서울시 동대문구 안암로 50-1(용두동) 홍신빌딩 3층
전 화 02) 2265-7214/922-8662~8663
팩 스 02) 922-8772

homepage : www.kimoonsa.co.kr
e-mail : book@kimoonsa.co.kr

ISBN : 978-89-7723-744-5 93320

정가 : 20,000원